Gewerblicher Rechtsschutz

Patent-, Gebrauchsmuster- und Warenzeichengesetz, sowie Gesetz über die patentamtlichen Gebühren vom 5. Mai 1936 mit amtlicher Begründung und den wichtigsten Nebenbestimmungen

Textausgabe
mit Einleitung und Sachverzeichnis

Von
Patentanwalt Dr. A. Ullrich
in Berlin

1937
München, Berlin und Leipzig
J. Schweitzer Verlag (Arthur Sellier)

Druck von Dr. F. P. Datterer & Cie., Freising-München

Vorwort.

Zweck dieser Textausgabe ist, die neuen Gesetze über den gewerblichen Rechtsschutz und die wichtigsten Nebenbestimmungen einschließlich der amtlichen Begründung zu den Gesetzen für den praktischen Gebrauch zusammenzustellen.

In einer Einleitung werden die hauptsächlichsten Neuerungen unter Angabe der einzelnen Gesetzesstellen kurz erläutert.

Um die Übersicht und einen Vergleich mit den früheren Gesetzen zu erleichtern, sind die Neuerungen durch Fettdruck im Text hervorgehoben und die Paragraphenziffern der früheren Gesetze in Klammern hinter die Paragraphenziffern der neuen Gesetze aufgenommen. Außerdem ist jedem Paragraphen eine kurze Inhaltsangabe vorangestellt.

Es wurde Wert darauf gelegt, den Wortlaut der Begründung genau zu bringen; es beziehen sich daher die darin vorkommenden Hinweise auf das „geltende Recht" usw. auf den früheren Rechtszustand.

Ein Sachverzeichnis soll das schnelle Auffinden der einzelnen Gesetzesstellen ermöglichen.

Inhaltsverzeichnis.

Druckfehlerberichtigung.

Auf Seite 53 Zeile 14 von oben ist statt „unangefochten" „unangemessen" zu lesen.

1. Einleitung.

Das erste deutsche Patentgesetz stammt aus dem Jahre 1877; seine Fortsetzung bildete das Gesetz von 1891, das gegenüber dem alten Gesetz keine wesentlichen Änderungen brachte. Im Laufe der Zeit ist dieses Gesetz durch eine Reihe von Verordnungen und gesetzlichen Bestimmungen ergänzt worden. Durch die hierdurch hervorgerufene Unübersichtlichkeit trat das Bedürfnis nach einer neuen Regelung des gesamten Rechts immer mehr hervor. Bereits vor Ausbruch des Krieges, im Jahre 1913, erschien im „Blatt für Patent-, Muster- und Zeichenwesen"[1]) ein amtlicher Entwurf eines neuen Patentgesetzes, und auch nach dem Kriege sind verschiedene Entwürfe eines neuen Gesetzes bekannt geworden, doch ist es, infolge der Schwerfälligkeit des gesetzgeberischen Apparats des alten Systems, nicht möglich gewesen, durchgreifende Änderungen auf dem Gebiete der Patentgesetzgebung zu schaffen.

Als man mit der Machtergreifung Adolf Hitlers an die Erneuerung des deutschen Rechts ging, wurden auch die Arbeiten zur Schaffung eines neuen Patentgesetzes von dem Ausschuß für Gewerblichen Rechtsschutz der Akademie für Deutsches Recht, der hierzu eingesetzt worden ist, erneut aufgenommen und sind unter dem Vorsitz des leider verstorbenen Geheimrats Professor Dr. Duisberg in verhältnismäßig kurzer Zeit zum Abschluß gebracht worden. Auf Grund der Ergebnisse der Beratungen dieses Aus-

---

[1]) Blatt 1913. Heft 7/8, Beilage.

schusses hat dann die Reichsregierung am 5. Mai 1936 das neue Patentgesetz, Gebrauchsmustergesetz und Warenzeichengesetz verkündet, die am 1. Oktober 1936 in Kraft getreten sind.

Die wesentlichen Neuerungen, die die neuen Gesetze bringen, sind die folgenden:

Das Recht auf das Patent hat der Erfinder oder sein Rechtsnachfolger (§ 3 PG.). Um den Erfinder auch beim Übergang des Patentrechts (§ 9 PG.) nach außen in Erscheinung treten zu lassen, soll er auf den amtlichen, mit der Patenterteilung zusammenhängenden Schriftstücken genannt werden (§ 36 PG.), und zwar bei der Bekanntmachung der Anmeldung (§ 30, 2 PG.), bei der Bekanntmachung über die Erteilung des Patentes (§ 35, 1 PG.) und auf der Patentschrift (§ 24, 4 PG.). Außerdem ist die Nennung in der Patentrolle zu vermerken (§ 24, 1 PG.).

Die Vorschriften des PG. über das Recht auf den Schutz (§ 3 PG.) gelten auch für Gebrauchsmuster (§ 5, 4 GMG.). Von einer Anwendung der Vorschriften des PG. über die Erfindernennung (§ 36 PG.) ist dagegen beim Gebrauchsmuster Abstand genommen worden.

Nicht geregelt durch die neuen Gesetze ist die Frage der Angestelltenerfindung, da ihre Behandlung in dem in Vorbereitung befindlichen Arbeitsvertragsgesetz Berücksichtigung finden soll.

Um Verzögerungen des patentamtlichen Verfahrens durch die Ermittlungen über die Urheberschaft der Erfindung zu vermeiden, gilt im Verfahren vor dem Reichspatentamt der Anmelder als berechtigt, die Erteilung des Patents zu verlangen (§ 4, 1 PG.). Vor Erlaß des Beschlusses über die Bekanntmachung der Patentanmeldung hat der Anmelder jedoch den oder die Erfinder zu benennen und zu versichern, daß weitere Personen seines Wissens an der Erfindung nicht beteiligt sind. Ist der Anmelder nicht oder nicht allein der Erfinder, so hat er auch anzugeben, wie das Recht auf das Patent an ihn gelangt ist. Die Richtigkeit der Angaben wird vom Reichspatentamt jedoch nicht nachgeprüft (§ 26, 6 PG.).

Der Berechtigte, dessen Erfindung von einem Nichtberechtigten angemeldet ist, kann vom Patentsucher verlangen, daß ihm der Anspruch auf Erteilung des Patents abgetreten, oder, falls die Anmeldung bereits zum Patent geführt hat, ihm das Patent übertragen wird (§ 5, 1 PG.).

Die Vorschriften des Patentgesetzes über den Anspruch auf Erteilung des Schutzrechts (§ 4, 1) und über den Anspruch auf Übertragung (§ 5) gelten auch für Gebrauchsmuster (§ 5, 4 GMG.).

Streitigkeiten über die Urheberschaft an der Erfindung werden vor den ordentlichen Gerichten bzw. im Einspruchs- und Nichtigkeitsverfahren vor dem Patentamt ausgetragen.

Dem Reich und den selbständigen Reichsverkehrsanstalten ist ein erweitertes Vorbenutzungsrecht eingeräumt worden. Hier tritt die Wirkung des Patentes auch dann nicht ein, wenn die Erfindung zur Zeit der Anmeldung bereits derart in einem amtlichen Schriftstück ihrer Verwaltung aufgezeichnet war, daß danach die Benutzung durch andere Sachverständige möglich erscheint (§ 7, 2 PG.). Ein Inbenutzungnehmen der Erfindung oder ein Treffen der dazu erforderlichen Veranstaltungen, wie es allgemein für das Vorbenutzungsrecht gilt (§ 7, 1 PG.), ist hier also nicht erforderlich.

Des weiteren tritt die Wirkung des Patents insoweit nicht ein, als die Erfindung nach Bestimmung der Reichsregierung zur Förderung des Wohles der Volksgemeinschaft benutzt werden soll. Sie erstreckt sich ferner nicht auf eine Benutzung der Erfindung, die auf Anordnung oder im Auftrage des zuständigen Reichsministers oder der ihm nachgeordneten zuständigen Behörde für Zwecke der Landesverteidigung erfolgt (§ 8 PG.). Eine Rechtlosmachung des Patentinhabers wird hierdurch nicht bezweckt. Er soll lediglich bei wichtigen Belangen der Allgemeinheit diesen weichen, hat dagegen in diesen Fällen gegenüber dem Reich einen Anspruch auf angemessene Vergütung, die in Ermangelung einer Verständigung im Rechtswege festgesetzt wird (§ 8 PG.).

Mit einer Ermäßigung der Jahresgebühren auf die Hälfte des im Tarif bestimmten Betrages ist die Erklärung der Lizenzbereitschaft verbunden. Der Patentsucher oder der in der Rolle als Patentinhaber Eingetragene hat sich in diesem Falle dem Reichspatentamt gegenüber schriftlich bereit zu erklären, jedermann die Benutzung der Erfindung gegen angemessene Vergütung zu gestatten. Diese Erklärung wird in die Patentrolle eingetragen (§ 14, 1 PG.). Sie ist indes unzulässig, solange in der Patentrolle ein Vermerk über die Einräumung eines Rechts zur ausschließlichen Benutzung der Erfindung eingetragen ist oder ein Antrag auf Eintragung eines solchen Vermerkes dem Reichspatentamt vorliegt (§ 14, 2 PG.).

Während nach dem alten Patentgesetz das Patentamt zu bestimmen hatte, wann das für die Erteilung einer Zwangslizenz erforderliche öffentliche Interesse vorlag, bestimmt das neue Gesetz, daß die Zwangslizenz dann zu erteilen ist, wenn die Reichsregierung erklärt, daß die Erlaubnis geboten ist, um die Belange der Volksgemeinschaft zu wahren (§ 15, 1 PG.).

Entsprechend dem Patentgesetz gelten die Vorschriften

über die Einschränkungen der Wirkung des Schutzes (§§ 7, 8 PG.) auch für Gebrauchsmuster (§ 5, 4 GMG.).

Außer Gebührenerleichterungen, die auch der Allgemeinheit zugute kommen, den wirtschaftlich Schwächeren aber besonders stark entlasten, sind zugunsten der Bedürftigen Bestimmungen getroffen worden, die diesen die Durchführung des Prüfungsverfahrens der Anmeldungen, die Aufrechterhaltung des erteilten Patentes während der ersten Jahre der praktischen Erprobung der Erfindung und die Verteidigung bei Angriffen gegen das Patent und bei Eingriffen in das Patent fühlbar erleichtern.

Da das Gesetz bestimmt, daß beim Fortfall des Hauptpatents durch Erklärung der Nichtigkeit, durch Zurücknahme oder Verzicht von mehreren Zusatzpatenten nur das erste selbständig wird, fallen gegenüber dem früheren Gesetz die Gebührenzahlungen für mehr als ein Patent in jedem Falle fort (§ 10, 2 PG.).

An Stelle der 1. und 2. Jahresgebühr tritt, mit Rücksicht darauf, daß die Patentdauer mit dem auf die Anmeldung der Erfindung folgenden Tage beginnt (§ 10, 1 PG.) und dementsprechend ein mehr oder weniger großer Teil der Patentdauer in die Zeit vor der Patenterteilung fällt, eine Bekanntmachungsgebühr, die vor der Bekanntmachung zu entrichten ist (§ 11, 1 PG.).

Eine weitere Vergünstigung des Patentinhabers tritt noch dadurch ein, daß die Absendung der die letzte Frist für die Gebührenzahlung in Lauf setzenden Nachricht (§ 11, 3 PG.) auf Antrag des Patentinhabers hinausgeschoben werden kann, und zwar bis zu zwei Jahren nach Fälligkeit der Gebühren (§ 11, 6 PG.), wenn dieser nachweist, daß ihm die Zahlung der Gebühren nach Lage seiner Mittel zur Zeit nicht zuzumuten ist (§ 11, 4 PG.). Ähnliche Vergünstigungen gelten auch für den Gebrauchsmuster- und Warenzeicheninhaber. So z. B. kann die Absendung der Nachricht, die die letzte Frist für die Zahlung der Verlängerungsgebühr in Lauf setzt, auf Antrag des Gebrauchsmusterinhabers hinausgeschoben werden (§ 14, 5 GMG.), und zwar bis zu einem Jahr nach Fälligkeit der Gebühr, während bei Warenzeichen die entsprechende Nachricht für die Zahlung der Verlängerungsgebühr bis zu zwei Jahren nach Fälligkeit der Gebühr hinausgeschoben werden kann (§ 9, 5 WzG.).

Weist der Anmelder oder Patentinhaber seine Bedürftigkeit nach, so können ihm die Gebühren für die Bekanntmachung und für das dritte bis sechste Jahr gestundet und, wenn das Patent innerhalb der ersten sieben Jahre erlischt, erlassen werden (§ 11, 7 PG.).

Im Falle der Patenterteilung kann zugunsten des bedürftigen Anmelders, der eine Erklärung nach § 14, 1 PG. abgibt (Lizenzbereitschaft), angeordnet werden, daß ihm die angemessenen Auslagen für Zeichnungen, Modelle und Gutachten, deren Beibringung im Erteilungsverfahren notwendig war, aus der Reichskasse zu erstatten sind (§ 11, 8 PG.). Da jedoch das Reichspatentamt später anordnen kann, daß der gezahlte Betrag ganz oder teilweise zurückzuerstatten ist und die Rückzahlungen als Zuschlag zu den Patentjahresgebühren festgesetzt und als Teil dieser behandelt werden (§ 11, 8 PG.), soll sich jeder Erwerber eines Patents über die gegebenenfalls in Frage kommenden Mehrbelastungen unterrichten können. Zu diesem Zweck bestimmt das Gesetz, daß die Erstattung der vorgenannten Auslagen in der Patentrolle (§ 24 PG.) zu vermerken ist (§ 12, 8 PG.).

Um dem bedürftigen Patentinhaber eine Erleichterung bei einer gegen das Patent gerichteten Nichtigkeitsklage zu gewähren, bestimmt das Gesetz, daß der Nichtigkeitsbeklagte, der seine Bedürftigkeit nachweist, im Verfahren vor dem Reichsgericht von der Entrichtung der Gerichtskosten einschließlich der den Zeugen und Sachverständigen zu gewährenden Vergütung und der sonstigen baren Auslagen einstweilen befreit werden kann; die Vorschriften der §§ 115 Abs. 2, 120, 121, 122, 123, 125 der Zivilprozeßordnung sind entsprechend anzuwenden (§ 42, 4 PG.). Da die Kosten in der ersten Instanz regelmäßig wesentlich niedriger sind, ist von einer einstweiligen Befreiung dieser Kosten für das Verfahren vor dem Reichspatentamt abgesehen worden.

Um aber keinen Anreiz für die Erhebung der Nichtigkeitsklage durch solche Strohmänner zu geben, die in der Lage sind, ihre Bedürftigkeit nachzuweisen, tritt für den Nichtigkeitskläger eine zeitweilige Befreiung von den Gerichtskosten nur ein, wenn er wegen Verletzung des Patents in Anspruch genommen ist. In diesem Fall kann also auch der Nichtigkeitskläger, falls er seine Bedürftigkeit nachweist, von den Gerichtskosten und sonstigen Auslagen beim Reichsgericht einstweilen befreit werden (§ 42, 4 PG.).

Die Erfahrung hat gezeigt, daß der wirtschaftlich Schwächere vielfach nicht in der Lage ist, seine Rechte aus dem Patent gegen den wirtschaftlich Stärkeren geltend zu machen, weil er das Wagnis der meist sehr hohen Unkosten nicht eingehen kann. Hier schafft das Gesetz eine fühlbare Abhilfe insofern, als das Gericht auf Antrag einer Partei, die in einer Patentstreitsache glaubhaft macht, daß die Belastung mit den Prozeßkosten nach dem vollen Streitwert ihre wirtschaftliche Lage erheblich gefährden würde, anordnen kann, daß die Verpflichtung dieser Partei zur Zahlung von Gerichtskosten sich nach einem ihrer Wirtschaftslage angepaßtem Teil des Streitwertes bemißt. Diese Anordnung hat ferner zur Folge, daß die begünstigte Partei die Gebühren ihres Anwalts ebenfalls nur nach diesem Teil des Streitwerts zu entrichten hat. Schließlich hat sie, soweit ihr Kosten des Rechtsstreites auferlegt werden oder soweit sie diese übernimmt, die von dem Gegner entrichteten Gerichtsgebühren und die Gebühren seines Anwalts nur nach dem Teil des Streitwertes zu erstatten. Andererseits kann der Anwalt der begünstigten Partei, soweit die außergerichtlichen Kosten dem Gegner auferlegt oder von ihm übernommen werden, seine Gebühren von dem Gegner nach dem für diesen geltenden Streitwert beitreiben (§ 53, 1 PG.).

Dem unerfreulichen Zustand der Stufenklagen macht das Gesetz im Interesse der wirtschaftlich Schwächeren ein Ende. Diese Stufenklagen, die darin bestehen, daß zunächst wegen eines Patentes Klage erhoben wird und später auf Grund anderer Patente verwandten Inhaltes weitere Klagen gegen den angeblichen Verletzer angestrengt werden, die mit immer neuen und sehr erheblichen Kosten verbunden sind, werden in Zukunft nur dann noch zulässig sein, wenn der Kläger ohne sein Verschulden nicht in der Lage war, bei Erhebung einer Klage nach § 47 PG. wegen derselben oder einer gleichartigen Handlung auch die weiteren Patente in dem früheren Rechtsstreit geltend zu machen (§ 54 PG.).

Bei der Prüfung auf Neuheit einer Erfindung bleibt eine Beschreibung oder Benutzung außer Betracht, wenn sie innerhalb von sechs Monaten vor der Anmeldung erfolgt und auf der Erfindung des Anmelders oder seines Rechtsvorgängers beruht (§ 2 PG.). Der Erfinder kann also in diesem Zeitabschnitt durch Veröffentlichungen, sei es in

Prospekten oder in Zeitschriften, und durch offenkundige Vorführungen an die Verwertung seiner Erfindung gehen, ohne daß diese Handlungen einer Patenterteilung hinderlich sind. Diese Vorschrift ist zunächst noch mit Vorsicht zu gebrauchen, da eine internationale Regelung in demselben Sinne bis jetzt noch nicht erfolgt ist. Für den Fall, daß der Erfinder also beabsichtigt, seine Erfindung später im Ausland anzumelden, kann ihm eine druckschriftliche Veröffentlichung und auch u. U. eine offenkundige Vorbenutzung im Inland bei der Erteilung eines Patents im Ausland hindernd im Wege stehen.

Entsprechend dieser Neuregelung wird für das Entstehen des Vorbenutzungsrechts bestimmt, daß der, der von der Erfindung durch Mitteilung des Anmelders oder seines Rechtsvorgängers Kenntnis erhalten hat, sich nicht auf Maßnahmen nach § 7 Abs. 1 Satz 1 (Inbenutzungnehmung der Erfindung oder Treffen der dazu erforderlichen Veranstaltungen) berufen kann, die er innerhalb von 6 Monaten nach der Mitteilung getroffen hat, falls sich der Anmelder oder sein Rechtsvorgänger bei der Mitteilung seine Rechte für den Fall der Patenterteilung vorbehalten hat (§ 7, 1 PG.).

Dieselben Bestimmungen gelten auch für die Neuheit der Gebrauchsmuster (§ 1, 2 GMG.), und für das Vorbenutzungsrecht bei Gebrauchsmustern (§ 5, 4 GMG.).

Im Falle der widerrechtlichen Entnahme konnte nach dem bisherigen Gesetz der Einsprechende bei Zurücknahme oder Zurückweisung der Anmeldung auf Grund des Einspruchs verlangen, daß bei Anmeldung der Erfindung durch ihn als Tag der Anmeldung der Tag vor der Bekanntmachung der früheren Anmeldung festgesetzt wurde, so daß Umstände, die zwischen der ersten Anmeldung und dem

Tag vor der Bekanntmachung eingetreten waren, der Zweitanmeldung patenthindernd entgegenstehen konnten. Aus Gründen der Billigkeit bestimmt daher das neue Patentgesetz, daß in diesem Falle der Berechtigte verlangen kann, daß als Tag seiner Anmeldung der Tag der früheren Anmeldung festgesetzt wird.

Neben der Möglichkeit, Einspruch zu erheben, kann der durch widerrechtliche Entnahme Verletzte auf dem Klagewege vom Patentsucher oder Patentinhaber verlangen, daß ihm der Anspruch auf Erteilung des Patents abgetreten oder das Patent übertragen wird, jedoch mit der Maßgabe, daß gegen den Gutgläubigen der Anspruch nur bis zum Ablauf eines Jahres nach der Bekanntmachung über die Erteilung des Patents geltend gemacht werden kann (§ 5 PG.). Im Gebrauchsmustergesetz ist bestimmt, daß die Vorschriften des Patentgesetzes über den Anspruch auf Übertragung des Schutzrechts (§ 5 PG.) entsprechend gelten (§ 5, 4 GMG.).

Um eine Entwertung des Patentrechts durch im Prioritätsintervall entstehende Vorbenutzungsrechte zu verhindern, bestimmt das Gesetz in Übereinstimmung mit den Beschlüssen auf der Londoner Konferenz im Jahre 1934, daß für die Entstehung des Vorbenutzungsrechts nach § 7 PG. an Stelle der Anmeldung beim Reichspatentamt die vorangegangene ausländische Anmeldung oder der Beginn der Schaustellung maßgebend ist, wenn dem Patentinhaber nach einem Staatsvertrag ein Prioritätsanspruch (§ 27 PG.) oder nach dem Gesetz, betreffend den Schutz von Erfindungen, Mustern und Warenzeichen auf Ausstellungen, vom 18. März 1904 ein zeitweiliger Schutz zusteht (§ 7, 3 PG.). Dies gilt jedoch nicht für Angehörige eines ausländischen Staates, der hierin keine Gegenseitigkeit gewährt. Nach dem Gebrauchsmustergesetz (§ 5, 4 GMG.) gelten diese Bestimmungen des Patentgesetzes auch für Gebrauchsmuster entsprechend.

Nach der Bekanntmachung vom 8. April 1913 mußte die Prioritätserklärung (Zeit und Land der Voranmeldung) gleichzeitig mit der Anmeldung des Patents beim Reichspatentamt abgegeben werden. Hier schafft das neue Gesetz eine Erleichterung für die beteiligten Kreise insofern, als die Prioritätserklärung binnen einer Frist von zwei Monaten, die mit dem Tage nach der Anmeldung beim Reichspatentamt beginnt, abgegeben werden muß und innerhalb dieser Frist geändert werden kann (§ 27 PG.). Dasselbe gilt auch bei Anmeldungen von Gebrauchsmustern (§ 2, 1 GMG.).

Die Einspruchsfrist ist von zwei auf drei Monate verlängert worden. Die Angaben zur Begründung des Einspruchs müssen bis zum Ablauf der Einspruchsfrist schriftlich vorgebracht werden. In Anlehnung an die seit einigen Jahren geübte Praxis ist bestimmt, daß auch nach Zurücknahme der Beschwerde des Einsprechenden das Verfahren fortgesetzt werden kann (§ 34, 3 PG.).

Die Kostenfrage war im alten Patentgesetz uneinheitlich geregelt. Während im Verfahren 1. Instanz auf Antrag über die durch eine Anhörung oder eine Beweisaufnahme verursachten Kosten Beschluß gefaßt werden mußte und ohne Antrag Beschluß gefaßt werden konnte, war die Kostenentscheidung in der 2. Instanz in das freie Ermessen des Patentamts gestellt. Da ein Grund für die unterschiedliche Behandlung der Kostenfrage in den beiden Instanzen nicht ersichtlich ist, bestimmt das neue Gesetz, daß im Verfahren vor der Prüfungsstelle, vor der Patentabteilung und vor dem Beschwerdesenat das Reichspatentamt nach freiem Ermessen bestimmen kann, ob und inwieweit im Verfahren 1. Instanz die durch eine Anhörung oder eine Beweisaufnahme verursachten Kosten (§ 33, 2 PG.) bzw. die Kosten des Beschwerdeverfahrens (§ 34, 5 PG.) einem Beteiligten zur Last fallen.

Die Beteiligten haben im Verfahren vor dem Reichspatentamt und dem Reichsgericht ihre Erklärungen über tatsächliche Umstände vollständig und der Wahrheit gemäß abzugeben (§ 44 PG. und § 12 GMG.).

In dem Verfahren wegen Erteilung der Zwangslizenz ist in dringenden Fällen der Erlaß einer einstweiligen Verfügung vorgesehen (§ 41, 1 PG.), ebenso die Zulässigkeit der vorläufigen Vollstreckbarkeit einer Entscheidung, durch welche die Zwangslizenz zugesprochen wird (§ 41, 6 PG.). Voraussetzung ist jedoch, daß die Voraussetzungen des § 15, 1 PG. glaubhaft gemacht werden und eine Erklärung der Reichsregierung vorgelegt wird, daß die alsbaldige Erteilung der Erlaubnis zur Abwendung wesentlicher Nachteile für die Volksgemeinschaft bzw. die alsbaldige Vollstreckung zur Wahrung der Belange der Volksgemeinschaft dringend geboten erscheint bzw. ist (§ 41, 1 und 6 PG.).

Der Rechtsbehelf der Wiedereinsetzung in den vorigen Stand ist in mehrfacher Hinsicht ergänzt worden. Die Ausschlußfrist, nach deren Ablauf die Wiedereinsetzung nicht mehr beantragt und die versäumte Handlung nicht mehr nachgeholt werden kann, ist auf ein Jahr nach Ablauf der versäumten Frist bemessen worden (§ 43, 2 PG.). Eine Wiedereinsetzung in den vorigen Stand ist jedoch bei Nichteinhaltung der folgenden Fristen ausgeschlossen: der Einspruchsfrist, der Beschwerdefrist des Einsprechenden gegen den Erteilungsbeschluß, der Präklusivfrist, der Frist zur Einreichung von Anmeldungen, für die ein Prioritätsrecht in Anspruch genommen werden kann und der Frist zur Abgabe der Prioritätserklärung (§ 43, 1 PG.). Entsprechende Bestimmungen enthalten auch das Gebrauchsmustergesetz und das Warenzeichengesetz.

Ein Weiterbenutzungsrecht bei Wiederaufleben eines erloschenen Schutzrechtes durch Wiedereinsetzung in den vorigen Stand kannte das frühere Gesetz nicht. Um Härten zu vermeiden bestimmt daher das neue Gesetz, daß derjenige, der im Inland im guten Glauben den Gegenstand eines Patents, das infolge der Wiedereinsetzung wieder in Kraft tritt, in der Zeit zwischen dem Erlöschen und dem Wiederinkrafttreten des Patents in Benutzung genommen oder in dieser Zeit die erforderlichen Veranstaltungen getroffen hat, befugt ist, den Gegenstand des Patents für die Bedürfnisse seines eigenen Betriebes in eigenen oder fremden Werkstätten weiterzubenutzen. Diese Befugnis kann nur zusammen mit dem Betrieb vererbt oder veräußert werden (§ 43, 4 PG.). Da bei Warenzeichen grundsätzlich andere Verhältnisse vorliegen, ist das Weiterbenutzungsrecht nach § 43, 4 PG. für Warenzeichen ausdrücklich ausgeschlossen worden (§ 12, 1 WZG.).

Die Einräumung eines Rechts zur ausschließlichen Benutzung der durch ein Patent geschützten Erfindung kann in der Rolle vermerkt werden (§ 25, 1 PG.). Mit den Anträgen auf Aufnahme und Löschung dieses Vermerks ist eine Gebühr zu zahlen (§ 25, 4 PG.), ebenso bei dem Antrag, in der Rolle eine Änderung in der Person des Patentinhabers oder seines Vertreters zu vermerken (§ 24, 2 PG.). Auch ist die Nennung des Erfinders in der Rolle zu vermerken, falls nicht der vom Anmelder angegebene Erfinder das Unterbleiben dieser Eintragung beantragt (§ 36, 1 PG.).

An Stelle der früher erforderlichen „groben Fahrlässigkeit" zur Begründung von Schadenersatzansprüchen in Verletzungsstreitigkeiten genügt in Zukunft die „Fahrlässigkeit", d. h. das Außerachtlassen der im Verkehr erforderlichen Sorgfalt (§ 276 BGB.). Zur Vermeidung von Härten bei nur „leichter Fahrlässigkeit", kann jedoch das Gericht statt des Schadenersatzes eine Entschädigung festsetzen, die nach oben durch den Schaden des Verletzten und nach unten durch den dem Verletzer erwachsenden Vorteil begrenzt ist (§ 47, 2 PG.). Ferner tritt an Stelle der „Wissentlichkeit" des früheren Gesetzes die „Vorsätzlichkeit", die auch den „Eventualdolus" umfaßt (§ 47, 2; § 49, 1 PG.). Die Strafbestimmung bei Vorsätzlichkeit ist dadurch verschärft worden, daß vorsätzliche Patentverletzung in jedem Falle mit Gefängnis bestraft werden kann (§ 49, 1 PG.). Dagegen soll die Veröffentlichungsbefugnis der Verurteilung künftig nur dann zugesprochen werden, wenn der Verletzte ein berechtigtes Interesse daran dartut. Auch die Verjährung der Klagen wegen Patentverletzung hat eine andere Regelung erfahren; sie ist der Verjährung von Ansprüchen auf Ersatz des aus einer unerlaubten Handlung entstandenen Schadens nach dem BGB., § 852, angepaßt worden. Dieselben Änderungen gelten auch bei Gebrauchsmusterverletzungen (§§ 15, 16 GMG.).

Für alle Klagen, durch die ein Anspruch aus einem der im Patentgesetz geregelten Rechtsverhältnisse geltend gemacht wird, sind die Landgerichte ohne Rücksicht auf den Streitwert ausschließlich zuständig (§ 51, 1 PG.). Der Reichsminister der Justiz kann die Patentstreitsachen für die Bezirke mehrerer Landgerichte einem von diesen zuweisen (§ 51, 2 PG.) (vgl. Verordnung über die Zuweisung von Patentstreitigkeiten an die Landgerichte vom 10. 9.

1936)[1]). Bei Mitwirkung eines Patentanwalts sind die erstattungspflichtigen Kosten um eine Gebühr nach § 9 der Gebührenordnung für Rechtsanwälte zu erhöhen (vgl. Abkommen über die Gebührenteilung zwischen Rechtsanwälten und Patentanwälten)[2]). In Zukunft haben die Gerichte in Patentstreitsachen dem Präsidenten des Reichspatentamts Abschriften von allen Schriftsätzen, Protokollen, Verfügungen und Entscheidungen zu übersenden (§ 52, 1 PG.). Der Präsident des Reichspatentamts kann aus den Mitgliedern und Hilfsmitgliedern des Reichspatentamts einen geeigneten Vertreter bestellen, der befugt ist, dem Gericht schriftliche Erklärungen abzugeben, den Terminen beizuwohnen, in ihnen Ausführungen zu machen, und Fragen an Parteien, Zeugen und Sachverständige zu richten (§ 52, 2 PG.). Um sich über den Gang des Erteilungsverfahrens im Hinblick auf eine bessere Beurteilung des technischen Sachverhaltes oder seine richtige rechtliche Würdigung zu unterrichten, kann das Gericht auf Antrag oder von Amts wegen den Präsidenten des Reichspatentamts ersuchen, einen geeigneten Vertreter in die mündliche Verhandlung zu entsenden (§ 52, 3 PG.).

Streitigkeiten in Gebrauchsmustersachen gehören nach dem neuen Gesetz vor die Zivilkammern der Landgerichte, soweit nicht die Amtsgerichte zuständig sind (§ 18 GMG.). Damit sind für Streitigkeiten dieser Art in Zukunft die Kammern für Handelssachen ausgeschaltet. Im Gegensatz zu Patentstreitigkeiten werden die Streitigkeiten in Gebrauchsmustersachen jedoch nicht grundsätzlich bei einzelnen Gerichten zusammengefaßt. Dagegen besteht sowohl für den Kläger als auch für den Beklagten die Möglichkeit,

[1]) Blatt 1936 S. 174.
[2]) Blatt 1936 S. 220.

diese Streitigkeiten vor dem Gericht für Patentstreitsachen auszutragen, wenn die Klage bei diesem Gericht erhoben oder ein Antrag des Beklagten auf Verweisung des Rechtsstreites an dieses Gericht gestellt wird (§ 19, 1 und 2 GMG.). Die diesbezüglichen Bestimmungen des Patentgesetzes über die Vertretung durch Rechtsanwälte und die Mitwirkung von Patentanwälten gelten entsprechend (§ 19, 3 bis 5 GMG.).

Wie für Patentstreitigkeiten kann auch für Warenzeichenstreitigkeiten der Reichsminister der Justiz für die Bezirke mehrerer Landgerichte eines von ihnen als Gericht für Warenzeichensachen bezeichnen, das neben den Landgerichten, deren Bezirke ihm zugeteilt werden, für alle Klagen zuständig ist, durch die ein Anspruch aus einem der in diesem Gesetz geregelten Rechtsverhältnisse geltend gemacht wird. Die Verhältnisse betreffend die Vertretung vor den Gerichten für Warenzeichenstreitsachen und die erstattungspflichtigen Kosten bei Mitwirkung eines Patentanwaltes sind entsprechend dem Patentgesetz geregelt (§ 32 WZG.). Um jeden Zweifel über die Zuständigkeit der Gerichte bei solchen Warenzeichenklagen auszuschließen, die auf die Vorschriften des UWG. gegründet werden, bestimmt das Gesetz, daß auch diese Klagen vor dem Gericht für Warenzeichenstreitsachen ausgetragen werden können (§ 33 WZG.).

Da die Tatbestände der Patentberühmung nach dem früheren Gesetz durch die Bestimmungen des UWG. gedeckt werden, bedurfte es einer besonderen Strafvorschrift im neuen Gesetz nicht mehr. Um jedoch im Falle der Patentberühmung den Interessenten die Möglichkeit zu geben, auf einfachstem Wege Auskunft über das angebliche Schutzrecht zu erhalten, sieht das Gesetz die Auskunftspflicht vor, wenn ein berechtigtes Interesse an der Kenntnis der Rechtslage besteht (§ 55 PG.). Diese Bestimmung gilt auch für Gebrauchsmuster (§ 22 GMG.).

Wer im Inland weder Wohnsitz noch Niederlassung hat, kann an einem im Patent-, Gebrauchsmuster- oder Warenzeichengesetz geregelten Verfahren nur teilnehmen, wenn er im Inland einen Patentanwalt oder Rechtsanwalt als Vertreter bestellt hat. Außer den früher bereits bestimmten Fällen muß jetzt ein Vertreter auch im Einspruchs- und Nichtigkeitsverfahren, im Widerspruchsverfahren sowie im Löschungsverfahren in Warenzeichen- und Gebrauchsmustersachen bestellt werden. Die Vertretungsbefugnis ist ausschließlich auf Patentanwälte oder Rechtsanwälte beschränkt.

Beim Gebrauchsmustergesetz ist noch hervorzuheben, daß auch bei Gebrauchsmusteranmeldungen am Schluß der Beschreibung angegeben werden muß, was als schutzfähig unter Schutz gestellt werden soll, d. h. es soll ein Schutzanspruch aufgestellt werden, was im übrigen bisher auch ohne besondere dahingehende Vorschrift vielfach schon der Fall war. Die alte Streitfrage, ob bei Gebrauchsmustern die Identität zwischen einem älteren und einem jüngeren Gebrauchsmuster ein Löschungsgrund für das jüngere Gebrauchsmuster sein kann, war durch eine Entscheidung des Reichsgerichtes Anfang vorigen Jahres in bejahendem Sinne geklärt worden. Durch das neue Gesetz wird unter Ausdehnung auf Vorpatentierung bestimmt, daß der Gebrauchsmusterschutz durch die Eintragung nicht begründet wird, soweit das Muster bereits auf Grund einer früheren Patent- oder Gebrauchsmusteranmeldung geschützt worden ist (§ 5, 2 GMG.). Klagen auf Löschung von Gebrauchsmustern gehören in Zukunft nicht mehr vor die Gerichte, sondern vor das Reichspatentamt (§ 8 GMG.). Das Löschungsverfahren selbst (§§ 8, 9, 10 GMG.) ist nach dem Vorbild des Nichtigkeitsverfahrens in Patentsachen geregelt. Die Einrede der Nichtigkeit des Gebrauchsmusters im Verletzungsstreit wird durch die vorstehenden Bestimmungen nicht berührt; nur wenn die Löschung aus den Gründen des § 7 GMG. herbeigeführt werden soll, ist das Reichspatentamt zuständig. Ist während des Löschungsverfahrens ein Rechtsstreit anhängig, dessen Entscheidung von dem Bestehen des Gebrauchsmusterschutzes abhängt, so kann das Gericht anordnen, daß die Verhandlung bis zur Erledigung des Löschungsverfahrens auszusetzen ist; es hat die Aussetzung anzuordnen, wenn es die Gebrauchsmustereintragung für unwirksam hält. Die Zurückweisung des Löschungsantrages erhält Rechtskraft zwischen den Parteien; an diese Entscheidung ist das Gericht daher gebunden, wenn sie zwischen denselben Parteien ergangen ist (§ 11 GMG.).

In Warenzeichensachen wird hinsichtlich der Rückzahlung von Klassengebühren bestimmt, daß die für mehr als eine Klasse oder Unterklasse gezahlte Gebühr erstattet wird, falls die Anmeldung zurückgenommen oder zurückgewiesen wird, bevor die im § 5, 1 vorgesehene Mitteilung (Einleitung des Widerspruchsverfahrens) abgesandt worden ist (§ 2, 4 WZG.). Unter den nicht eintragungsfähigen Zeichen werden die Zeichen, die keine Unterscheidungskraft haben, besonders aufgeführt (§ 4, 2^1); ferner ist die Sperrfrist, die früher vielfach zu Unträglichkeiten führte, weggefallen. Hinsichtlich der Übertragung von Warenzeichen gilt, daß das Recht auch mit dem Teil des Geschäftsbetriebes, zu dem das Warenzeichen gehört, auf einen anderen übertragen werden kann (§ 8, 1 WZG.). In Zukunft soll die

Schutzfristverlängerung erst vom Ende der laufenden Schutzfrist an rechnen, so daß in jedem Falle die Schutzfrist volle zehn Jahre beträgt (§ 9, 2 WZG.). Die zwischen Reichsgericht und Reichspatentamt streitige Frage, ob Wort- und Bildzeichen übereinstimmen können, wird durch das Gesetz in bejahendem Sinne geklärt (§ 31 WZG.). Wichtig ist schließlich der Fortfall der Notwendigkeit des Nachweises des Heimatschutzes, wenn nach einer Bekanntmachung im Reichsgesetzblatt deutsche Warenzeichen in dem anderen Staat ohne einen Nachweis des Heimatschutzes eingetragen werden (§ 35, 3 WZG.).

Im Sinne des Unionsvertrages bestimmt das Warenzeichengesetz nunmehr ausdrücklich, daß an sich nicht eintragungsfähige Zeichen eingetragen werden können, wenn sich das Zeichen im Verkehr als Kennzeichen der Waren des Anmelders durchgesetzt hat. Unter den nicht eintragungsfähigen Zeichen werden die notorisch bekannten Marken besonders aufgeführt, ebenso die Staatsflaggen, ferner solche amtlichen Prüf- und Gewährzeichen, die nach einer Bekanntmachung im Reichsgesetzblatt im Inland oder in einem ausländischen Staate für bestimmte Waren eingeführt sind.

2. Begründung zu den Gesetzen über den gewerblichen Rechtsschutz vom 5. Mai 1936.

Drei Hauptgesichtspunkte bestimmen die Neugestaltung des gewerblichen Rechtsschutzes, die in den vorgelegten Gesetzentwürfen enthalten ist. Zuvörderst gilt es, grundsätzliche Gedanken des Nationalsozialismus auch auf diesem Gebiete zur Geltung zu bringen. Dabei stehen für das Recht der Erfindungen zwei Gesichtspunkte im Vordergrund. Einmal sieht der neue Staat in den im deutschen Volke besonders reich vorhandenen schöpferischen Geisteskräften ein hohes Gut, das für den Wiederaufbau Deutschlands von unschätzbarem Werte ist. Er rechnet es deshalb zu seinen vornehmsten Aufgaben, mit allen Mitteln die Entfaltung der schöpferischen Persönlichkeit zu fördern und ihr Werk gegen Ausbeutung zu schützen. Dieser Gedanke muß in den Maßnahmen zur Wahrung der Erfinderehre, bei der Ausgestaltung der Angestelltenerfindung und bei der Regelung der Erleichterungen, die mittellosen Erfindern für die Kosten der Erlangung und Geltendmachung des Erfindungsschutzes zu gewähren sind, seinen Ausdruck finden.

Andererseits darf die Förderung des Erfinders nicht dazu führen, daß ihm gestattet wird, in der Ausnutzung seiner Leistungen nur eigennützige Ziele zu verfolgen. Der Grundsatz, daß die Belange von Volk und Staat den Sonderinteressen des einzelnen vorgehen, muß gerade für das Erfinderrecht erhöhte Bedeutung gewinnen. Denn der Erfinder verdankt seine Leistungen nicht nur sich selbst, sondern zugleich der Volksgemeinschaft, welche die Grundlagen geschaffen hat, auf denen weiterbauend er erst zu seiner Erfindung gelangen konnte. Deshalb stehen die schöpferischen Kräfte im Ehrendienst von Volk und Staat. Dem Schutz, den ihnen der Staat gewährt, entspricht die Pflicht des Erfinders, bei der Verwertung dessen, was er seinerseits zur Fortentwicklung der Technik beiträgt, nicht allein den eigenen Nutzen zu bedenken, sondern sein Werk zugleich dem Wohle der Volksgemeinschaft dienstbar zu machen. Dieser Gedanke muß hauptsächlich die Vorschriften bestimmen, die sich mit der Einschränkung der Erfinderrechte, insbesondere durch Befugnisse des Staates und durch Zwangslizenzen befassen.

Der zweite Gesichtspunkt ergibt sich aus der Notwendigkeit, den Gesetzesstoff zu vereinfachen und möglichst übersichtlich zu gestalten. Eine Reihe von gesetzlichen Sondervorschriften der Kriegs- und Nachkriegszeit, die zum Teil nur eine einstweilige Regelung bezweckten, haben in den Zusammenhang der Hauptgesetze eingegriffen und ihr Verständnis erschwert. Die im Jahre 1923 vorgenommene Neuveröffentlichung des Patentgesetzes, des Gebrauchsmustergesetzes und des Warenzeichengesetzes (Reichsgesetzbl. II S. 437)[1]) hat diesem Übelstand nur zum Teil abgeholfen. Neben den Hauptgesetzen sind verschiedene andere Vorschriften erhalten geblieben, die, obwohl sie mit jenen nicht in Einklang standen, doch nicht in sie eingearbeitet werden konnten, da die dauernde Beibehaltung der Vorschriften damals noch nicht feststand. In dieser Hinsicht ist vor allem auf die Verordnung vom 9. März 1917 (Reichsgesetzbl. S. 221)[2]) hinzuweisen, mit der neben anderen Vereinfachungen des patentamtlichen Verfahrens der Einzelprüfer eingeführt wurde. Inzwischen ist das Verfahren durch Gesetz vom 1. Februar 1926 (Reichsgesetzbl. II S. 127)[3]) neu geregelt worden. Auch sonst ist es an der Zeit, Überholtes aus dem Wortlaut des Hauptgesetzes zu entfernen und die Nebengesetze in sie einzuarbeiten, soweit nicht besondere Gründe dafür sprechen, sie weiter selbständig bestehen zu lassen.

Als Drittes ergeben sich verschiedene Änderungen der bestehenden Gesetze aus dem Beitritt des Deutschen Reichs zu den Verträgen zur Änderung der Pariser Verbands übereinkunft zum Schutze des gewerblichen Eigentums,

---

1) Blatt 1923 S. 166.
2) Blatt 1917 S. 26.
3) Blatt 1926 S. 42.

die am 6. November 1925 im Haag unterzeichnet worden sind (Reichsgesetzbl. 1928 II S. 175)[1]).

Alle diese Gesichtspunkte und daneben zahlreiche aus den Erfahrungen der Praxis hervorgegangene Wünsche auf Verbesserung von Einzelheiten bedingen erhebliche Änderungen der bestehenden Gesetze. Gleichwohl gebieten es die in der Materie begründeten besonderen Schwierigkeiten der Rechtsanwendung, daß in langer Zeit Bewährtes, an dem deshalb der Sache nach festgehalten werden soll, auch in der äußeren Form nach Möglichkeit erhalten wird. Denn es muß vermieden werden, daß die reichen Ergebnisse, die in jahrzehntelanger Verwaltungsarbeit, Rechtsprechung und wissenschaftlicher Forschung für die Auslegung und Anwendung bestimmter Vorschriften und Begriffe gewonnen worden sind, durch bloße Fassungsänderungen entwertet werden, die unfruchtbare Zweifel heraufbeschwören und Unsicherheit in die Wirtschaft tragen. Deshalb lehnen sich die neuen Gesetze äußerlich an die Bestimmungen des geltenden Rechts an, die den beteiligten Kreisen vertraut und geläufig sind. Auch in den nachfolgenden Erläuterungen zu den einzelnen Vorschriften wird des besseren Verständnisses wegen an die vorhandenen Gesetze angeknüpft werden.

---

[1]) Blatt 1926 S. 190.

3. Patentgesetz

Vom 5. Mai 1936 (RGBl. II S. 117).

Die Reichsregierung hat das folgende Gesetz beschlossen, das hiermit verkündet wird:

Erster Abschnitt

Das Patent

Patentfähige Erfindung; Ausnahmen vom Patentschutz.

§ 1 [§ 1]

(1) Patente werden erteilt für neue Erfindungen, die eine gewerbliche Verwertung gestatten.

(2) Ausgenommen sind:

1. Erfindungen, deren Verwertung den Gesetzen oder guten Sitten zuwiderlaufen würde;
2. Erfindungen von Nahrungs-, Genuß- und Arzneimitteln sowie von Stoffen, die auf chemischem Wege hergestellt werden, soweit die Erfindungen nicht ein bestimmtes Verfahren zur Herstellung der Gegenstände betreffen.

§ 1 deckt sich mit § 1 des geltenden Gesetzes.

Neuheit der Erfindung.

§ 2 [§ 2]

Eine Erfindung gilt nicht als neu, wenn sie zur Zeit der Anmeldung (§ 26) in öffentlichen Druckschriften aus den letzten hundert Jahren bereits derart beschrieben oder im Inland bereits so offenkundig benutzt ist, daß danach die Benutzung durch andere Sachverständige möglich erscheint. **Eine innerhalb von sechs Monaten vor der Anmeldung erfolgte Beschreibung oder Benutzung bleibt außer Betracht, wenn sie auf der Erfindung des Anmelders oder seines Rechtsvorgängers beruht.**

§ 2 Satz 1 gibt den ersten Absatz in § 2 des geltenden Gesetzes wieder.

Der neue Satz 2 enthält eine Durchbrechung des Grundsatzes im Satz 1, die nach zwei Richtungen eine Verbesserung des bisherigen Rechtes bringen soll. Hat jemand von der Erfindung des Anmelders oder seines Rechtsvorgängers Kenntnis erlangt und verwendet er dieses Wissen, um ohne den Willen der Genannten die Erfindung vor der Anmeldung in öffentlicher Druckschrift zu beschreiben oder offenkundig zu benutzen, so nimmt sein Tun der Erfindung nach dem geltenden Gesetzeswortlaut die Eigenschaft der Neuheit. Damit verliert der Erfinder die Möglichkeit, ein Patent zu erlangen. Die neue Vorschrift soll solche ungerechtfertigte Schädigung verhindern. Zum anderen soll aber auch eine Beschreibung oder offenkundige Benutzung, die vor der Patentanmeldung mit Willen des Erfinders geschieht, nicht, wie bisher, schlechthin die Erteilung eines Patents ausschließen. Gerade dem weniger gewandten oder weniger bemittelten Erfinder wird es oft erwünscht sein, seine Erfindung zunächst zur öffentlichen Erörterung stellen zu können, um zu erfahren, ob ihre Anmeldung zum Patent verlohnt, und um Geldgeber für die Durchführung des Verfahrens zu gewinnen. Auch hat sich bisher gelegentlich eine Härte für unerfahrene Erfinder daraus ergeben, daß sie in Unkenntnis der Rechtslage ihre Erfindung vor der Anmeldung veröffentlicht und sich damit um die Aussicht auf ein Patent gebracht haben. Aus allen diesen Gründen ist vorgesehen worden, daß Veranstaltungen, die auf der Erfindung des Anmelders oder seines Rechtsvorgängers beruhen, nicht neuheitsschädlich sein sollen, soweit sie innerhalb der sechs Monate erfolgen, die der Patentanmeldung vorausgehen. Diese zeitliche Beschränkung ist notwendig, um keinen Anreiz zu einer unangemessenen Verzögerung der Patentanmeldung zu bieten und die spätere Feststellung des Sachverhalts im Prüfungsverfahren vor dem Reichspatentamt nicht durch zu große zeitliche Zwischenräume zu erschweren. Es ist nicht zu verkennen, daß die Neuregelung insofern eine gewisse Gefahr in sich birgt, als sie von dem abweicht, was zur Zeit in den meisten anderen Staaten Rechtens ist. Ein deutscher Erfinder, der im Vertrauen auf die deutschen Vorschriften seine Erfindung vor der Anmeldung bekannt gibt, würde also zwar ein Reichspatent erhalten können, aber die Erlangung von Patenten in anderen Staaten vereiteln. Es ist aber einmal damit zu rechnen, daß diese Folge in den beteiligten Kreisen bald bekannt werden wird, so daß jeder sie bei seinen Entschließungen in Rechnung ziehen kann. Zum anderen besteht die Aussicht, daß auch die fremden Gesetzgebungen mit der Zeit allgemein zu ähnlichen Regelungen kommen werden, die schon auf der Internationalen Londoner Konferenz des Jahres 1934[1]) lebhaft erörtert und von vielen Ländern empfohlen worden sind.

Der zweite Absatz des bisherigen § 2 soll fortfallen. Er sieht vor, daß ausländische Patentschriften erst nach Ablauf von drei Monaten seit ihrer Herausgabe als neuheitsschädlich angesehen werden sollen, sofern die Gegenseitigkeit nach einer Feststellung im Reichsgesetzblatt verbürgt ist. Diese Vorschrift ist durch das Prioritätsrecht der Verbandsübereinkunft (Art. 4), der das Reich im Jahre 1903 beigetreten ist, zum wesentlichen Teil gegenstandslos geworden. Praktische Bedeutung hat sie nie gewonnen, weil es im Ausland an einer entsprechenden Vorschrift fehlt; eine Bekanntmachung über die Gegenseitigkeit ist bisher nicht veröffentlicht worden. Sollte sich in den Beziehungen zu anderen Ländern das Bedürfnis und die Möglichkeit zu einer Vereinbarung im Sinne des bisherigen Absatz 2 ergeben, so steht nichts im Wege, eine solche im Einzelfall auch ohne die fragliche Vorschrift des Patentgesetzes abzuschließen, die deshalb entbehrlich ist.

[1]) Blatt 1934 S. 198.

§ 3

Recht auf das Patent.

Das Recht auf das Patent hat der Erfinder oder sein Rechtsnachfolger. Haben mehrere gemeinsam eine Erfindung gemacht, so steht ihnen das Recht auf das Patent gemeinschaftlich zu. Haben mehrere die Erfindung unabhängig voneinander gemacht, so steht das Recht dem zu, der die Erfindung zuerst beim Reichspatentamt angemeldet hat.

§ 3. Um die erfinderische Persönlichkeit nach Gebühr zu würdigen und ihr die Anerkennung zu zollen, die als Ansporn zu neuem Schaffen notwendig ist, geht der Entwurf grundsätzlich vom sogenannten Anmelderprinzip zum Erfinderprinzip über. Nach § 3 des geltenden Patentgesetzes hat der erste Anmelder den Anspruch auf Erteilung des Patents. Damit wird schon äußerlich die Erfindung von vornherein vom Erfinder losgelöst und seine Urheberschaft als nebensächlich übergangen. Jetzt soll das Recht dem Erfinder oder seinem Rechtsnachfolger zugesprochen werden. Erhält es ein Rechtsnachfolger, so sorgt der § 36 des Entwurfs dafür, daß der Erfinder auf allen mit dem Patent zusammenhängenden Veröffentlichungen als solcher genannt wird. Besonders geregelt sind noch der Fall einer durch das Zusammenwirken mehrerer entstandenen Erfindung und der Fall, daß verschiedene Personen die gleiche Erfindung unabhängig voneinander machen. Dagegen sind die weiteren besonderen Folgen, die sich im Falle der Diensterfindung ergeben, an dieser Stelle nicht berücksichtigt, da sie in dem gleichzeitig in Vorbereitung befindlichen Arbeitsvertragsgesetz geregelt werden sollen.

Im engen Zusammenhang mit der Regelung, wonach der Erfinder oder dessen Rechtsnachfolger das Recht auf das Patent hat, steht die dem Anmelder auferlegte Pflicht, vor Erlaß des Bekanntmachungsbeschlusses anzugeben, ob er Erfinder oder Rechtsnachfolger des Erfinders ist, und im letzteren Falle den Namen des Erfinders mitzuteilen (zu vgl. § 26 Abs. 6). Zur Wahrung der Erfinderehre ist weiterhin die Nennung des Erfinders auf allen Veröffentlichungen des Reichspatentamts vorgesehen (zu vgl. § 36).

Anspruch auf Patenterteilung; Vorpatentierung; widerrechtliche Entnahme.

§ 4 [§ 3]

(1) **Damit die sachliche Prüfung der Patentanmeldung (§ 28) durch die Feststellung des Erfinders nicht verzögert wird, gilt im Verfahren vor dem Reichspatentamt der Anmelder als berechtigt, die Erteilung des Patents zu verlangen.**

(2) Jedoch kann eine spätere Anmeldung den Anspruch auf Erteilung des Patents nicht begründen, wenn die Erfindung Gegenstand des auf eine frühere Anmeldung erteilten Patents ist. Trifft diese Voraussetzung teilweise zu, so hat der Anmelder Anspruch auf Erteilung des Patents in entsprechender Beschränkung.

(3) Auch hat der Patentsucher keinen Anspruch auf Erteilung des Patents, wenn der wesentliche Inhalt seiner Anmeldung den Beschreibungen, Zeichnungen, Modellen, Gerätschaften oder Einrichtungen eines anderen oder einem von diesem angewendeten Verfahren ohne dessen Einwilligung entnommen ist und der andere aus diesem Grunde Einspruch erhoben hat. Führt der Einspruch zur Zurücknahme oder Zurückweisung der Anmeldung und meldet der Einsprechende innerhalb eines Monats seit der amtlichen Mitteilung hiervon die Erfindung seinerseits an, so kann er verlangen, daß als **Tag seiner Anmeldung der Tag der früheren Anmeldung festgesetzt wird.**

§ 4. Um auszuschließen, daß das patentamtliche Verfahren durch Ermittelungen über die Urheberschaft an der Erfindung irgendwie erschwert oder verzögert wird, sieht der Entwurf vor, daß der Anmelder in dem Verfahren vor dem Reichspatentamt stets als der Berechtigte (d. h. als Erfinder oder dessen Rechtsnachfolger) gilt, daß ihm demgemäß aus der prozessualen Handlung in der Anmeldung ein Anspruch gegen das Reichspatentamt auf Erteilung des Patents erwächst. Streitigkeiten über die Urheberschaft an der Erfindung sind vor den ordentlichen Gerichten auszutragen; dort kann der wahre Erfinder von dem unbefugten Anmelder die Übertragung des Anspruchs auf Erteilung des Patents verlangen (zu vgl. § 5 des Entwurfs).

Von dem Anspruch des Anmelders auf Erteilung des Patents waren in Übereinstimmung mit dem geltenden Recht zwei Ausnahmen zu machen, einmal zugunsten dessen, der für den gleichen Gegenstand auf Grund einer früheren Anmeldung ein Patent erhalten hat (Abs. 2), sodann zugunsten des Erfindungsbesitzers, dem der Anmelder die Erfindung entnommen hat (Abs. 3).

Für den letztgenannten Fall der widerrechtlichen Entnahme ist der auf den Erfindungsbesitz gestützte Einspruch des geltenden Rechts aufrechterhalten worden. Es läge an sich nahe, da der Entwurf grundsätzlich von dem Recht des Erfinders auf das Patent ausgeht, den Rechtsbehelf dieses Einspruchs neben dem Erfindungsbesitzer auch dem Erfinder zuzugestehen. Davon ist aber abgesehen worden, da sonst dem Reichspatentamt wieder die schwierige und zeitraubende Nachforschung nach dem Erfinder zuzumuten wäre, was unter allen Umständen vermieden werden muß. Dagegen erscheint es angezeigt, den durch widerrechtliche Entnahme Verletzten für den Fall, daß er nach Zurücknahme oder Zurückweisung der unrechtmäßigen Anmeldung die Erfindung seinerseits anzumelden wünscht (§ 3 Abs. 2 Satz 2 des Patentgesetzes bisheriger Fassung), in bezug auf die ihm zuzubilligende Priorität günstiger als bisher zu stellen. Das geltende Recht gibt ihm für seine Anmeldung nur die Priorität des Tages, welcher der Bekanntmachung der Anmeldung des Unberechtigten vorangeht. Neuheitsschädliche Tatsachen, die in dem Zeitraum zwischen dieser Anmeldung und deren Bekanntmachung fallen, können ihm also nach geltendem Recht entgegengehalten werden; Benutzungshandlungen Dritter, die vor der Bekanntmachung stattgefunden haben, lassen ein Vorbenutzungsrecht (§ 5 Abs. 1 geltender Fassung) entstehen. Es entspricht der Billigkeit besser, dem Verletzten die Möglichkeit zu gewähren, die Rechtslage zu übernehmen, die objektiv durch die unberechtigte Anmeldung herbeigeführt worden ist, ihm also den Vorrang der Anmeldung des Unberechtigten zu geben.

Anspruch auf Übertragung der Anmeldung oder des Patents.

§ 5

Der Berechtigte, dessen Erfindung von einem Nichtberechtigten angemeldet ist, oder der durch widerrechtliche Entnahme Verletzte kann vom Patentsucher verlangen, daß ihm der Anspruch auf Erteilung des Patents abgetreten wird. Hat die Anmeldung bereits zum Patent geführt, so kann er vom Patentinhaber die Übertragung des Patents verlangen. Der Anspruch kann bis zum Ablauf eines Jahres nach der Bekanntmachung über die Erteilung des Patents (§ 35 Abs. 1) durch Klage geltend gemacht werden, später nur dann, wenn der Patentinhaber beim Erwerb des Patents nicht in gutem Glauben war.

§ 5. Im Schrifttum und in der Rechtsprechung wird anerkannt, daß nach geltendem Recht dem durch widerrechtliche Entnahme Verletzten ein Anspruch auf Übertragung der Anmeldung oder des Patents zusteht, sofern der Anmelder oder Patentinhaber schuldhaft gehandelt hat (§§ 823, 826 BGB.). Da der Entwurf jetzt zum Erfinderprinzip übergegangen ist (siehe § 3), muß der Anspruch gegenüber der Anmeldung eines Unberechtigten dem Erfinder zugestanden werden. Daneben auch den Erfindungsbesitz als Voraussetzung des Anspruchs genügen zu lassen, liegt im Interesse des Erfinders, da der Tatbestand des Erfindungsbesitzes regelmäßig leichter nachzuweisen sein wird als der der Urheberschaft an der Erfindung. Um die Stellung des Erfinders noch mehr zu stärken, erscheint es ferner angemessen, daß der Anspruch auf Übertragung der Anmeldung oder des Patents auch gegen den gutgläubigen Dritten gewährt wird. Um den gutgläubigen Patentinhaber nach Ablauf einer bestimmten Frist gegen Angriffe sicherzustellen, ist für die Geltendmachung des Übertragungsanspruchs eine Ausschlußfrist von einem Jahr seit der Bekanntmachung über die Patenterteilung vorgesehen.

§ 6 [§ 4] Wirkung des Patents.

Das Patent hat die Wirkung, daß allein der Patentinhaber befugt ist, gewerbsmäßig den Gegenstand der Erfindung herzustellen, in Verkehr zu bringen, feilzuhalten oder zu gebrauchen. Ist das Patent für ein Verfahren erteilt, so erstreckt sich die Wirkung auch auf die durch das Verfahren unmittelbar hergestellten Erzeugnisse.

§ 6 deckt sich mit § 4 des geltenden Gesetzes.

§ 7 [§ 5, Abs. 1 und 3] Vorbenutzungsrecht.

(1) Die Wirkung des Patents tritt gegen den nicht ein, der zur Zeit der Anmeldung bereits im Inland die Erfindung in Benutzung genommen oder die dazu erforderlichen Veranstaltungen getroffen hatte. Dieser ist befugt, die Erfindung für die Bedürfnisse seines eigenen Betriebs in eigenen oder fremden Werkstätten auszunutzen. Die Befugnis kann nur zusammen mit dem Betrieb vererbt oder veräußert werden. **Hat der Anmelder oder sein Rechtsvorgänger die Erfindung vor der Anmeldung**

anderen mitgeteilt und sich dabei seine Rechte für den Fall der Patenterteilung vorbehalten, so kann sich der, welcher die Erfindung infolge der Mitteilung erfahren hat, nicht auf Maßnahmen nach Satz 1 berufen, die er innerhalb von sechs Monaten nach der Mitteilung getroffen hat.

(2) Gegenüber dem Reich und den selbständigen Reichsverkehrsanstalten tritt die Wirkung des Patents auch dann nicht ein, wenn die Erfindung zur Zeit der Anmeldung bereits derart in einem amtlichen Schriftstück ihrer Verwaltung aufgezeichnet war, daß danach die Benutzung durch andere Sachverständige möglich erscheint. Das Reich und die Reichsverkehrsanstalten sind befugt, die Erfindung selbst oder für ihre Zwecke durch andere zu benutzen. Die Wirkung des Patents wird nicht beschränkt, wenn die Aufzeichnung auf einer Mitteilung des Anmelders oder seines Rechtsvorgängers oder von Personen beruht, die außerhalb der Verwaltung stehen.

(3) Steht dem Patentinhaber nach einem Staatsvertrag ein Prioritätsanspruch (§ 27) oder nach dem Gesetz, betreffend den Schutz von Erfindungen, Mustern und Warenzeichen auf Ausstellungen, vom 18. März 1904 (Reichsgesetzbl. S. 141) ein zeitweiliger Schutz zu, so ist an Stelle der in den Absätzen 1 und 2 bezeichneten Anmeldung die vorangegangene ausländische Anmeldung oder der Beginn der Schaustellung der Erfindung maßgebend. Dies gilt jedoch nicht für Angehörige eines ausländischen Staates, der hierin keine Gegenseitigkeit gewährt.

(4) Auf Einrichtungen an Fahrzeugen, die nur vorübergehend ins Inland gelangen, erstreckt sich die Wirkung des Patents nicht.

§ 7 entspricht dem § 5 Abs. 1 und 3 des geltenden Patentgesetzes, enthält jedoch verschiedene Änderungen.

Neu ist zunächst der Satz 4 im Abs. 1. Er stellt ein Gegenstück zu § 2 Satz 2 dar. Dort sind die Folgen geregelt, die eine Bekanntgabe der Erfindung durch den Erfinder vor der Patentanmeldung für die Beurteilung der Patentfähigkeit hat. Hier handelt es sich um die Folgen, die eine solche Mitteilung für die Entstehung von Vorbenutzungsrechten haben kann. Beide Fälle sind insofern in Übereinstimmung gebracht, als die Frist, die dem Erfinder gelassen ist, um sein Ausschließungsrecht durch die Patentanmeldung zu wahren, gleichmäßig auf 6 Monate nach der Bekanntgabe der Erfindung bemessen worden ist. Im übrigen war bei der hier in Betracht kommenden Regelung auch auf den Rücksicht zu nehmen, der die Erfindung unter Aufwand an Mühen und Kosten in Benutzung genommen hat, ohne damit rechnen zu müssen, daß sie zum Patent angemeldet werden würde. Deshalb ist nicht schlechthin jedem ein Vorbenutzungsrecht versagt worden, dessen Kenntnis von der Erfindung auf einer Mitteilung des späteren Patentanmelders beruht. Überhaupt will das Gesetz die Frage, wann trotz Vorliegens der Voraussetzungen des Satz 1 aus allgemeinen Rechtsgrundsätzen ein Vorbenutzungsrecht nicht entsteht, keineswegs abschließend regeln, da die möglichen Fälle zu vielgestaltig sind, um sämtlich durch ausdrückliche Vorschriften erfaßt zu werden. Die neue Bestimmung will vielmehr nur dem Erfinder ein Mittel an die Hand geben, um seine Belange nach Möglichkeit wahren zu können. Dieses Mittel ist der ausdrückliche Ausspruch eines Vorbehalts seiner Rechte für den Fall der Patenterteilung, der bei der Bekanntgabe der Erfindung zu erfolgen hat. Er hindert auf die Dauer von 6 Monaten die Entstehung eines Vorbenutzungsrechts ohne Rücksicht darauf, ob der Benutzer auch gerade von dem Vorbehalt Kenntnis hatte.

Denn es kann dem, der bewußt fremdes Erfindungsgut benutzt, zugemutet werden, sich zu vergewissern, ob der Urheber sich Rechte daran vorbehalten hat. Unterläßt er es oder kann er sich keine Klarheit verschaffen, so handelt er auf eigene Gefahr, wenn er gleichwohl Aufwendungen für eine Verwertung der Erfindung macht, deren Fortsetzung dann später durch eine Patenterteilung gehindert werden kann.

Aus Rücksichten auf die Allgemeinheit soll dem Patent gegenüber ein erweitertes Vorbenutzungsrecht zugunsten des Reichs und der selbständigen Reichsverkehrsanstalten (z. B. Reichsbahn) geschaffen werden (Abs. 2). Während sonst Voraussetzung für ein Vorbenutzungsrecht ist, daß die Erfindung zur Zeit der Anmeldung in Benutzung genommen ist oder daß wenigstens die dazu erforderlichen Veranstaltungen getroffen worden sind, soll das Recht für die öffentliche Hand auch schon dann entstehen, wenn die Erfindung in einem amtlichen Schriftstück aufgezeichnet ist. Die Betriebsverhältnisse der öffentlichen Verwaltungen mit ihren häufig weit verzweigten und ausgedehnten Einrichtungen bedingen es, daß zwischen der Festlegung einer Neuerung auf dem Papier und der Herstellung der Benutzungsbereitschaft für gewöhnlich mehr Zeit vergeht als im Privatbetrieb. Zudem ist die Geheimhaltung während dieser Zeitspanne bei den öffentlichen Betrieben meist besonders schwierig, weil der Kreis derer, die zur Bearbeitung und Erprobung im Interesse zuverlässiger Ergebnisse herangezogen werden müssen, sehr groß sein kann und, wie etwa bei den Verkehrsverwaltungen, mancher Versuch auch mehr oder weniger unter den Augen der Öffentlichkeit stattfinden muß. So kann es geschehen, daß die Erfindung von unberufener Seite entlehnt und zum Patent angemeldet wird. Da die unberechtigte Entnahme oft nur schwer nachzuweisen sein wird, schützt allein ein erweitertes Vorbenutzungsrecht zuverlässig dagegen, daß die Verwaltung dem Patentanmelder weichen muß. Die Schaffung einer solchen Vorzugsstellung für die öffentliche Hand rechtfertigt sich auch durch die Erwägung, daß eine Erleichterung ihrer patentrechtlichen Lage letzten Endes der Allgemeinheit zugute kommt.

Auf der Londoner Konferenz des Jahres 1934 ist eine Änderung des Artikels 4 der Pariser Verbandsübereinkunft dahin beschlossen worden, daß ein Vorbenutzungsrecht nicht durch Tatsachen begründet werden soll, die in die Zeit zwischen der Anmeldung fallen, bei der ein Prioritätsrecht in Anspruch genommen wird, und der Anmeldung, aus der das Prioritätsrecht hergeleitet wird. Es empfiehlt sich, eine entsprechende Vorschrift schon jetzt in das deutsche Recht aufzunehmen (Abs. 3), da die beteiligten Kreise mit Nachdruck die Sicherung des Prioritätsrechts gegen die Entwertung durch derartige Vorbenutzungsrechte erstreben. Außer den Prioritätsfristen der Pariser Verbandsübereinkunft kommen hier zur Zeit auch die des deutsch-russischen Abkommens über gewerblichen Rechtsschutz — Reichsgesetzbl. 1926 II S. 46[1]) — und die des Abkommens mit der Südafrikanischen Union — Reichsgesetzbl. 1931 II S. 207, 542[2]) — in Betracht. Um den Angehörigen der beteiligten ausländischen Staaten aber keine vorteilhaftere Rechtsstellung zu geben, als die Deutschen dort genießen, und um einen gewissen Druck in dieser Frage auf das Ausland ausüben zu können, ist bestimmt, daß der Ausschluß des Vorbenutzungsrechts im Prioritätsintervall solchen Ländern gegenüber nicht eintritt, die Gegenseitigkeit hierin nicht gewähren.

Die gleiche Frage entsteht im übrigen für den Ausstellungsschutz auf Grund des Gesetzes vom 18. März 1904, betreffend den Schutz von Erfindungen, Mustern und Warenzeichen auf Ausstellungen (Reichsgesetzbl. S. 141)[3]). Der im Gesetz vorgesehene einstweilige Schutz würde seinen Zweck verfehlen, wenn der Erfinder allen Personen, die die ausgestellte Erfindung gesehen und daraufhin ihrerseits in Benutzung genommen haben, ein Vorbenutzungsrecht einräumen müßte. Es erschien deshalb angezeigt, auch für die Zeitspanne des zeitweiligen Ausstellungsschutzes die Entstehung von Vorbenutzungsrechten auszuschließen.

---

[1]) Blatt 1926 S. 23.
[2]) Blatt 1931 S. 92 und 215.
[3]) Blatt 1904 S. 181.

Einschränkung der Wirkung des Patents. **§ 8 [§ 5, Abs. 2]**

Die Wirkung des Patents tritt insoweit nicht ein, als die Erfindung nach Bestimmung der Reichsregierung **zur Förderung des Wohles der Volksgemeinschaft** benutzt werden soll. Sie erstreckt sich ferner nicht **auf eine Benutzung der Erfindung, die auf Anordnung oder im Auftrage des zuständigen Reichsministers oder der ihm nachgeordneten zuständigen Behörde für Zwecke der Landesverteidigung erfolgt.** Doch hat der Patentinhaber in diesen Fällen gegen das Reich Anspruch auf angemessene Vergütung, die in Ermangelung einer Verständigung im Rechtswege festgesetzt wird. **Eine Bestimmung der Reichsregierung nach Satz 1 ist dem in der Rolle (§ 24) als Patentinhaber Eingetragenen vor Benutzung der Erfindung mitzuteilen. Erlangt die Stelle, von der eine Anordnung oder ein Auftrag nach Satz 2 ausgeht, Kenntnis von der Entstehung eines Vergütungsanspruchs nach Satz 3, so hat sie dem als Patentinhaber Eingetragenen davon Mitteilung zu machen.**

§ 8 entspricht dem § 5 Abs. 2 des geltenden Gesetzes.

Die Vorschrift im Satz 1 bewahrt die schon jetzt bestehende Möglichkeit, daß die Reichsregierung zur Förderung des Wohles der Volksgemeinschaft durch ausdrückliche Bestimmungen für den Einzelfall das Ausschließungsrecht des Patentinhabers einschränken kann, um die Belange der Allgemeinheit zur Geltung zu bringen.

Ist die Benutzung einer geschützten Erfindung erforderlich, um das höchste Gut, die Sicherheit von Volk und Staat gegen Angriffe verteidigen zu können, so überwiegen die Interessen der Gesamtheit diejenigen des einzelnen in so hohem Maße, daß die Zurückstellung des

Einzelrechts nicht erst von einer voraufgehenden besonderen Bestimmung über die Einschränkung des Patents für den Einzelfall abhängig gemacht werden kann. Der Entwurf sieht daher im Satz 2 vor, daß die Benutzung der Erfindung unter diesen Voraussetzungen ohne weiteres gerechtfertigt ist, soweit sie auf Anordnung oder im Auftrag des zuständigen Reichsministers oder der ihm nachgeordneten zuständigen Behörde erfolgt. Eine Benutzung durch eine vom Fiskus zur Lieferung herangezogene Privatfirma wird durch einen solchen Auftrag selbstverständlich nur dann gedeckt, wenn er gerade die betreffende technische Maßnahme vorschreibt. Wählt die Lieferfirma sie ohne den Willen der bestellenden Behörde, so kann sie sich zur Rechtfertigung des Eingriffs in ein fremdes Patent nicht auf den Auftrag berufen.

Wie nach geltendem Gesetz hat der Patentinhaber in jedem Falle, in dem seine Erfindung zum Wohle der Volksgemeinschaft benutzt wird, einen Anspruch auf angemessene Vergütung. Damit er ihn wahrnehmen kann, ist vorgeschrieben, daß ihm die Bestimmung der Reichsregierung im Falle des Satz 1 vor der Benutzung der Erfindung mitzuteilen ist. Im Falle des Satz 2 wird sich die Anordnung oder der Auftrag selbst regelmäßig nicht zur Bekanntgabe an den Patentinhaber eignen. Auch braucht bei ihrer Erteilung der handelnden Stelle noch gar nicht bewußt zu sein, daß durch die Ausführung ein fremdes Patent berührt wird. Deshalb ist vorgesehen, daß dem Patentinhaber von der Entstehung des Vergütungsanspruchs Mitteilung zu machen ist, sobald die veranlassende Behörde davon Kenntnis erlangt.

§ 9 [§ 6] Übertragung des Patentrechts.

Das Recht auf das Patent, der Anspruch auf Erteilung des Patents und das Recht aus dem Patent gehen auf die Erben über. Sie können beschränkt oder unbeschränkt auf andere übertragen werden.

§ 9 entspricht sachlich dem § 6 des geltenden Patentgesetzes.

Schutzdauer, Zusatzpatent. **§ 10 [§ 7]**

(1) Das Patent dauert achtzehn Jahre, die mit dem Tag beginnen, der auf die Anmeldung der Erfindung folgt. Bezweckt eine Erfindung die Verbesserung oder weitere Ausbildung einer anderen, dem Patentsucher durch ein Patent geschützten Erfindung, so kann er die Erteilung eines Zusatzpatents nachsuchen, das mit dem Patent für die ältere Erfindung endet.

(2) Fällt das Hauptpatent durch Erklärung der Nichtigkeit, durch Zurücknahme oder durch Verzicht fort, so wird das Zusatzpatent zu einem selbständigen Patent; seine Dauer bestimmt sich nach dem Anfangstag des Hauptpatents. **Von mehreren Zusatzpatenten wird nur das erste selbständig; die übrigen gelten als dessen Zusatzpatente.**

§ 10. Nach der Regelung im § 7 des geltenden Gesetzes wird jedes von mehreren Zusatzpatenten selbständig, sobald das Hauptpatent fortfällt, mit der Wirkung, daß nunmehr für sämtliche bisherigen Zusatzpatente die Verpflichtung zur Zahlung der Jahresgebühren eintritt. Hier ist zur Minderung der Kosten vorgesehen, daß in dem bezeichneten Falle hinsichtlich der Gebührenregelung nur das erste Zusatzpatent zu einem selbständigen Hauptpatent wird.

Das geltende Recht legt für die Berechnung der Dauer des Patents den Tag der Anmeldung zugrunde. Dagegen ist mehrfach geltend gemacht worden, daß das Prüfungsverfahren oft einen erheblichen Teil der achtzehnjährigen Patentdauer in Anspruch nehme und der Anmelder in solchem Falle um den vollen Genuß des Patentschutzes komme, gleichwohl aber die Patentjahresgebühren uneingeschränkt zahlen müsse. Es ist deshalb vorgeschlagen worden, die Patentdauer statt von der Anmeldung von dem Zeitpunkt an zu rechnen, mit dem der einstweilige Patentschutz eintrete, d. h. von der Bekanntmachung der Anmeldung ab. Gegen solche Regelung spricht jedoch entscheidend das Bedenken, daß der Anmelder bei dieser Neuerung häufig eine Verschleppung des Verfahrens anstreben und erreichen wird. Der Entwurf sieht also von einer Änderung in der Berechnung der Patentdauer ab, entlastet aber den Anmelder hinsichtlich der Gebühren; neben der Bekanntmachungsgebühr, die an Stelle der bisherigen ersten Jahresgebühr tritt, soll in Zukunft eine Jahresgebühr erst vom dritten Patentjahr ab zu entrichten sein (zu vgl. § 11).

§ 11 [§ 8] **Patentgebühren, Zahlungsfristen, Stundung.**

(1) Für jedes Patent ist **vor der Bekanntmachung der Anmeldung eine Bekanntmachungsgebühr (§ 31)**, ferner bei Beginn des **dritten** und jedes folgenden Jahres der Dauer des Patents eine Jahresgebühr nach dem Tarif zu entrichten.

(2) **Beim Zusatzpatent (§ 10 Abs. 1 Satz 2) ist nur die Gebühr für die Bekanntmachung zu zahlen; die Jahresgebühren fallen fort. Hört die Gebührenzahlung für das Hauptpatent auf und wird das Zusatzpatent gebührenpflichtig (§ 10 Abs. 2), so richten** sich Fälligkeitstag und Jahresbetrag nach dem Anfangstag des bisherigen Hauptpatents.

(3) Die Gebühren für das **dritte** und die folgenden Jahre sind innerhalb zweier Monate nach Fälligkeit zu entrichten. Nach Ablauf der zwei Monate gibt das Reichspatentamt dem Patentinhaber Nachricht, daß das Patent erlischt (§ 12), wenn die Gebühr mit dem tarifmäßigen Zuschlag für die Verspätung der Zahlung nicht binnen einem Monat nach Zustellung der Nachricht entrichtet wird.

(4) Das Reichspatentamt kann die Absendung der Nachricht auf Antrag des Patentinhabers hinausschieben, wenn er nachweist, daß ihm die Zahlung nach Lage seiner Mittel zur Zeit nicht zuzumuten ist. Es kann die Hinausschiebung davon abhängig machen, daß innerhalb bestimmter Fristen Teilzahlungen auf die Jahresgebühr geleistet werden. Erfolgt eine Teilzahlung nicht fristgemäß, so benachrichtigt das Reichspatentamt den Patentinhaber, daß das Patent erlischt, wenn der Restbetrag der Jahresgebühr und der nach ihm berechnete tarifmäßige Zuschlag nicht binnen einem Monat nach Zustellung gezahlt werden.

(5) Ist ein Antrag, die Absendung der Nachricht hinauszuschieben, nicht gestellt worden, so können Gebühr und Zuschlag beim Nachweis, daß die Zahlung nicht zuzumuten ist, noch nach Zustellung der Nachricht gestundet werden, wenn dies binnen vierzehn Tagen nach der Zustellung beantragt und die bisherige Säumnis genügend entschuldigt wird. Die Stundung kann auch unter Auferlegung von Teilzahlungen bewilligt werden. Wird ein gestundeter Betrag nicht rechtzeitig entrichtet, so wiederholt das Reichspatentamt die Nachricht, wobei der gesamte Restbetrag eingefordert wird. Nach Zustellung der zweiten Nachricht ist eine weitere Stundung unzulässig.

(6) Die Nachricht, die auf Antrag hinausgeschoben worden ist (Abs. 4) oder die nach gewährter Stundung erneut zu ergehen hat (Abs. 5), muß spätestens zwei Jahre nach Fälligkeit der Gebühr abgesandt werden. Geleistete Teilzahlungen werden nicht er-

stattet, wenn das Patent wegen Nichtzahlung des Restbetrags erlischt.

(7) Wenn der Anmelder oder Patentinhaber seine Bedürftigkeit nachweist, können ihm seine Gebühren für die Bekanntmachung und für das dritte bis sechste Jahr bis zum Beginn des siebenten gestundet und, wenn das Patent innerhalb der ersten sieben Jahre erlischt, erlassen werden.

(8) Ist ein Patent erteilt worden, so kann zugunsten eines bedürftigen Anmelders, der eine Erklärung nach § 14 Abs. 1 abgibt, angeordnet werden, daß ihm die angemessenen Auslagen für Zeichnungen, Modelle und Gutachten, deren Beibringung im Erteilungsverfahren notwendig war, aus der Reichskasse zu erstatten sind. Das Erstattungsgesuch muß binnen sechs Monaten nach Erteilung des Patents beim Reichspatentamt angebracht werden. Die Erstattung ist in der Patentrolle (§ 24) zu vermerken. Wenn es später nach den Umständen gerechtfertigt erscheint, soll das Reichspatentamt anordnen, daß der gezahlte Betrag ganz oder teilweise zurückzuerstatten ist. Die Rückzahlungen werden als Zuschlag zu den Patentjahresgebühren festgesetzt und als Teil dieser behandelt.

(9) Die Gebühren können vor Eintritt der Fälligkeit gezahlt werden. Wird auf das Patent verzichtet oder wird es für nichtig erklärt oder zurückgenommen, so sind die nicht fällig gewordenen Gebühren zurückzuzahlen.

§ 11. Die in der nationalsozialistischen Auffassung begründete Notwendigkeit, den nichtbemittelten Erfinder und sein Schaffen zu fördern, gebietet für das Patenterteilungsverfahren Maßnahmen, die der Gewährung des Armenrechts vor den Gerichten entsprechen. Bedürftigen Erfindern können gegenwärtig die Gebühren für das 1. und 2. Jahr der Patentdauer bis zum 3. Jahre gestundet und, wenn das Patent im 3. Jahre erlischt, auch vollkommen erlassen werden. Hierdurch soll es den Erfindern erleichtert werden, das Patent so lange aufrechtzuerhalten, bis ein Urteil über seine Verwendbarkeit möglich ist und im Falle der Brauchbarkeit Erträge erzielt werden. Der Zeitraum von 2 Jahren ist jedoch für diesen Zweck zu kurz, zumal da die patentamtliche Prüfung, die in die Laufzeit des Patents fällt, schon geraume Zeit beansprucht. Daher sieht Abs. 7 vor, daß die Gebühren für die ersten 6 Jahre bis zum Beginn des 7. gestundet und, wenn das Patent innerhalb der ersten 7 Jahre erlischt, vollständig erlassen werden können. Damit kann dem bedürftigen Erfinder in geeigneten Fällen ein volles Drittel der Gesamtdauer des Patents zur Verfügung gestellt werden, um unbelastet von Gebührenzahlungen eine nutzbringende Verwertung des Patents zu versuchen. Für vorübergehende Schwierigkeiten, die sich für die Gebührenzahlung im Verlauf der Patentdauer ergeben sollten, ist bereits jetzt durch die Bestimmungen der Verordnung über Maßnahmen auf dem Gebiete der Rechtspflege und Verwaltung vom 14. Juni 1932 Vierter Teil Kapitel I (Reichsgesetzbl. I S. 295)[1]) und des Gesetzes über Maßnahmen auf dem Gebiete des gewerblichen Rechtsschutzes vom 28. Dezember 1933 (Reichsgesetzbl. II S. 1075)[2]) Vorsorge getroffen, wonach sämtliche Patentjahresgebühren bis zu 2 Jahren nach Fälligkeit gestundet werden können. Diese Vorschriften sollen nunmehr in das Patentgesetz selbst aufgenommen werden.

Dem Bedürfnis, mittellosen Erfindern im patentamtlichen Verfahren sachkundige Hilfe zuteil werden zu lassen, trägt die Übung der Patentanwaltskammer Rechnung, die in geeigneten Fällen einen Patentanwalt zuweist, der seine Gebühren stundet und sich ihre nachträgliche Ein-

---

1) Blatt 1932 S. 155.
2) Blatt 1934 S. 1.

ziehung nur für den Fall vorbehält, daß der Auftraggeber später zu Mitteln gelangt.

Abgesehen von den Gebühren eines Patentanwalts können dem Anmelder im Erteilungsverfahren dadurch besondere Kosten erwachsen, daß zur Darlegung der Patentfähigkeit seiner Erfindung die Beibringung von Zeichnungen, Modellen oder Sachverständigengutachten erforderlich wird. Auch hierfür soll dem bedürftigen Erfinder durch Gewährung von Mitteln aus der Staatskasse Hilfe gewährt werden. Allerdings muß diese Unterstützung an eine einschränkende Voraussetzung gebunden werden. Erfahrungsgemäß und begreiflicherweise kommt die Vorlegung von Zeichnungen in außergewöhnlichem Maße, von Modellen und Gutachten vornehmlich gerade in den zweifelhaftesten Fällen in Betracht, die häufig mit einer Zurückweisung der Anmeldung enden. Würden ihre Kosten stets auf das Reich übernommen werden, so würden Mittel der Allgemeinheit in erheblichem Umfange für zwecklose Aufwendungen verbraucht werden. Deshalb soll die Erstattung der Auslagen aus der Staatskasse nur erfolgen, wenn die Anmeldung zur Patenterteilung geführt hat. Diese Regelung nötigt zwar den Anmelder dazu, die Kosten zunächst anderweit aufzubringen. Die Aussicht auf die spätere Erstattung wird ihm dies jedoch erleichtern. Die Hilfe mit Mitteln der Allgemeinheit soll weiter an die Bedingung geknüpft werden, daß die Erfindung der Volksgemeinschaft zur Benutzung gegen angemessene Vergütung zur Verfügung gestellt wird. Über die Bedeutung dieser Maßnahmen ist weiter unten Näheres zu sagen. Für den Fall, daß die Erfindung demnächst Erträge abwirft oder der Patentanmelder oder sein Rechtsnachfolger sonst später über entsprechende Mittel verfügt, ist es geboten, die Rückerstattung der ausgezahlten Beträge anordnen zu können. Der Einfachheit halber sollen die Rückzahlungen als Zuschläge zu den Patenjahresgebühren festgesetzt werden. Schuldner ist also der Staatskasse gegenüber der jeweilige Patentinhaber. Damit er sich beim Erwerb des Patents Klarheit über die darauf lastende bedingte Erstattungspflicht verschaffen kann, ist die Zahlung aus der Staatskasse in der Patentrolle zu vermerken. Die Nichtbewirkung der festgesetzten Rückzahlungen hat die gleiche Folge wie eine unvollständige Entrichtung der Patentjahresgebühr, bringt also das Patent zum Erlöschen. Es ist davon abgesehen worden, daneben noch dem Empfänger der Zahlung eine persönliche Haftung aufzuerlegen, da ihre Geltendmachung mit Aufwendungen und Mühen verbunden wäre, die in keinem Verhältnis zum Ergebnis stehen würden. Die Entscheidung über die Erstattung von Auslagen und die Wiedereinziehung der gezahlten Beträge gehört zu den Obliegenheiten der Patentabteilungen (§ 18 Abs. 1 Nr. 2 des Entwurfs).

Außer den Vergünstigungen für bedürftige Erfinder ist eine Gebührenerleichterung mit allgemeiner Wirkung angemessen, um dem Umstand Rechnung zu tragen, daß der Patentschutz in der Zeit bis zur Patenterteilung nur beschränkten Wert hat (vgl. Erläuterung zu § 10). Deshalb ist im Anfang der Laufzeit des Patents eine Verbilligung des Schutzes in der Weise vorgesehen, daß an die Stelle der Gebühren für die zwei ersten Jahre eine Bekanntmachungsgebühr in Höhe nur einer der beiden fortfallenden Gebühren tritt. Sie ist mit Rücksicht auf die Kosten, die durch die Bekanntmachung entstehen, vor deren Durchführung zu entrichten.

Die Ausfälle und Belastungen für die Staatskasse, die die erörterten Maßnahmen mit sich bringen, nötigen dazu, einen Ausgleich zu schaffen, der nur in einer Erhöhung gewisser Gebühren gefunden werden konnte. Diese hält sich jedoch in mäßigen Grenzen. Sie beschränkt sich auf die Gebühren für das 11. bis 17. Jahr der Patentdauer. Hier ist eine geringe Mehrbelastung am ehesten tragbar, weil die Patente, die so lange aufrechterhalten werden, regelmäßig entsprechende Erträge abwerfen. Im übrigen werden auch diese Gebühren im Durchschnitt nur um 15 v. H. erhöht, so daß sie künftig immer noch hinter den Sätzen zurückbleiben werden, die vor dem 1. Juli 1932 in Geltung waren.

Aber selbst dieser mäßigen Gebührenerhöhung wird noch eine neue Maßnahme an die Seite gestellt, die es dem Patentinhaber ermöglicht, die Kosten für die Erhaltung seines Schutzrechts erheblich zu senken, und die zugleich dem Gesichtspunkt Rechnung trägt, den Fortschritt der Erfindung der Volksgemeinschaft zugänglich zu machen. Dem Patentinhaber wird nämlich die Möglichkeit gegeben, sein Patent durch Zahlung der halben ordentlichen Gebühren aufrechtzuerhalten, wenn er sich bereit erklärt, jedermann die Benutzung der Erfindung gegen angemessene Vergütung zu überlassen. Wer sich einen größeren Nutzen davon verspricht, wenn er das in seinem Patent gegebene ausschließliche Recht nicht einer solchen Beschränkung zugunsten der Allgemeinheit unterwirft, mag dafür die höheren Gebühren entrichten. Er hat die Möglichkeit, sich jederzeit durch Abgabe der Erklärung die Gebührenvorteile zu verschaffen. Soweit die Mehrbelastung die trifft, die ihre Patente nicht ausführen, sondern nur andere damit hindern wollen, sich auf dem Schutzgebiet zu betätigen, kann die Gebührenerhöhung dazu beitragen, die Aufrechterhaltung solcher volkswirtschaftlich oft unerwünschter Sperrpatente zu erschweren. Die neue Einrichtung der Lizenzbereitschaft ist im § 14 geregelt.

Die haushaltsmäßigen Auswirkungen der Gebührenerleichterungen und anderen neu eingeführten Vergünstigungen auf der einen und der vorgesehenen Gebührenerhöhungen auf der anderen Seite lassen sich naturgemäß nur schätzungsweise veranschlagen, da sie von der wirtschaftlichen Entwicklung und dem Maße abhängen, in dem von den neuen Einrichtungen Gebrauch gemacht werden wird. Nach den angestellten Berechnungen würde ein gegenseitiger Ausgleich stattfinden. Weder ist also ein Ausfall für die Reichskasse noch eine Mehrbelastung der beteiligten Kreise in ihrer Gesamtheit zu erwarten; vielmehr wird nur eine sozialen Gesichtspunkten Rechnung tragende Veränderung in der Verteilung Platz greifen. Sollte sich diese Annahme später als unzutreffend erweisen, so müßten weitere Maßnahmen zur Herstellung eines Ausgleichs in Erwägung gezogen werden.

Artikel 5 bis der Pariser Verbandsübereinkunft in der Haager Fassung sieht vor, daß für die Gebührenzahlung, die der Aufrechterhaltung von gewerblichen Schutzrechten dient, eine Nachfrist von mindestens drei Monaten gewährt werden muß. Das geltende Recht entspricht dieser Bestimmung bereits insofern, als im § 8 Abs. 3 eine Zahlungsfrist von zwei Monaten vorgesehen ist und das Patentamt dem Inhaber weiterhin eine Frist von einem Monat durch Zustellung einer die Löschung androhenden Nachricht setzen soll. Die bisherige Fassung des Gesetzes brachte jedoch nicht mit genügender Deutlichkeit zum Ausdruck, daß die vorerwähnte Nachricht erst nach Ablauf der ersten zwei Monate nach der Fälligkeit abgesandt werden darf. Mit Rücksicht hierauf ist die Fassung jetzt geändert worden; eine sachliche Änderung ist damit nicht bezweckt.

Erlöschen des Patents.

§ 12 [§ 9]

Das Patent erlischt, wenn der Patentinhaber darauf **durch schriftliche Erklärung an das Reichspatentamt** verzichtet oder wenn die Gebühren nicht rechtzeitig nach Zustellung der amtlichen Nachricht (§ 11 Abs. 3) bei der Kasse des Reichspatentamts oder zur Überweisung an sie bei einer Postanstalt im Deutschen Reich eingezahlt werden. **Über die Rechtzeitigkeit der Zahlung entscheidet nur das Reichspatentamt. Der Präsident des Reichspatentamts kann für die patentamtlichen Gebühren Bestimmungen darüber erlassen, welche Zahlungsformen der Barzahlung gleichgestellt werden.**

§ 12. Durch eine Ergänzung im Wortlaut des bisherigen § 9 wird klargestellt, daß der Verzicht auf ein Patent durch schriftliche Erklärung an das Reichspatentamt erfolgen muß.

Nichtigkeitserklärung des Patents.

§ 13 [§ 10]

(1) Das Patent wird **auf Antrag (§ 37)** für nichtig erklärt, wenn sich ergibt,

1. daß der Gegenstand nach den §§ 1 und 2 nicht patentfähig war;
2. daß die Erfindung Gegenstand des Patents eines früheren Anmelders ist;
3. daß der wesentliche Inhalt der Anmeldung den Beschreibungen, Zeichnungen, Modellen, Gerätschaften oder Einrichtungen eines anderen oder einem von diesem angewendeten Verfahren ohne seine Einwilligung entnommen war.

(2) Trifft eine dieser Voraussetzungen nur teilweise zu, so wird die Nichtigkeit durch entsprechende Beschränkung des Patents erklärt.

§ 13 entspricht dem § 10 des geltenden Gesetzes.

§ 14

Lizenzbereitschaft.

(1) **Erklärt sich der Patentsucher oder der in der Rolle (§ 24) als Patentinhaber Eingetragene dem Reichspatentamt gegenüber schriftlich bereit, jedermann die Benutzung der Erfindung gegen angemessene Vergütung zu gestatten, so ermäßigen sich die für das Patent nach Eingang der Erklärung fällig werdenden Jahresgebühren auf die Hälfte des im Tarif bestimmten Betrages. Die Wirkung der Erklärung, die für ein Hauptpatent abgegeben wird, erstreckt sich auf sämtliche Zusatzpatente. Die Erklärung ist unwiderruflich. Sie ist in die Patentrolle einzutragen und einmal im Patentblatt bekanntzumachen.**

(2) **Die Erklärung ist unzulässig, solange in der Patentrolle ein Vermerk über die Einräumung eines Rechts zur ausschließlichen Benutzung der Erfin-**

dung (§ 25) eingetragen ist oder ein Antrag auf Eintragung eines solchen Vermerks dem Reichspatentamt vorliegt.

(3) Wer nach Eintragung der Erklärung die Erfindung benutzen will, hat seine Absicht dem Patentinhaber anzuzeigen. Die Anzeige gilt als bewirkt, wenn sie durch Aufgabe eines eingeschriebenen Briefes an den in der Rolle als Patentinhaber Eingetragenen oder seinen eingetragenen Vertreter abgesandt worden ist. In der Anzeige ist anzugeben, wie die Erfindung benutzt werden soll. Nach der Anzeige ist der Anzeigende zur Benutzung in der von ihm angegebenen Weise berechtigt. Er ist verpflichtet, dem Patentinhaber nach Ablauf jedes Kalendervierteljahres Auskunft über die erfolgte Benutzung zu geben und die Vergütung dafür zu entrichten. Kommt er dieser Verpflichtung nicht in gehöriger Zeit nach, so kann der als Patentinhaber Eingetragene ihm hierzu eine angemessene Nachfrist setzen und nach fruchtlosem Ablauf die Weiterbenutzung der Erfindung untersagen.

(4) Die angemessene Vergütung wird auf schriftlichen Antrag eines Beteiligten durch das Reichspatentamt festgesetzt. Die Entscheidung trifft die Patentabteilung endgültig. Für das Verfahren gelten die Vorschriften in § 33 entsprechend. Mit dem Antrag, der gegen mehrere Beteiligte gerichtet werden kann, ist eine Gebühr nach dem Tarif zu zahlen; wird sie nicht gezahlt, so gilt der Antrag als nicht gestellt. Das Reichspatentamt kann bei der Festsetzung der Vergütung anordnen, daß die Gebühr ganz oder teilweise von den Antragsgeg-

nern zu erstatten ist. Einem Patentinhaber, der seine Bedürftigkeit nachweist, kann die Gebühr bis auf sechs Monate nach Abschluß des Verfahrens gestundet werden. Wird sie auch dann nicht gezahlt, so kann angeordnet werden, daß die Antragsgegner die Vergütung für die Benutzung der Erfindung so lange für Rechnung des Patentinhabers an das Reichspatentamt zu zahlen haben, bis die Gebührenschuld beglichen ist.

(5) Nach Ablauf eines Jahres seit der letzten Festsetzung kann jeder davon Betroffene ihre Änderung beantragen, wenn inzwischen Umstände eingetreten oder bekanntgeworden sind, welche die festgesetzte Vergütung offenbar unangefochten erscheinen lassen. Mit dem Antrag ist eine Gebühr nach dem Tarif zu entrichten. Im übrigen gelten die Vorschriften im Abs. 4 Sätze 1 bis 5 entsprechend.

(6) Der Reichsminister der Justiz kann die Vorschriften ergänzen und dabei auch von einzelnen Bestimmungen abweichen.

§ 14. Die Erwägungen, die zur Einführung der Vorschriften dieses Paragraphen geführt haben, sind in den Erläuterungen zu § 11 dargelegt worden. An dieser Stelle ist daher nur auf die Ausgestaltung der neuen Einrichtung einzugehen. Sie strebt möglichste Einfachheit an. Die Erklärung der Lizenzbereitschaft durch den Patentinhaber wird für die Allgemeinheit erkennbar durch Eintragung in die Patentrolle und durch Bekanntmachung im Patentblatt festgestellt. Sie bewirkt einerseits die Ermäßigung der Jahresgebühren. Andererseits gibt sie jedermann die Möglichkeit, die Erfindung gegen angemessene Vergütung zu benutzen. Das Recht dazu ist davon abhängig gemacht, daß die Benutzungsabsicht dem Patentinhaber zuvor angezeigt wird, um klare Verhältnisse zu schaffen und Versuchen zu begegnen, mißbräuchliche Verwendungen der Erfindung zu verschleiern. Die Abrechnung und Zahlung der Vergütung soll vierteljährlich erfolgen. Abweichende Vereinbarungen sind selbstverständlich zulässig. Kommt ein Einvernehmen über die Höhe der Vergütung nicht zustande, so entscheidet darüber das Reichspatentamt.

Die für das Hauptpatent ausgesprochene Lizenzbereitschaft soll zugleich für sämtliche Zusatzpatente gelten, weil für alle gemeinsam nur eine Jahresgebühr entrichtet wird und weil die Benutzbarkeit des Hauptpatents in der Regel nur von Wert sein wird, wenn auch die Zusatzpatente benutzt werden können.

Die Lizenzbereitschaft ist unvereinbar mit dem Bestand eines Rechts zur ausschließlichen Benutzung der patentierten Erfindung. Damit der Inhaber eines solchen Rechts sich dagegen schützen kann, daß der Patentinhaber das Recht durch Erklärung der Lizenzbereitschaft vereitelt, ist im § 25 die Möglichkeit geschaffen worden, die ausschließliche Lizenz in die Patentrolle eintragen zu lassen. Die Eintragung hat die Wirkung, daß die Erklärung der Lizenzbereitschaft unzulässig wird (§ 14 Abs. 2).

Die im Gesetz enthaltene Regelung kann durch Vorschriften des Reichsministers der Justiz ergänzt werden.

§ 15 [§ 11]

Zwangslizenz; Zurücknahme des Patents.

(1) Weigert sich der Patentinhaber, die Benutzung der Erfindung einem anderen zu gestatten, der sich erbietet, eine angemessene Vergütung zu zahlen und Sicherheit dafür zu leisten, so ist diesem die Befugnis zur Benutzung zuzusprechen (Zwangslizenz), **wenn die Reichsregierung erklärt, daß die Erlaubnis geboten ist, um die Belange der Volksgemeinschaft zu wahren, und wenn mindestens drei Jahre vergangen sind, seit die Erteilung des Patents bekanntgemacht worden ist.** Die Befugnis kann

eingeschränkt erteilt und von Bedingungen abhängig gemacht werden.

(²) **Das Patent ist, soweit nicht Staatsverträge entgegenstehen, zurückzunehmen,** wenn die Erfindung ausschließlich oder hauptsächlich außerhalb des Deutschen Reichs ausgeführt wird. **Die Zurücknahme kann erst zwei Jahre nach rechtskräftiger Erteilung einer Zwangslizenz und nur dann verlangt werden, wenn die Reichsregierung erklärt, daß den Belangen der Volksgemeinschaft durch Erteilung von Zwangslizenzen weiterhin nicht genügt werden kann; diese Einschränkungen gelten jedoch nicht bei Angehörigen eines ausländischen Staates, der hierin keine Gegenseitigkeit gewährt.** Die Übertragung des Patents auf einen anderen ist insofern wirkungslos, als sie nur den Zweck hat, der Zurücknahme zu entgehen.

§ 15 entspricht dem § 11 des geltenden Gesetzes. Nach der bisherigen Regelung wird über das Vorliegen der Voraussetzungen für die Erteilung einer Zwangslizenz nur durch richterliche Instanzen, nämlich eine Abteilung des Reichspatentamts, und in der Berufungsinstanz durch einen Senat des Reichsgerichts entschieden. Soweit hierbei das Bestehen eines öffentlichen Interesses geprüft werden muß, ist diese Handhabung weder zweckmäßig noch gerechtfertigt. Die Wahrung der Belange der Allgemeinheit ist im nationalsozialistischen Staat Sache der Reichsregierung, die auch allein beurteilen kann, welche Maßnahmen hierzu erforderlich sind. Ihr muß daher die Entscheidung darüber zustehen, wann das Ausschließungsrecht des Patentinhabers den Bedürfnissen von Volk und Staat zu weichen hat. Wer geltend machen will, daß die Erteilung einer Zwangslizenz an ihn den Belangen der Volksgemeinschaft entspricht, soll sich daher zunächst an den Reichsminister wenden, der die betroffenen Interessen betreut. Teilt dieser die Auffassung des Antragstellers, so ist seine Erklärung darüber mit dem Antrag auf Erteilung der Zwangslizenz beim Reichspatentamt einzureichen (zu vgl. § 37 Abs. 4), das dann nur noch über die weiteren Voraussetzungen der Zwangslizenz zu entscheiden und gegebenenfalls die näheren Bedingungen festzusetzen hat.

Die in Artikel 5 der Pariser Verbandsübereinkunft vorgesehenen Voraussetzungen für die Erklärung des Verfalls eines Patents wegen Mißbrauchs des Ausschließungsrechts, insbesondere wegen Nichtausführung, sind durch die Beschlüsse der Konferenzen vom Haag und von London verschärft worden. Diese Entwicklung ist zu begrüßen. Wenn bisher auch nur die Haager Beschlüsse, nicht aber auch die von London ratifiziert worden sind, so ist es doch schon des Vorbildes wegen angezeigt, ihnen bereits jetzt die innere Gesetzgebung anzupassen. Nach Art. 5 Abs. 3, 4 der Übereinkunft in der Londoner Fassung darf der Verfall eines Patents nur eintreten, wenn Mißbräuche durch die Gewährung von Zwangslizenzen nicht verhütet werden können. Auch darf vor Ablauf von zwei Jahren seit Gewährung der ersten Zwangslizenz keine Klage auf Zurücknahme eines Patents angestrengt werden. Beiden Bestimmungen trägt Abs. 2 Satz 2 des Entwurfs Rechnung. Um jedoch Deutschland vor der Annahme der Londoner Beschlüsse durch die anderen Verbandsländer nicht einseitig zum Vorteil ihrer Staatsangehörigen zu binden und ferner auch im Hinblick auf die dem Verband überhaupt nicht angehörenden Staaten ist vorgesehen, daß die Beschränkungen nicht den Angehörigen eines Staates zugute kommen, der keine Gegenseitigkeit gewährt. Diesen gegenüber ist allein der erste Satz des Absatzes 2 maßgebend. Es gelten also die Staatsverträge, insbesondere die Pariser Übereinkunft in der jeweils letzten ratifizierten Fassung. Bestehen auch keine Staatsverträge, so ist die einzige Voraussetzung für die Zurücknahme des Patents die Tatsache der ausschließlich oder hauptsächlich im Ausland erfolgenden Ausführung. Es besteht kein Anlaß, die Angehörigen der Staaten, die zum Deutschen Reich in keinerlei vertraglichen Beziehungen stehen und auch keine Gegenseitigkeit gewähren, durch zeitliche Beschränkungen der Rücknahmemöglichkeit besonders zu schützen.

§ 16 [§ 12] Inlandsvertreter.

(1) Wer im Inland weder Wohnsitz **noch Niederlassung hat, kann an einem in diesem Gesetz geregelten Verfahren vor dem Reichspatentamt nur teilnehmen** und die Rechte aus einem Patent nur geltend machen, wenn er im Inland **einen Patentanwalt oder einen Rechtsanwalt** als Vertreter bestellt hat. Dieser ist im patentamtlichen Verfahren und in bürgerlichen Rechtsstreitigkeiten, die das Patent betreffen, zur Vertretung befugt; er kann auch Strafanträge stellen. Der Ort, wo der Vertreter seinen **Geschäftsraum** hat, gilt im Sinne des § 23 der Zivilprozeßordnung als der Ort, wo sich der Vermögensgegenstand befindet; **fehlt ein Geschäftsraum, so ist der Ort maßgebend**, wo der Vertreter seinen Wohnsitz, und in Ermangelung eines solchen der Ort, wo das Reichspatentamt seinen Sitz hat.

(2) **Der Reichsminister der Justiz kann anordnen**, daß gegen die Angehörigen eines ausländischen Staates ein Vergeltungsrecht angewendet wird.

§ 16 entspricht dem § 12 des geltenden Gesetzes. In Anpassung an die gegenwärtige Fassung des Gebrauchsmustergesetzes verlangt der Entwurf die Bestellung eines Inlandsvertreters nur von dem, der im Inland weder Wohnsitz noch Niederlassung hat, und stellt damit die Übereinstimmung für diese praktisch gleichliegenden Fälle her. Der Kreis der Befugnisse, die nur ausgeübt werden können, wenn ein Inlandsvertreter bestellt ist, wird jedoch erweitert. Abgesehen von der Geltendmachung der Rechte aus einem Patent kam bisher nur die Wahrnehmung einer Patentanmeldung in Betracht. Künftig soll auch die Bekämpfung einer Anmeldung oder eines Patents im Einspruchs- oder Nichtigkeitsverfahren dem Vertreterzwang unterworfen werden, da hier sachlich dieselben Bedürfnisse vorliegen. Nachdem das Patentanwaltsgesetz vom 28. September 1933[1]) im § 10 die Inlandsvertretung den Patentanwälten und Rechtsanwälten vorbehalten hat, ist es zweckmäßig, dies auch im Patentgesetz selbst zum Ausdruck zu bringen; eine in diesen Zusammenhang gehörende Übergangsbestimmung des Patentanwaltsgesetzes von zeitlich begrenzter Bedeutung wird durch § 56 Abs. 2 aufrechterhalten.

§ 12 Abs. 1 Satz 3 des geltenden Rechts läßt für den örtlichen Gerichtsstand eines im Ausland wohnenden Patentsuchers oder Patentinhabers den inländischen Wohnsitz seines Vertreters maßgebend sein. Da der Vertreter aber regelmäßig einen Geschäftsraum besitzt, erscheint es zweckmäßiger, die Zuständigkeit in erster Linie nach dem Orte zu bestimmen, wo der Vertreter seinen Geschäftsraum hat.

Zweiter Abschnitt

Reichspatentamt

Aufgaben; Sitz; Mitglieder.

§ 17 [§ 13]

(1) **Die Patente erteilt das Reichspatentamt. Es entscheidet auch, ob ein Patent für nichtig zu erklären oder zurückzunehmen ist und ob Zwangslizenzen zu erteilen sind.**

(2) Das Reichspatentamt hat seinen Sitz in Berlin. Es besteht aus einem Präsidenten, den **Senatspräsidenten**, aus Mitgliedern, welche die Befähigung zum Richteramt oder zum höheren Verwaltungsdienst haben (rechtskundige Mitglieder), und aus Mitgliedern, die in einem Zweige der

---

1) Blatt 1933 S. 248.

Technik sachverständig sind (technische Mitglieder). Die rechtskundigen Mitglieder werden, wenn sie im Reichs- oder Staatsdienst ein Amt bekleiden, auf die Dauer dieses Amtes, andernfalls auf Lebenszeit berufen, die technischen Mitglieder entweder auf Lebenszeit oder auf fünf Jahre. Die auf fünf Jahre Berufenen fallen nicht unter die Bestimmungen über die Nebentätigkeit der Beamten im Kapitel IV §§ 9 bis 18 des Gesetzes zur Änderung von Vorschriften auf dem Gebiete des allgemeinen Beamten-, des Besoldungs- und des Versorgungsrechts vom 30. Juni 1933 (Reichsgesetzbl. I S. 433).

(3) Als technisches Mitglied auf Lebenszeit soll in der Regel nur angestellt werden, wer im Inland als ordentlicher Studierender einer Universität, einer technischen oder landwirtschaftlichen Hochschule oder einer Bergakademie sich dem Studium naturwissenschaftlicher und technischer Fächer gewidmet, dann eine staatliche oder akademische Abschlußprüfung bestanden, außerdem danach mindestens fünf Jahre hindurch praktisch gearbeitet hat und im Besitz der erforderlichen Rechtskenntnisse ist. Der Besuch ausländischer Universitäten, Hochschulen oder Akademien kann bis zur Dauer von zwei Jahren auf die Studienzeit angerechnet werden; die Abschlußprüfung muß auch in diesem Fall im Inland abgelegt worden sein.

(4) Wenn ein voraussichtlich zeitlich begrenztes Bedürfnis besteht, kann die Reichsregierung Personen, welche die für die Mitglieder geforderte Vorbildung haben (Abs. 2 und 3), mit den Verrich-

tungen eines Mitglieds des Reichspatentamts beauftragen (Hilfsmitglieder). Der Auftrag kann auf eine bestimmte Zeit oder für die Dauer des Bedürfnisses erteilt werden und ist so lange nicht widerruflich. Im übrigen gelten die Vorschriften über Mitglieder auch für die Hilfsmitglieder.

§ 17 entspricht dem § 13 des geltenden Gesetzes.

Der gesetzlichen Einführung der Bezeichnung „Senat" (vgl. unten zu § 18) entspricht es, die zur Zeit als „Direktoren beim Reichspatentamt" bezeichneten Beamten unter der Bezeichnung „Senatspräsidenten" ausdrücklich hervorzuheben. Damit werden sie, wie bisher schon in der Besoldung, nunmehr auch in der Bezeichnung den Senatspräsidenten bei den Oberlandesgerichten gleichgestellt. Die neue Bezeichnung ist auch der eigentlichen Tätigkeit dieser Beamten besser angepaßt; denn sie sind nur zum Teil mit Verwaltungsgeschäften, vorwiegend aber als Vorsitzende der Beschwerde- oder Nichtigkeitsabteilung in richterlicher Tätigkeit beschäftigt.

Nach Aufhebung des Reichsrats (Gesetz vom 14. Februar 1934 — Reichsgesetzbl. I S. 89 —) soll sich die Ernennung des Präsidenten des Reichspatentamts wie die der Mitglieder nach den allgemeinen beamtenrechtlichen Vorschriften regeln, so daß es einer besonderen Bestimmung hierüber, wie sie bisher im § 13 Abs. 2 Satz 3 enthalten war, nicht bedarf.

Für die technischen Mitglieder des Reichspatentamts ist bisher im § 13 Abs. 2 Satz 2 nur vorgeschrieben, daß sie in einem Zweige der Technik sachverständig sein müssen. Es erscheint angemessen, im Gesetz die Anforderungen festzulegen, die nach den Bedürfnissen des Amts und der jetzt ständig befolgten Praxis von den Anwärtern auf die technischen Mitgliedstellen erfüllt werden müssen. Sie sind in dem neuen Absatz 3 enthalten. Besonders hervorzuheben ist, daß danach als technisches Mitglied nur angestellt werden kann, wer den Besitz der erforderlichen Rechtskenntnisse dargetan hat. Da Ausnahmefälle denkbar sind, in denen für ein bestimmtes technisches Gebiet nur solche Kräfte gefunden werden, die der einen oder anderen gesetzlichen Anforderung des Absatz 3 nicht voll entsprechen, sind dessen Vorschriften nur als Regelvorschriften aufgestellt worden; im Bedarfsfalle kann eine Ausnahme hiervon gemacht werden.

Für Fälle außerordentlichen Bedarfs Personen zum Dienst des Patentamts heranzuziehen, die nicht Mitglieder sind, schließt das Patentgesetz aus. Vorübergehend ist hier durch das Gesetz vom 18. Mai 1908 (Reichsgesetzblatt S. 211)[1]) Abhilfe geschaffen worden, dem durch Gesetz vom 29. Januar 1934 (Reichsgesetzbl. I S. 77) Wirksamkeit bis zum 31. März 1937 beigelegt worden ist. Es erscheint erforderlich und unter den Einschränkungen, die der Entwurf vorsieht, auch unbedenklich, die Möglichkeit zur Heranziehung von Hilfsmitgliedern dauernd sicherzustellen, um der oft ungleichmäßigen und plötzlichen Entwicklung der patentamtlichen Geschäfte auf manchen Gebieten der Technik Rechnung tragen zu können. Durch den neuen Absatz 4 zu § 17 soll dies erreicht werden. Um schärfer zum Ausdruck zu bringen, daß die Bestellung von Hilfsmitgliedern nur einen einstweiligen Behelf darstellen soll, ist im Eingang der Vorschrift die Voraussetzung „eines voraussichtlich zeitlich begrenzten Bedürfnisses" besonders hervorgehoben.

§ 18 [§ 14]

Amtsstellen und ihre Besetzung.

([1]Im Reichspatentamt werden gebildet:

1. **Prüfungsstellen für die Prüfung der Patentanmeldungen und für die Erteilung der Patente, soweit nicht die Patentabteilungen hierfür zuständig sind;**
2. **Patentabteilungen für die Bearbeitung der Patentanmeldungen im Einspruchsverfahren (§ 32 Abs. 2) und für alle Angelegenheiten,**

---

[1]) Blatt 1908 S. 177.

welche die erteilten Patente betreffen, außer den unter Nr. 3 und 4 genannten;

3. Senate für die Anträge auf Erklärung der Nichtigkeit und auf Zurücknahme von Patenten sowie auf Erteilung von Zwangslizenzen (Nichtigkeitssenate);

4. Senate für Beschwerden (Beschwerdesenate).

(2) Die Obliegenheiten der Prüfungsstelle nimmt ein technisches Mitglied der Patentabteilung (Prüfer) wahr.

(3) Außer Hilfsmitgliedern dürfen in den Prüfungsstellen und Patentabteilungen nur solche technische Mitglieder mitwirken, die auf Lebenszeit berufen sind. Die technischen Mitglieder der Patentabteilungen dürfen nicht in den Senaten, die technischen Mitglieder der Senate nicht in den Patentabteilungen mitwirken.

(4) Die Patentabteilung ist bei Mitwirkung von mindestens drei Mitgliedern beschlußfähig, unter denen, soweit die Abteilung im Einspruchsverfahren tätig wird, zwei technische Mitglieder sein müssen. Bietet die Sache besondere rechtliche Schwierigkeiten und gehört keiner der Mitwirkenden zu den rechtskundigen Mitgliedern, so soll bei der Beschlußfassung ein der Patentabteilung angehörendes rechtskundiges Mitglied hinzutreten. Ein Beschluß, durch den ein Antrag auf Zuziehung eines rechtskundigen Mitglieds abgelehnt wird, ist selbständig nicht anfechtbar.

(5) Der Reichsminister der Justiz kann den Präsidenten des Reichspatentamts ermächtigen, mit der Wahrnehmung einzelner den Prüfungsstellen oder

den Patentabteilungen obliegender Geschäfte, die technisch oder rechtlich keine Schwierigkeiten bieten, auch Beamte des mittleren Dienstes zu betrauen; ausgeschlossen davon sind jedoch die Erteilung des Patents und die Zurückweisung der Anmeldung aus Gründen, denen der Anmelder widersprochen hat.

(6) Der Nichtigkeitssenat trifft seine Entscheidungen in der Besetzung mit zwei rechtskundigen und drei technischen Mitgliedern. Zu anderen Beschlußfassungen genügt die Mitwirkung von drei Mitgliedern.

(7) **Der Beschwerdesenat beschließt in der Besetzung mit drei Mitgliedern; handelt es sich um Entscheidungen nach § 34, so müssen zwei technische Mitglieder mitwirken. Die Vorschrift im Abs. 4 Satz 2 gilt entsprechend. Wird die Beschwerde darauf gestützt, daß dem Antrag auf Zuziehung eines rechtskundigen Mitglieds nicht entsprochen worden ist, oder wird ein solcher Antrag bei dem Beschwerdesenat gestellt, so ist hierüber unter Mitwirkung eines rechtskundigen Mitglieds zu befinden; es tritt, wenn sich unter den sonst zur Entscheidung Berufenen kein rechtskundiges Mitglied befindet, ein viertes Mitglied hinzu.**

(8) Die Vorschriften der Zivilprozeßordnung über Ausschließung und Ablehnung der Gerichtspersonen gelten entsprechend.

(9) Zu den Beratungen können Sachverständige, die nicht Mitglieder sind, zugezogen werden; sie dürfen an den Abstimmungen nicht teilnehmen.

§ 18 entspricht dem § 14 des geltenden Gesetzes.

Die Neufassung gibt im wesentlichen den bestehenden Rechtszustand wieder, d. h. den § 14 des Patentgesetzes, abgedruckt im Reichsgesetzbl. 1923 II S. 437, unter Einarbeitung der §§ 1, 2 der Bundesratsverordnung über Vereinfachungen im Patentamt vom 9. März 1917 (Reichsgesetzbl. S. 221)[1]), des Artikels II des Gesetzes betreffend den Patentausführungszwang vom 6. Juni 1911 (Reichsgesetzbl. S. 243)[2]) und des Artikels I des Gesetzes über Änderungen im patentamtlichen Verfahren vom 1. Februar 1926 (Reichsgesetzbl. II S. 127)[3]). Sie enthält folgende Änderungen und Ergänzungen:

Die bisherigen „Anmeldeabteilungen", „Beschwerdeabteilungen" und die „Nichtigkeitsabteilung" sollen eine andere Benennung erhalten. Der Ausdruck „Anmeldeabteilung" ist nach Einführung des Einzelprüfers nicht mehr zutreffend, weil die Bearbeitung der Patentanmeldungen im wesentlichen diesem zugewiesen und der Abteilung entzogen ist; zweckmäßig lautet die Bezeichnung vielmehr „Patentabteilung". Für die Beschwerdeabteilungen und für die Nichtigkeitsabteilung erscheint zur Abhebung von der erstinstanzlichen „Abteilung" und zur zutreffenden Kennzeichnung der sachlichen Bedeutung die bei anderen Behörden von etwa gleicher Ordnung übliche Bezeichnung „Senat" angebracht. Hinzu kommt, daß bereits durch Artikel II des Gesetzes über Änderungen im patentamtlichen Verfahren vom 1. Februar 1926 (Reichsgesetzbl. II S. 127) ein „Großer Senat" im Reichspatentamt geschaffen worden ist.

In § 14 Abs 3 der zur Zeit geltenden Fassung ist für die Anmeldeabteilungen (in Zukunft Patentabteilungen) bestimmt, daß ihre Beschlußfähigkeit die Mitwirkung mindestens zweier technischer Mitglieder voraussetzt. Diese Vorschrift ist nur insoweit gerechtfertigt, als die Patentabteilung bei der Prüfung der Patente mitwirkt, also für das Einspruchsverfahren (§ 24 des Patentgesetzes in Verbindung mit Artikel I des Gesetzes über Änderungen im

---

[1]) Blatt 1917 S. 26.
[2]) Blatt 1911 S. 181.
[3]) Blatt 1926 S. 42.

patentamtlichen Verfahren vom 1. Februar 1926 — Reichsgesetzbl. II S. 127 —). Daneben ist es aber auch Aufgabe der Patentabteilungen, wie § 18 Abs. 1 Nr. 2 des Entwurfs ergibt, bestimmte Angelegenheiten zu erledigen, welche die erteilten Patente betreffen, wie z. B. Umschreibungen auf einen neuen Inhaber, Gewährung von Akteneinsicht usw. Für Arbeiten dieser Art, für die im Reichspatentamt zweckmäßigerweise eine besondere Anmelde- (Patent-) Abteilung als Verwaltungsstelle tätig wird, kommen in erster Linie rechtskundige Mitglieder des Reichspatentamts in Betracht. Mit Rücksicht hierauf ist im § 18 Abs. 4 Satz 1 der neuen Fassung die Notwendigkeit der Mitwirkung zweier technischer Mitglieder auf das Einspruchsverfahren beschränkt worden, so daß im übrigen freie Hand gelassen ist, der ausschließlich mit den genannten Verwaltungsgeschäften betrauten Patentabteilung nach Bedarf rechtskundige Mitglieder zuzuweisen und von der Mitwirkung technischer Mitglieder abzusehen.

Die weiteren Vorschriften des § 18 Abs. 4 sollen der Notwendigkeit Rechnung tragen, bei rechtlich schwierigen Sachen ein rechtskundiges Mitglied in der Patentabteilung, vor allem im Einspruchsverfahren, mitwirken zu lassen. Eine ähnliche Vorschrift war bereits im § 1 Abs. 2 der Verordnung, betreffend das Einspruchsverfahren, vom 1. Februar 1926 (Reichsgesetzbl. II S. 127) gegeben. Sie wird jetzt auf alle Geschäfte der Patentabteilung (Abs. 4 Satz 2, 3) und gleichzeitig auch auf die Entscheidungen der Beschwerdesenate erstreckt (Abs. 7 Satz 2 bis 4). Dabei ist Vorsorge getroffen, daß die Beteiligung eines rechtskundigen Mitgliedes nicht das Ausscheiden eines technischen Mitgliedes aus dem Kollegium zur Folge hat, um der Besorgnis zu begegnen, daß hierdurch die Entscheidung in ihrer technischen Beurteilung nachteilig beeinflußt werden könnte.

§ 18 Abs. 5 sieht eine Ermächtigung des Präsidenten des Reichspatentamts durch den Reichsminister der Justiz vor, einzelne, an sich den Prüfungsstellen oder Patentabteilungen obliegenden Geschäfte, die technisch oder rechtlich keine Schwierigkeiten bieten und deren Bearbeitung unbedenklich auch Beamten des gehobenen mittleren

Dienstes anvertraut werden kann, diesen zu übertragen. Die Ermächtigung verfolgt, ebenso wie das Gesetz vom 11. März 1921 (Reichsgesetzbl. S. 229) für die Gerichte, den Zweck, die höheren Beamten (Mitglieder) zu entlasten und deren Arbeitskraft mehr als bisher für ihre Haupttätigkeit, das eigentliche Prüfungsgeschäft, nutzbar zu machen.

Großer Senat.

§ 19

(1) Im Reichspatentamt wird ein Großer Senat gebildet, der aus dem Präsidenten oder seinem Vertreter, drei rechtskundigen und drei technischen Mitgliedern besteht.

(2) Will ein Beschwerdesenat in einer grundsätzlichen Frage von der Entscheidung eines anderen Beschwerdesenats oder des Großen Senats abweichen, so ist die Entscheidung des Großen Senats einzuholen. Sie ist in der Sache, die zu entscheiden ist, bindend.

§ 19 entspricht dem Artikel II des Gesetzes über Änderungen im patentamtlichen Verfahren vom 1. Februar 1926 (Reichsgesetzbl. II S. 127)[1].

Beschlüsse und Entscheidungen.

§ 20 [§ 15]

Die Beschlüsse der **Prüfungsstellen und der Patentabteilungen sowie** die Beschlüsse und Entscheidungen **der Senate** sind mit Gründen zu versehen, schriftlich auszufertigen und allen Beteiligten von Amts wegen zuzustellen.

§ 20 entspicht dem § 15 des geltenden Gesetzes. Aus Artikel 1 des Ersten Gesetzes zur Überleitung der Rechtspflege auf das Reich vom 16. Februar 1934 (Reichs-

---

[1]) Blatt 1926 S. 42.

gesetzbl. I S. 91) ergibt sich, daß die Entscheidungen des Reichspatentamts jetzt im Namen des Deutschen Volkes erlassen werden.

§ 21 [§ 16]

Beschwerde.

(1) Gegen die Beschlüsse der **Prüfungsstellen, der Patentabteilungen** und der Nichtigkeits**senate** ist die Beschwerde statthaft.

(2) **Erachtet die Stelle, deren Beschluß angefochten wird, die Beschwerde für begründet, so hat sie ihr abzuhelfen. Andernfalls ist die Beschwerde vor Ablauf von zwei Wochen ohne sachliche Stellungnahme dem Beschwerdesenat vorzulegen.**

(3) **Steht dem Beschwerdeführer ein anderer am Verfahren Beteiligter gegenüber, so gilt die Vorschrift im Abs. 2 Satz 1 nicht.**

§ 21 entspricht dem § 16 des geltenden Gesetzes. Die Vorschrift im Satz 2 daselbst, wonach an der Beschlußfassung über die Beschwerde kein Mitglied teilnehmen soll, das bei dem angefochtenen Beschluß mitgewirkt hat, ist entbehrlich, da im § 18 vorl. Absatz des Entwurfs die entsprechende Anwendung der Bestimmungen der Zivilprozeßordnung über Ausschließung und Ablehnung der Gerichtspersonen vorgeschrieben ist, § 41 Nr. 6 der Zivilprozeßordnung aber bereits das gleiche wie § 16 Satz 2 des geltenden Patentgesetzes besagt.

§ 22 [§ 17]

Ausführungsbestimmungen.

Die Bildung der **Prüfungsstellen**, der **Patentabteilungen und der Senate**, die Bestimmung ihres Geschäftskreises, die Form des Verfahrens einschließlich des Zustellungswesens und den Geschäftsgang des Reichspatentamts **sowie die Erhebung von Verwaltungsgebühren regelt der Reichsminister der**

Justiz, soweit nicht dieses Gesetz Bestimmungen darüber trifft.

§ 22 entspricht dem § 17 des geltenden Gesetzes. Die Zuständigkeit für den Erlaß der Ausführungsverordnung ist den veränderten staatsrechtlichen Verhältnissen angepaßt.

Gutachten des Reichspatentamts.

§ 23 [§ 18]

(1) Das Reichspatentamt ist verpflichtet, auf Ersuchen der Gerichte **oder der Staatsanwaltschaften** über Fragen, die Patente betreffen, Gutachten abzugeben, wenn in dem Verfahren voneinander abweichende Gutachten mehrerer Sachverständiger vorliegen.

(2) Im übrigen ist das Reichspatentamt nicht befugt, ohne Genehmigung **des Reichsministers der** Justiz außerhalb seines gesetzlichen Geschäftskreises Beschlüsse zu fassen oder Gutachten abzugeben.

§ 23 entspricht dem § 18 des geltenden Gesetzes. Durch Erlaß des Reichskanzlers vom 8. November 1893 (Patentblatt S. 673) ist angeordnet worden, daß die Verpflichtung des Patentamts zur Erstattung von Gutachten auch auf Ersuchen der Staatsanwaltschaft eintritt. Es erscheint angemessen, diesen tatsächlich bestehenden und zweckmäßigen Zustand auch gesetzlich festzulegen.

Patentrolle.

§ 24 [§ 19]

(1) Das Reichspatentamt führt eine Rolle, die den Gegenstand und die Dauer der erteilten Patente sowie den Namen und Wohnort der Patentinhaber und ihrer etwa bestellten Vertreter (§ 16) angibt. Auch sind darin Anfang, Ablauf, Erlöschen, Erklärung der Nichtigkeit und Zurücknahme der Patente zu vermerken.

(2) Das Reichspatentamt vermerkt in der Rolle eine Änderung in der Person des Patentinhabers oder seines Vertreters, wenn sie ihm nachgewiesen wird. **Mit dem Antrag ist eine Gebühr nach dem Tarif zu zahlen; wird sie nicht gezahlt, so gilt der Antrag als nicht gestellt.** Solange die Änderung nicht eingetragen ist, bleiben der frühere Patentinhaber und sein früherer Vertreter nach Maßgabe dieses Gesetzes berechtigt und verpflichtet.

(3) Die Einsicht in die Rolle, die Beschreibungen, Zeichnungen, Modelle und Probestücke, auf Grund deren die Patente erteilt worden sind, steht jedermann frei, soweit es sich nicht um ein im Namen des Reichs oder der selbständigen Reichsverkehrsanstalten für Zwecke der Landesverteidigung genommenes Patent handelt.

(4) Das Reichspatentamt veröffentlicht die Beschreibungen und Zeichnungen, soweit deren Einsicht jedermann freisteht (Patentschriften), und regelmäßig erscheinende Übersichten über die Eintragungen in der Rolle, soweit sie nicht nur den regelmäßigen Ablauf der Patente betreffen (Patentblatt).

§ 24 entspricht dem § 19 des geltenden Gesetzes.

§ 25 **Ausschließliche Lizenz.**

(1) In der Rolle (§ 24) kann die Einräumung eines Rechts zur ausschließlichen Benutzung der durch ein Patent geschützten Erfindung vermerkt werden. Das Reichspatentamt trägt den Vermerk auf Antrag ein, wenn die Einwilligung des als Patentinhaber Eingetragenen oder seines Rechts-

nachfolgers nachgewiesen wird. Mit dem Antrag ist anzugeben, wem das Recht eingeräumt worden ist (Berechtigter); die Angabe wird nicht in die Rolle aufgenommen.

(2) Der Antrag auf Eintragung des Vermerks ist unzulässig, nachdem eine Lizenzbereitschaft (§ 14) erklärt worden ist.

(3) Der Vermerk wird auf Antrag gelöscht, wenn die Einwilligung des bei der Eintragung benannten Berechtigten oder seines Rechtsnachfolgers nachgewiesen wird.

(4) Mit den Anträgen nach Abs. 1 und 3 ist eine Gebühr nach dem Tarif zu zahlen; wird sie nicht gezahlt, so gilt der Antrag als nicht gestellt.

(5) Eintragungen und Löschungen nach Abs. 1 und 3 werden nicht veröffentlicht.

§ 25. Die Möglichkeit, die Bestellung einer ausschließlichen Lizenz in die Patentrolle eintragen zu lassen, ist mit Rücksicht auf die im § 14 neu geschaffene Lizenzbereitschaft eingeführt worden, wofür auf die Erläuterungen an dieser Stelle verwiesen wird.

Die Eintragung erfolgt, wenn die Einwilligung dessen beigebracht wird, der als Patentinhaber in der Rolle vermerkt ist. Das Reichspatentamt prüft also nicht, ob ein wirksamer Vertrag über die Einräumung der Lizenz vorliegt. Dies ist entbehrlich, weil der Zweck der Eintragung nur ein negativer ist. Sie hindert lediglich die Eintragung einer Lizenzbereitschaft nach § 14. Einen positiven Rechtsnachweis erbringt sie nicht.

Dritter Abschnitt

Verfahren in Patentsachen

§ 26 [§ 20] Patentanmeldung.

(1) Eine Erfindung ist zur Erteilung eines Patents schriftlich beim Reichspatentamt anzumelden. Für jede Erfindung ist eine besondere Anmeldung erforderlich. Sie muß den Antrag auf Erteilung des Patents enthalten und in dem Antrag den Gegenstand, der durch das Patent geschützt werden soll, genau bezeichnen. In einer Anlage ist die Erfindung so zu beschreiben, daß danach ihre Benutzung durch andere Sachverständige möglich erscheint. Am Schlusse der Beschreibung ist anzugeben, was als patentfähig unter Schutz gestellt werden soll (Patentanspruch). Die erforderlichen Zeichnungen, bildlichen Darstellungen, Modelle und Probestücke sind beizufügen.

(2) Mit der Anmeldung ist für die Kosten des Verfahrens eine Gebühr nach dem Tarif zu entrichten.

(3) **Der Präsident des Reichspatentamts** erläßt Bestimmungen über die sonstigen Erfordernisse der Anmeldung.

(4) **Auf Verlangen des Reichspatentamts hat der Anmelder den Stand der Technik nach seinem besten Wissen vollständig und wahrheitsgemäß anzugeben und in die Beschreibung (Abs. 1) aufzunehmen.**

(5) Bis zum Beschluß über die Bekanntmachung der Anmeldung sind Ergänzungen und Berichtigungen der in ihr enthaltenen Angaben, die den

Gegenstand der Anmeldung nicht verändern, zulässig.

(6) Vor Erlaß des Beschlusses hat der Anmelder den oder die Erfinder zu benennen und zu versichern, daß weitere Personen seines Wissens an der Erfindung nicht beteiligt sind. Ist der Anmelder nicht oder nicht allein der Erfinder, so hat er auch anzugeben, wie das Recht auf das Patent an ihn gelangt ist. Die Richtigkeit der Angaben wird vom Reichspatentamt nicht geprüft.

§ 26 entspricht dem § 20 des geltenden Gesetzes. Wenn der Anmelder eines Patents als Fachmann auf dem betreffenden Gebiet tätig ist und diesem seine besondere Forschungs- und Entwicklungsarbeit widmet, wird er regelmäßig eine genaue Kenntnis des in Betracht kommenden Standes der Technik haben. In solchen Fällen kann von ihm billigerweise erwartet werden, daß er zur Vermeidung eines unnützen und verzögerlichen Arbeitsaufwandes im Reichspatentamt seine Kenntnis zur Erleichterung der Prüfungsarbeit zur Verfügung stellt. Daher ist als Absatz 4 eine neue Vorschrift aufgenommen, wonach der Anmelder auf Verlangen des Reichspatentamts den Stand der Technik nach seinem besten Wissen vollständig und wahrheitsgemäß anzugeben und in die Beschreibung aufzunehmen hat. Der Anmelder soll also nur das angeben, was ihm ohnedies bekannt ist. Besondere Nachforschungen werden ihm nicht zugemutet. Selbst die Angabe des Bekannten ist nur auf ausdrückliches Verlangen des Reichspatentamts im Einzelfall zu machen. Es wird im Verwaltungswege Sorge dafür getragen werden, daß sie nur in geeigneten Fällen und insbesondere nicht von weniger gewandten Anmeldern erfordert werden wird.

In Absatz 6 ist mit Rücksicht auf die neuen Vorschriften zur Wahrung der Erfinderehre (zu vgl. § 36) die Bestimmung aufgenommen, daß der Anmelder vor Erlaß des Beschlusses über die Bekanntmachung der Anmeldung den Namen des Erfinders anzugeben hat. Ist er nicht oder nicht allein der Erfinder, so hat er auch zu erklären, wie das Recht auf das Patent von den ursprünglich Berechtigten an ihn gelangt ist. Dadurch soll unlauteren Machenschaften zur Ausschaltung Beteiligter und zur Vorschiebung von Strohmännern zwecks Erlangung von Vergünstigungen des Armenrechts vorgebeugt werden. Gibt der Anmelder die Erklärungen von sich aus nicht oder offenbar nicht vollständig ab, so wird er vom Prüfer unter Fristsetzung besonders aufzufordern sein. Die Unterlassung würde die Zurückweisung der Anmeldung zur Folge haben.

§ 27

Prioritätserklärung.

Wer nach einem Staatsvertrag den Zeitpunkt einer vorangegangenen ausländischen Anmeldung desselben Gegenstands als maßgebend in Anspruch nimmt, hat binnen einer Frist von zwei Monaten, die mit dem Tage nach der Anmeldung beim Reichspatentamt beginnt, Zeit und Land der Voranmeldung anzugeben (Prioritätserklärung). Innerhalb der Frist kann die Erklärung geändert werden. Wird sie nicht rechtzeitig abgegeben, so wird der Prioritätsanspruch für die Anmeldung verwirkt.

§ 27. Die Vorschriften über Abgabe der Prioritätserklärung auf Grund der Pariser Verbandsübereinkunft sind zur Zeit enthalten in der Bekanntm. vom 8. April 1913 (Reichsgesetzbl. S. 241)[1]). Danach ist die Erklärung über Zeit und Land der Voranmeldung gleichzeitig mit der Anmeldung des Patents beim Reichspatentamt abzugeben; das Unterlassen der rechtzeitigen Abgabe hat den Verlust des Prioritätsanspruchs für die Anmeldung zur Folge (Art. 2 des Gesetzes zur Ausführung der in Washington revidierten Verbandsübereinkunft vom 31. März 1913 —

1) Blatt 1913 S. 157.

Reichsgesetzbl. S. 236 —)[1]. Diese Regelung hat sich häufig für die Beteiligten als hinderlich erwiesen, da sie im Zeitpunkt der Anmeldung in Deutschland oft nicht in der Lage waren, Zeit und Land der Voranmeldung mit Genauigkeit anzugeben. Spätere Berichtigungen der Prioritätserklärung sind in der Regel als unzulässig angesehen worden. Es entspricht einem lebhaften Wunsch der beteiligten Kreise, in diesem Punkt dem Anmelder eine größere Freiheit einzuräumen. Zwar wird dadurch die Gewißheit über den Zeitpunkt, der für die Prüfung als maßgebend zugrunde zu legen ist, etwas hinausgeschoben; eine Verzögerung des Verfahrens ist jedoch davon nicht zu besorgen. Gleichzeitig ist als weitere Erleichterung vorgesehen, daß innerhalb der Frist die Prioritätserklärung auch geändert werden kann. Die Vorschrift gilt im übrigen auch für die anderen in der Begründung zu § 7 angegebenen Staatsverträge.

Prüfung der Anmeldung. **§ 28 [§ 21]**

(1) Die Anmeldung wird **durch die Prüfungsstelle geprüft.**

(2) Genügt sie den vorgeschriebenen Anforderungen (§ 26) **nicht, so fordert die Prüfungsstelle den Patentsucher auf,** die Mängel innerhalb einer bestimmten Frist zu beseitigen. **Diese Frist soll, wenn im Falle des § 27 die Beibringung von Belegen (Abschriften der Voranmeldung nebst Beschreibung, Zeichnungen usw.) gefordert wird, so bemessen werden, daß sie frühestens drei Monate nach der Anmeldung endet.**

(3) **Kommt die Prüfungsstelle zu dem Ergebnis,** daß eine nach den §§ 1, 2, 4 Abs. 2 patentfähige Erfindung nicht vorliegt, so benachrichtigt sie den

[1]) Blatt 1913 S. 155.

Patentsucher hiervon unter Angabe der Gründe und fordert ihn auf, sich binnen einer bestimmten Frist zu äußern.

§ 28 entspricht dem § 21 des geltenden Gesetzes. Nach Art. 4 zu d Abs. 3 der Verbandsübereinkunft in der Haager Fassung ist zur Beibringung der Prioritätsbelege (Abschriften der Voranmeldung nebst Beschreibung, Zeichnungen usw.) eine Frist von mindestens drei Monaten nach der Anmeldung zu gewähren. Mit Rücksicht hierauf ist in Abs. 2 eine entsprechende Vorschrift eingestellt worden.

§ 29 [§ 22]

Zurückweisung der Anmeldung.

(1) **Die Prüfungsstelle** weist die Anmeldung zurück, wenn die nach § 28 Abs. 2 gerügten Mängel nicht beseitigt werden oder wenn die Anmeldung aufrechterhalten wird, obgleich eine nach den §§ 1, 2, 4 Abs. 2 patentfähige Erfindung nicht vorliegt.

(2) Soll die Zurückweisung auf Umstände gegründet werden, die dem Patentsucher noch nicht mitgeteilt waren, so ist ihm vorher Gelegenheit zu geben, sich dazu binnen einer bestimmten Frist zu äußern.

§ 29 entspricht dem § 22 des geltenden Gesetzes.

§ 30 [§ 23]

Bekanntmachung der Anmeldung; Aussetzung.

(1) **Genügt die Anmeldung den vorgeschriebenen Anforderungen** (§ 26) und erachtet das Reichspatentamt die Erteilung eines Patents nicht für ausgeschlossen, so beschließt es die Bekanntmachung der Anmeldung. Mit der Bekanntmachung treten für den Gegenstand der Anmeldung zugunsten des Patentsuchers einstweilen die gesetzlichen Wirkungen des Patents ein (§§ 6, 7 und 8).

(2) Die Anmeldung wird dadurch bekanntgemacht, daß der Name des Patentsuchers und der wesentliche Inhalt seines Antrags im Patentblatt einmal veröffentlicht werden. Damit wird die Anzeige verbunden, daß der Gegenstand der Anmeldung einstweilen gegen unbefugte Benutzung geschützt ist.

(3) Gleichzeitig ist die Anmeldung mit sämtlichen Anlagen beim Reichspatentamt zur Einsicht für jedermann auszulegen. **Der Reichsminister der Justiz kann anordnen**, daß die Anmeldung auch außerhalb Berlins auszulegen ist.

(4) Die Bekanntmachung kann auf Antrag des Patentsuchers auf höchstens sechs Monate, vom Tage des Beschlusses über die Bekanntmachung an gerechnet, ausgesetzt werden. Bis zur Dauer von drei Monaten darf die Aussetzung nicht versagt werden.

(5) Wird ein Patent vom Reich oder einer selbständigen Reichsverkehrsanstalt für Zwecke der Landesverteidigung nachgesucht, so wird es auf Antrag ohne jede Bekanntmachung erteilt. In diesem Fall unterbleibt auch die Eintragung in die Patentrolle.

§ 30 entspricht dem § 23 des geltenden Gesetzes.

Bekanntmachungsgebühr.

§ 31 [§ 24, Abs. 1]

Die Gebühr für die Bekanntmachung (§ 11 Abs. 1) ist binnen zwei Monaten seit **Zustellung des Beschlusses über die Bekanntmachung** einzuzahlen. Wird die Frist versäumt, so muß der tarifmäßige Zuschlag gezahlt werden. **Nach Ablauf der zwei Monate** gibt das Reichspatentamt dem Patentsucher Nachricht, daß die Anmeldung als zurückgenommen gilt, wenn Gebühr und Zuschlag nicht binnen einem Monat nach Zustellung gezahlt werden.

§ 31 entspricht dem § 24 Abs. 1 des geltenden Gesetzes. Für die Bekanntmachungsgebühr gilt das zu § 11 Gesagte. Mit Rücksicht auf Artikel 5bis der Verbandsübereinkunft ist in der Fassung deutlich zum Ausdruck gebracht, daß die Nachricht, die die letzte Zahlungsfrist von einem Monat in Lauf setzt, erst nach Ablauf der ersten Zahlungsfrist von zwei Monaten abgesandt werden darf. Gleichzeitig war in dieser Fassung zu berücksichtigen, daß die hier in Betracht stehende Gebühr nunmehr vor der Bekanntmachung gezahlt werden soll.

§ 32 [§ 24, Abs. 2 und 3] Einspruch.

(1) **Binnen drei Monaten nach der Bekanntmachung** kann jeder, im Falle des § 4 Abs. 3 nur der Verletzte, gegen die Erteilung des Patents Einspruch erheben. Der Einspruch ist schriftlich einzureichen und mit Gründen zu versehen. Er kann nur auf die Behauptung gestützt werden, daß der Gegenstand nach den §§ 1 und 2 nicht patentfähig sei oder daß dem Patentsucher ein Anspruch auf Erteilung des Patents nach § 4 Abs. 2, 3 nicht zustehe. **Die Tatsachen, die diese Behauptung rechtfertigen, sind im einzelnen anzugeben. Die Angaben müssen, soweit sie nicht schon in der Einspruchsschrift enthalten sind, bis zum Ablauf der Einspruchsfrist schriftlich nachgebracht werden.**

(2) **Sobald Einspruch erhoben wird, geht das weitere Verfahren einschließlich der Beschlußfassung über die Erteilung des Patents von der Prüfungsstelle auf die Patentabteilung über.**

(3) Wird kein Einspruch erhoben, so hat die Prüfungsstelle nach Ablauf der Frist über die Erteilung des Patents Beschluß zu fassen.

§ 32 entspricht dem § 24 Abs. 2 und 3 des geltenden Gesetzes.

Neu aufgenommen ist die Bestimmung, daß die zur Begründung des Einspruchs dienenden Tatsachen im einzelnen innerhalb der Einspruchsfrist vorzubringen sind. Die Bemühungen des Reichspatentamts um Beschleunigung des Prüfungsverfahrens sind bisher vielfach dadurch vereitelt worden, daß die Einsprechenden ihr Material erst nach und nach vorgebracht haben, so daß der immer erneut notwendig werdende Schriftsatzwechsel und gegebenenfalls auch die wiederholte Anhörung der Beteiligten das Einspruchsverfahren in die Länge gezogen haben. Dem soll die neue Vorschrift begegnen. Sie schließt keineswegs aus, daß das Reichspatentamt bei der Entscheidung über die Patenterteilung beachtliches Material auch dann berücksichtigt, wenn es erst nach Ablauf der Einspruchsfrist beigebracht wird. Daß dies geschieht, entspricht vielmehr dem Charakter des Einspruchsverfahrens als Offizialverfahren. Es soll nur vermieden werden, daß verspätetes Vorbringen durch die sonst übliche förmliche Erörterung mit sämtlichen Verfahrensbeteiligten zu Verzögerungen führt. Praktisch erhält also das Reichspatentamt lediglich größere Freiheit in der verfahrensmäßigen Behandlung des verspätet vorgebrachten Materials, ohne daß dieses schlechthin ausgeschaltet und damit das sachliche Ergebnis der Prüfung unter Umständen verschlechtert würde.

Mit Rücksicht auf das neue Erfordernis der abschließenden Begründung innerhalb der Einspruchsfrist ist diese von zwei Monaten auf drei Monate verlängert worden.

Anhörung, Beweisaufnahme, Zeugenvernehmung und Kosten.

§ 33 [§ 25]

(1) Die Prüfungsstelle und die Patentabteilung können jederzeit die Beteiligten laden und anhören,

die Vernehmung von Zeugen und Sachverständigen anordnen sowie andere zur Aufklärung der Sache erforderliche Ermittlungen anstellen. **Bis zum Beschluß über die Bekanntmachung ist der Patentsucher auf Antrag zu hören. Über die Anhörungen und Vernehmungen ist eine Niederschrift zu fertigen, die den wesentlichen Gang der Verhandlung wiedergeben und die rechtserheblichen Erklärungen der Beteiligten enthalten soll. Diese erhalten eine Abschrift der Niederschrift.**

(2) In dem Beschluß über die Erteilung des Patents kann das Reichspatentamt **nach freiem Ermessen bestimmen**, inwieweit einem Beteiligten die durch eine Anhörung oder eine Beweisaufnahme verursachten Kosten zur Last fallen. Diese Bestimmung kann auch getroffen werden, wenn die Anmeldung oder der Einspruch ganz oder teilweise zurückgenommen wird. **Die Kostenentscheidung ist für sich allein nicht anfechtbar, auch wenn sie den einzigen Gegenstand des Beschlusses bildet.**

§ 33 entspricht dem § 25 des geltenden Gesetzes.

Neu ist die Vorschrift, daß über die Anhörungen und Vernehmungen vor dem Reichspatentamt eine Niederschrift zu fertigen ist. Sie soll Feststellungen über den Gang des Erteilungsverfahrens erleichtern, die später für die Auslegung des Patents von Wert sein könnten.

Für die Entscheidung über die Kosten, die durch eine Anhörung oder durch eine Beweiserhebung verursacht werden, ist der Prüfungsstelle und der Patentabteilung in Anlehnung an die bereits jetzt für das Beschwerdeverfahren bestehende und durch den Entwurf noch ausgebaute Regelung (vgl. zu § 34) größere Freiheit als bisher eingeräumt worden, da kein sachlicher Grund für eine unterschiedliche Behandlung in beiden Instanzen besteht.

Beschwerde bei Versagung und Erteilung des Patents.

§ 34 [§ 26]

(1) Gegen den Beschluß, durch den die Anmeldung zurückgewiesen wird, kann der Patentsucher, und gegen den Beschluß, durch den über die Erteilung des Patents entschieden wird, der Patentsucher oder der Einsprechende innerhalb eines Monats nach Zustellung schriftlich Beschwerde einlegen. Mit der Beschwerde ist eine Gebühr nach dem Tarif zu zahlen; wird sie nicht gezahlt, so gilt die Beschwerde als nicht erhoben, **es sei denn, daß der angefochtene Beschluß auf einem offenbaren Verfahrensmangel beruht, der es im Falle der Zahlung der Gebühr ohne weiteres rechtfertigen würde, ihn aufzuheben und die Rückzahlung der Beschwerdegebühr anzuordnen.**

(2) Die Beschwerde wird nach § 21 Abs. 2, 3 behandelt. Ist sie nicht statthaft oder ist sie verspätet eingelegt, so wird sie als unzulässig verworfen.

(3) Ist die Beschwerde zulässig, so richtet sich das weitere Verfahren nach § 33. **Es kann auch nach Zurücknahme der Beschwerde des Einsprechenden fortgesetzt werden.** Die Beteiligten sind auf Antrag eines von ihnen zu laden und zu hören.

(4) Soll über die Beschwerde auf Grund von Umständen entschieden werden, die in dem angegriffenen Beschluß noch nicht berücksichtigt sind, so ist den Beteiligten zuvor Gelegenheit zu geben, sich dazu zu äußern.

(5) Das Reichspatentamt kann nach freiem Ermessen bestimmen, inwieweit einem Beteiligten die Kosten des Beschwerdeverfahrens zur Last fallen;

es kann anordnen, daß die Gebühr (Abs. 1) zurückgezahlt wird. Dies gilt auch, wenn die Beschwerde, die Anmeldung oder der Einspruch ganz oder teilweise zurückgenommen wird.

§ 34 entspricht dem § 26 des geltenden Gesetzes.

Beruht ein angefochtener Beschluß auf einem offensichtlichen Verfahrensmangel, so entspricht es der Billigkeit, ihn aufheben zu können, ohne daß der Beschwerdeführer genötigt wird, zuvor die Beschwerdegebühr von 20 RM zu entrichten. Um die Richtigstellung solcher Verfahren zu erleichtern, läßt es eine in Abs. 1 neu eingestellte Vorschrift für derartige Ausnahmefälle zu, eine ohne Zahlung der Beschwerdegebühr eingelegte Beschwerde als gültig anzusehen.

Durch einen Zusatz in Abs. 3 wird klargestellt, daß die Zurücknahme einer zulässigen Beschwerde des Einsprechenden die Fortsetzung des Beschwerdeverfahrens und damit die Weiterführung der Prüfung des Erteilungsbeschlusses nicht hindert. Denn im Interesse der Rechtswahrheit muß das Reichspatentamt die Möglichkeit haben, einen unrichtigen Erteilungsbeschluß auch dann aufzuheben, wenn der Einsprechende sich aus irgendwelchen Gründen bereit finden läßt, von der Aufrechterhaltung berechtigter Einwendungen Abstand zu nehmen.

Bei der Entscheidung über die Beschwerde ist es zweckmäßig, dem Beschwerdesenat freie Hand zu lassen, inwieweit er die Kosten des Verfahrens den Beteiligten auferlegen will. Wie § 95 der Zivilprozeßordnung zeigt, gibt es Fälle, in denen es angebracht ist, auch dem obsiegenden Beteiligten die Kosten wenigstens zum Teil aufzuerlegen. Mit Rücksicht hierauf ist die bisherige Beschränkung, wonach die Kosten nur einem Unterliegenden auferlegt werden können, zu beseitigen.

Die Beschwerdegebühr darf nach geltendem Recht nur zurückgezahlt werden, wenn die „Beschwerde für gerechtfertigt befunden" wird. Es gibt jedoch Fälle, wo es billig erscheint, auch beim Fehlen dieser Voraussetzung die Rückzahlung anzuordnen, z. B. wenn der Beschwerdesenat die Sache zurückverweisen will, weil in einer falschen Klasse geprüft worden ist, also ein Mangel des Verfahrens vorliegt. In solchem Falle wird über die Beschwerde sachlich noch nicht entschieden, gleichwohl spricht die Billigkeit auch hier für Rückzahlung der Beschwerdegebühr. Deshalb sollen die beschränkenden Worte „dem Beteiligten, dessen Beschwerde für gerechtfertigt befunden ist" fortfallen.

Erteilung und Versagung des Patents; Zurücknahme der Anmeldung.

§ 35 [§ 27]

(1) Beschließt das Reichspatentamt endgültig, das Patent zu erteilen, so erläßt es darüber im Patentblatt eine Bekanntmachung und fertigt für den Patentinhaber eine Urkunde aus.

(2) Wird die Anmeldung nach der Veröffentlichung (§ 30) zurückgenommen oder wird das Patent versagt, so ist dies ebenfalls bekanntzumachen. Die eingezahlte **Bekanntmachungsgebühr** wird in diesen Fällen zur Hälfte erstattet. Mit **der Zurücknahme** oder Versagung gelten die Wirkungen des einstweiligen Schutzes als nicht eingetreten.

§ 35 entspricht dem § 27 des geltenden Gesetzes.

Das geltende Recht (§ 27 Abs. 2 Satz 3) läßt mit der Versagung des Patents die Wirkungen des einstweiligen Schutzes als nicht eingetreten gelten. Das gleiche muß für den im Abs. 2 Satz 1 genannten Fall der Zurücknahme der Anmeldung Platz greifen.

Erfindernennung.

§ 36

(1) Bei der Bekanntmachung der Anmeldung (§ 30 Abs. 2), bei der Bekanntmachung über die Erteilung des Patents (§ 35 Abs. 1) sowie auf der Patentschrift (§ 24 Abs. 4) ist der Erfinder zu nennen. Die Nennung ist in der Rolle (§ 24 Abs. 1) zu vermerken. Sie unterbleibt, wenn der vom Anmelder

angegebene Erfinder es beantragt. Der Antrag kann jederzeit widerrufen werden; im Falle des Widerrufs wird die Nennung nachträglich vorgenommen. Ein Verzicht des Erfinders auf Nennung ist ohne rechtliche Wirksamkeit.

(2) Ist die Person des Erfinders unrichtig oder im Falle des Absatzes 1 Satz 3 überhaupt nicht angegeben, so sind der Patentsucher oder Patentinhaber sowie der zu Unrecht Benannte dem Erfinder verpflichtet, dem Reichspatentamt gegenüber die Zustimmung dazu zu erklären, daß die im Abs. 1 Satz 1, 2 vorgesehene Nennung berichtigt oder nachgeholt wird. Die Zustimmung ist unwiderruflich. Durch die Erhebung einer Klage auf Erklärung der Zustimmung wird das Verfahren über die Erteilung des Patents nicht aufgehalten.

(3) Auf amtlichen Druckschriften, die bereits veröffentlicht sind, wird die nachträgliche Nennung des Erfinders (Abs. 1 Satz 4, Abs. 2) oder die Berichtigung (Abs. 2) nicht vorgenommen.

(4) Der Präsident des Reichspatentamts kann Bestimmungen zur Ausführung der vorstehenden Vorschriften treffen.

§ 36. Die neu aufgenommenen Vorschriften dienen der Wahrung der Erfinderehre. Nach geltendem Recht steht dem Erfinder ein Anspruch auf Nennung in den Veröffentlichungen des Patentamts nicht zu. Lediglich im Verwaltungswege hat das Patentamt sich seinerseits vorbehalten, den Erfinder auf Antrag zu nennen (Bekanntmachung vom 15. Februar 1922, abgedruckt im Blatt für Patent-, Muster- und Zeichenwesen 1922 S. 22/23). Der Entwurf sieht vor, daß das Reichspatentamt von Amts wegen den vom Anmelder mitgeteilten Namen des Erfinders in allen amtlichen Veröffentlichungen nennt. Im Verwaltungswege wird dafür gesorgt werden, daß dies in der einer Ehrenerklärung würdigen Form geschieht. Der Erfinder selbst braucht einen Antrag auf Nennung nicht zu stellen. Der Entwurf berücksichtigt andererseits, daß es besondere Fälle gibt, in denen der Erfinder ein berechtigtes Interesse daran haben kann, daß seine Persönlichkeit der Öffentlichkeit nicht bekanntgegeben wird. Es ist deshalb vorgesehen, daß die Nennung des Erfinders in den amtlichen Veröffentlichungen zu unterbleiben hat, wenn der Erfinder einen entsprechenden Antrag stellt. Dieser Antrag soll aber jederzeit widerruflich sein; auch ist ausdrücklich vorgesehen, daß ein Verzicht des Erfinders auf Nennung ohne rechtliche Wirksamkeit ist.

Abs. 2 regelt die Rechtsstellung des Erfinders für den Fall, daß der Anmelder eine unrichtige Angabe über die Person des Erfinders gemacht hat. Hier steht dem Erfinder ein Anspruch auf Berichtigung gegenüber dem Anmelder und der dritten Person zu, die fälschlich als Erfinder bezeichnet worden ist. Der Erfinder kann beim Reichspatentamt den Antrag auf Berichtigung der falschen Angabe oder auf nachträgliche Erfindernennung stellen; mit dem Antrag ist die Zustimmung des Anmelders und des Dritten beizubringen, die gegebenenfalls im Klageweg vor den ordentlichen Gerichten herbeigeführt werden muß. Das patentamtliche Verfahren soll mit der Prüfung, wer der Erfinder ist, auch hier nicht belastet werden.

Für Fälle, in denen infolge technischer Schwierigkeiten die Nennung in bereits ausgegebenen Patentschriften oder sonst veröffentlichten Drucksachen nicht mehr durchführbar ist (Abs. 3), bleibt dem Erfinder stets die Möglichkeit, sich einen Auszug aus der Rolle geben zu lassen, in der seine Nennung eingetragen ist; er kann sich auch auf die im Patentblatt vorzunehmende Bekanntgabe (§ 24 Abs. 4) berufen.

Einleitung des Nichtigkeitsverfahrens.

§ 37 [§ 28]

(1) Das Verfahren wegen Erklärung der Nichtigkeit oder Zurücknahme des Patents **oder wegen Er-**

teilung einer Zwangslizenz wird nur auf Antrag eingeleitet.

(2) Im Falle des § 13 Nr. 3 ist nur der Verletzte zu dem Antrag berechtigt.

(3) Im Falle des § 13 Nr. 1 ist nach fünf Jahren, gerechnet vom Tage der Bekanntmachung über die Erteilung des Patents (§ 35 Abs. 1), der Antrag unstatthaft.

(4) Der Antrag ist schriftlich an das Reichspatentamt zu richten und hat die Tatsachen anzugeben, auf die er gestützt wird. Mit dem Antrag ist eine Gebühr nach dem Tarif zu zahlen; wird sie nicht gezahlt, so gilt der Antrag als nicht gestellt. **Mit dem Antrag auf Zurücknahme des Patents und auf Erteilung einer Zwangslizenz ist die im § 15 Abs. 1, 2 vorgesehene Erklärung der Reichsregierung vorzulegen; sie kann innerhalb einer vom Reichspatentamt zu bestimmenden Frist nachgebracht werden, wenn mit dem Antrag auf Erteilung einer Zwangslizenz ein Antrag auf Erlaß einer einstweiligen Verfügung verbunden und eine Erklärung der Reichsregierung nach § 41 Abs. 1 Satz 1 vorgelegt wird.**

(5) Wohnt der Antragsteller im Ausland, so hat er dem Gegner auf dessen Verlangen Sicherheit wegen der Kosten des Verfahrens zu leisten. Das Reichspatentamt setzt die Höhe der Sicherheit nach freiem Ermessen fest und bestimmt eine Frist, binnen welcher sie zu leisten ist. Wird die Frist versäumt, so gilt der Antrag als zurückgenommen.

§ 37 entspricht dem § 28 des geltenden Gesetzes.

Mit Rücksicht darauf, daß ein Bedürfnis zur Wahrung

der Belange der Volksgemeinschaft als Voraussetzung für die Erteilung einer Zwangslizenz oder die Zurücknahme eines Patents nach der Vorschrift des § 15 von der Reichsregierung festzustellen ist, wird bestimmt, daß deren Erklärung mit dem Antrag beim Reichspatentamt einzureichen ist.

Durchführung des Nichtigkeitsverfahrens in der I. Instanz bei fehlendem Widerspruch.

§ 38 [§ 29]

(1) Nachdem die Einleitung des Verfahrens verfügt ist, teilt das Reichspatentamt dem Patentinhaber den Antrag mit und fordert ihn auf, sich darüber innerhalb eines Monats zu erklären.

(2) Erklärt sich der Patentinhaber nicht rechtzeitig, so kann ohne Ladung und Anhörung der Beteiligten sofort nach dem Antrag entschieden und dabei jede vom Antragsteller behauptete Tatsache für erwiesen angenommen werden.

Durchführung des Nichtigkeitsverfahrens in der I. Instanz bei Widerspruch.

§ 39 [§ 30]

(1) Widerspricht der Patentinhaber rechtzeitig oder wird im Falle des § 38 Abs. 2 nicht sofort nach dem Antrag entschieden, so trifft das Reichspatentamt die zur Aufklärung der Sache erforderlichen Verfügungen. Den Widerspruch des Patentinhabers teilt es dem Antragsteller mit. Es kann die Vernehmung von Zeugen und Sachverständigen anordnen. Für sie gelten die Vorschriften der Zivilprozeßordnung entsprechend. Die Beweisverhandlungen sind unter Zuziehung eines beeidigten Protokollführers aufzunehmen.

(2) Die Entscheidung ergeht nach Ladung und Anhörung der Beteiligten.

§ 40 [§ 31] Kostenentscheidung.

In der Entscheidung (§§ 38, 39) hat das Reichspatentamt nach freiem Ermessen zu bestimmen, zu welchem Anteil die Kosten des Verfahrens den Beteiligten zur Last fallen.

Die §§ 38, 39, 40 decken sich mit den §§ 29, 30 und 31 des geltenden Gesetzes.

§ 41 Zwangslizenzverfahren, einstweilige Verfügung; vorläufige Vollstreckbarkeit.

(1) In dem Verfahren wegen Erteilung der Zwangslizenz kann dem Antragsteller auf seinen Antrag die Benutzung der Erfindung durch einstweilige Verfügung gestattet werden, wenn er die Voraussetzungen des § 15 Abs. 1 glaubhaft macht und eine Erklärung der Reichsregierung vorlegt, daß die alsbaldige Erteilung der Erlaubnis zur Abwendung wesentlicher Nachteile für die Volksgemeinschaft dringend geboten erscheint.

(2) Mit dem Antrag ist eine Gebühr nach dem Tarif zu zahlen; wird sie nicht gezahlt, so gilt der Antrag als nicht gestellt. Der Erlaß der einstweiligen Verfügung kann davon abhängig gemacht werden, daß der Antragsteller wegen der dem Patentinhaber drohenden Nachteile Sicherheit leistet. Über den Antrag wird nach Ladung und Anhörung der Beteiligten entschieden; dabei ist nach freiem Ermessen zu bestimmen, zu welchem Anteil die Kosten des Verfahrens den Beteiligten zur Last fallen.

(3) Gegen die Entscheidung des Reichspatentamts ist die Beschwerde an das Reichsgericht zulässig. Sie ist beim Reichspatentamt einzulegen; im übrigen gilt § 34 entsprechend.

(4) Mit der Zurücknahme oder der Zurückweisung des Antrags auf Erteilung der Zwangslizenz (§ 37) endet die Wirkung der einstweiligen Verfügung; ihre Kostenentscheidung kann von der Stelle, die sie erlassen hat, geändert werden, wenn eine Partei binnen einem Monat nach der Zurücknahme oder nach Eintritt der Rechtskraft der Zurückweisung die Änderung beantragt.

(5) Erweist sich die Anordnung der einstweiligen Verfügung als von Anfang an ungerechtfertigt, so ist der Antragsteller verpflichtet, dem Patentinhaber den Schaden zu ersetzen, der ihm aus der Durchführung der einstweiligen Verfügung entstanden ist.

(6) Die Entscheidung, durch welche die Zwangslizenz zugesprochen wird, kann auf Antrag gegen oder ohne Sicherheitsleistung für vorläufig vollstreckbar erklärt werden, wenn eine Erklärung der Reichsregierung vorgelegt wird, daß die alsbaldige Vollstreckung zur Wahrung der Belange der Volksgemeinschaft dringend geboten ist. Wird die Entscheidung aufgehoben oder geändert, so ist der Antragsteller zum Ersatz des Schadens verpflichtet, der dem Patentinhaber durch die Vollstreckung entstanden ist.

§ 41. In dem Verfahren wegen Erteilung der Zwangslizenz ist für dringende Fälle der Erlaß einer einstweiligen Verfügung vorgesehen, durch die dem Antragsteller die Benutzung der Erfindung gestattet werden kann. Gleiche

Rücksichten haben auch dazu geführt, unter bestimmten Voraussetzungen die vorläufige Vollstreckbarkeit einer Entscheidung zuzulassen, durch die die Zwangslizenz zugesprochen wird. Beide Rechtseinrichtungen sind in enger Anlehnung an die entsprechenden Vorschriften der Zivilprozeßordnung ausgestaltet. Da die Feststellung eines Bedürfnisses zur Wahrung der Belange der Volksgemeinschaft als Voraussetzung für die Erteilung einer Zwangslizenz der Reichsregierung zusteht (vgl. § 15 Abs. 1), kann auch die zum Erlaß einer einstweiligen Verfügung oder zur Anordnung der vorläufigen Vollstreckbarkeit erforderliche Glaubhaftmachung oder Darlegung eines solchen Bedürfnisses nur durch eine Erklärung der Reichsregierung erfolgen.

Bei der besonderen Arbeitsleistung, die dem Patentamt aus dem Antrag auf Erlaß einer einstweiligen Verfügung erwächst, erscheint es angemessen, den Antrag mit einer Gebühr zu belegen, die auf 50 RM festgesetzt werden soll (zu vgl. der Entwurf des Gesetzes über die patentamtlichen Gebühren).

§ 42 [§ 33]

Berufung im Nichtigkeitsverfahren und Armenrecht.

(1) Gegen die Entscheidung des Reichspatentamts (§§ 38, 39) ist die Berufung an das Reichsgericht zulässig. Sie ist binnen sechs Wochen nach der Zustellung beim Reichspatentamt schriftlich anzumelden und zu begründen. Mit der Anmeldung der Berufung ist eine Gebühr nach dem Tarif zu zahlen; wird sie nicht gezahlt, so gilt die Berufung als nicht angemeldet.

(2) In dem Verfahren vor dem Reichsgericht werden Gebühren und Auslagen nach den Vorschriften des Gerichtskostengesetzes erhoben. Die Gebühren werden nach den Sätzen berechnet, die für das Verfahren in der Revisionsinstanz gelten. Die Bestimmungen über die Streitwertfestsetzung

im § 53 gelten entsprechend. Ein Gebührenvorschuß ist nicht zu zahlen. Die für die Anmeldung der Berufung gezahlte Gebühr wird auf die reichsgerichtlichen Gebühren angerechnet; sie wird nicht zurückgezahlt.

(3) Durch das Urteil ist auch nach § 40 über die Kosten des Verfahrens zu bestimmen.

(4) Ein Nichtigkeitsbeklagter, der seine Bedürftigkeit nachweist, kann im Verfahren vor dem Reichsgericht von der Entrichtung der Gerichtskosten einschließlich der den Zeugen und Sachverständigen zu gewährenden Vergütung und der sonstigen baren Auslagen einstweilen befreit werden; die Vorschriften des § 115 Abs. 2, §§ 120, 121, 122, 123, 125 der Zivilprozeßordnung sind entsprechend anzuwenden. Das gleiche gilt für einen Nichtigkeitskläger, gegen den eine Klage wegen Verletzung des streitigen Patents anhängig ist.

(5) Für das Verfahren vor dem Reichsgericht sind die Vorschriften der Verordnung vom 6. Dezember 1891 (Reichsgesetzbl. S. 389) maßgebend. Sie können durch den Reichsminister der Justiz geändert werden.

§ 42 entspricht dem § 33 des geltenden Gesetzes. In dem neuen Abs. 4 ist die Vorschrift wiedergegeben, die sich bereits in der Verordnung des Reichspräsidenten über Maßnahmen auf dem Gebiete der Rechtspflege und Verwaltung vom 14. Juni 1932 (Reichsgesetzbl. I S. 285), Vierter Teil Kap. I Art. 6[1]) findet. Maßgebend waren hierfür die folgenden Erwägungen:

Für einen bedürftigen Patentinhaber wird es häufig schwierig sein, die Kosten für das Berufungsverfahren

---

[1]) Blatt 1932 S. 155.

in Nichtigkeitssachen aufzubringen. Er hat, wenn die Berufung von ihm eingelegt wird, außer der im Abs. 1 vorgesehenen Berufungsgebühr die beim Reichsgericht entstehenden Gebühren und Auslagen zu entrichten (Abs. 2), vor allem die Vorschüsse für Beweisaufnahmen, insbesondere für die Anhörung von Sachverständigen, die oft einen erheblichen Betrag (1000 bis 3000 *RM*) erfordert. Es bedeutet eine große Härte für den Patentinhaber, wenn er genötigt ist, nur wegen Mangels an Geldmitteln von der Verteidigung seiner Rechte im Nichtigkeitsverfahren abzusehen und sein unter Aufwendung von Kosten erwirktes, nach einer amtlichen Prüfung erteiltes Patent aufzugeben. Für das Nichtigkeitsverfahren in erster Instanz sind in dieser Hinsicht besondere Maßnahmen zugunsten des Patentinhabers nicht erforderlich. Er kann vor dem Reichspatentamt seine Rechte selbst geltend machen, ohne zur Annahme eines Vertreters genötigt zu sein; besondere Kosten werden, da regelmäßig das Reichspatentamt aus eigener Sachkunde urteilen kann und die Beweislast dem Antragsteller obliegt, für ihn nicht entstehen. Dagegen erscheint es billig, für das Berufungsverfahren eine Befreiung von den wesentlichsten Kosten, d. h. von den beim Reichsgericht entstehenden Gerichtskosten, vorzusehen.

Da die Nichtigkeitsklage, von dem Ausnahmefall des § 13 Nr. 3 abgesehen, von jedermann erhoben werden kann, ohne daß irgendein Interesse an der Vernichtung des Patents nachzuweisen ist, wäre es nicht gerechtfertigt, die für den Patentinhaber vorgesehene Vergünstigung auch jedem beliebigen bedürftigen Antragsteller zuteil werden zu lassen. Würde dies geschehen, so wäre insbesondere auch zu besorgen, daß Interessenten sich zur Erhebung der Nichtigkeitsklage vermögensloser Strohmänner bedienen, um so die Kosten der Durchführung des Verfahrens von sich auf die Reichskasse abzuwälzen. Ein schutzwürdiges Interesse des Antragstellers an der Erhebung der Nichtigkeitsklage liegt jedoch vor, wenn er von dem Patentinhaber vor Gericht wegen Patentverletzung in Anspruch genommen wird und zu seiner Verteidigung geltend machen will, daß das angeblich verletzte Patent nichtig ist.

Für diesen Fall gibt der Entwurf in Ergänzung des geltenden Rechts daher auch dem Antragsteller die Möglichkeit, im Verfahren vor dem Reichsgericht Befreiung von Kosten und Auslagen zu erlangen.

Die schon in der Verordnung vom 14. Juni 1932 enthaltene Bezugnahme auf einzelne Vorschriften der Zivilprozeßordnung ist auf den § 120 ausgedehnt worden, da für seine Anwendung im Nichtigkeitsverfahren die gleichen Gründe sprechen wie im Zivilprozeß.

In Abs. 5 ist die Zuständigkeit für den Erlaß von Verordnungen über das Berufungsverfahren in Nichtigkeitssachen den veränderten staatsrechtlichen Verhältnissen angepaßt worden.

Wiedereinsetzung in den vorigen Stand; Weiterbenutzungsrecht

§ 43

(1) **Wer durch unabwendbaren Zufall verhindert worden ist, dem Reichspatentamt gegenüber eine Frist einzuhalten, deren Versäumung nach gesetzlicher Vorschrift einen Rechtsnachteil zur Folge hat, ist auf Antrag wieder in den vorigen Stand einzusetzen. Dies gilt nicht für die Frist zur Erhebung des Einspruchs (§ 32 Abs. 1), für die Frist, die dem Einsprechenden zur Einlegung der Beschwerde gegen den Patenterteilungsbeschluß zusteht (§ 34 Abs. 1), für die Frist des § 37 Abs. 3, für die Frist zur Einreichung von Anmeldungen, für die ein Prioritätsrecht in Anspruch genommen werden kann, und für die Frist zur Abgabe der Prioritätserklärung (§ 27).**

(2) **Die Wiedereinsetzung muß beim Reichspatentamt innerhalb zweier Monate nach dem Wegfall des Hindernisses schriftlich beantragt werden. In dieser Frist ist die versäumte Handlung nachzu-**

holen. Der Antrag muß die Tatsachen angeben, auf die er gestützt wird, und die Mittel, um diese Tatsachen glaubhaft zu machen. Ein Jahr nach Ablauf der versäumten Frist kann die Wiedereinsetzung nicht mehr beantragt und die versäumte Handlung nicht mehr nachgeholt werden.

(3) Über den Antrag beschließt die Stelle, die über die nachgeholte Handlung zu beschließen hat.

(4) Wer im Inland im guten Glauben den Gegenstand eines Patents, das infolge der Wiedereinsetzung wieder in Kraft tritt, in der Zeit zwischen dem Erlöschen und dem Wiederinkrafttreten des Patents in Benutzung genommen oder in dieser Zeit die dazu erforderlichen Veranstaltungen getroffen hat, ist befugt, den Gegenstand des Patents für die Bedürfnisse seines eigenen Betriebs in eigenen oder fremden Werkstätten weiterzubenutzen. Diese Befugnis kann nur zusammen mit dem Betrieb vererbt oder veräußert werden.

§ 43. Der Rechtsbehelf der Wiedereinsetzung in den vorigen Stand ist während des Krieges durch die Verordnungen vom 10. September 1914 (Reichsgesetzbl. S. 403)[1]) und vom 13. April 1916 (Reichsgesetzbl. S. 278)[2]) eingeführt und durch Art. II des Patentverlängerungsgesetzes vom 27. April 1920 (Reichsgesetzbl. S. 675)[3]) ergänzend geregelt worden. Diese Vorschriften übernimmt der Entwurf in das Patentgesetz, jedoch unter Einfügung von zwei Ergänzungen. Einmal bedurfte es, entsprechend der Regelung in der Zivilprozeßordnung, der Festsetzung einer Ausschlußfrist, nach deren Ablauf eine Wiedereinsetzung im

1) Blatt 1914 S. 290.
2) Blatt 1916 S. 50.
3) Blatt 1920 S. 74.

Interesse der Rechtssicherheit nicht mehr beantragt werden kann; sie ist wie in der Zivilprozeßordnung auf ein Jahr bemessen. Sodann ist nach der geltenden, aus der Kriegszeit stammenden Regelung der Rechtsbehelf für Ausländer nur anwendbar, wenn die Gegenseitigkeit im Reichsgesetzblatt festgestellt ist. Diese Einschränkung ist mit Art. 2 der Pariser Verbandsübereinkunft, die die uneingeschränkte Gleichstellung der Verbandsangehörigen mit den Inländern fordert, nicht vereinbar. Mit Rücksicht hierauf ist in bezug auf die Wiedereinsetzung in den vorigen Stand jeder Unterschied zwischen In- und Ausländern aufgegeben worden. Damit ist auch der neuen Vorschrift im Art. 5 bis Abs. 2 der Verbandsübereinkunft genügt, die für die Zahlung der Patentjahresgebühren entweder eine Nachfrist von weiteren 3 Monaten (also im ganzen von 6 Monaten) verlangt oder an deren Stelle die Möglichkeit der Wiederherstellung des infolge Nichtzahlung erloschenen Patents. Durch den Rechtsbehelf der Wiedereinsetzung in den vorigen Stand wird der zweiten Alternative genügt.

Schließlich sind mehrere Fristen von der Wiedereinsetzung ausgenommen worden. In erster Linie die Einspruchsfrist, bei deren Versäumnis den Beteiligten immer noch die Möglichkeit offen bleibt, die Nichtigkeitserklärung des erteilten Patents (§ 37) zu beantragen; aus gleichen Gründen besteht auch kein Anlaß, den Einsprechenden, der die Frist zur Einlegung der Beschwerde gegen den Patenterteilungsbeschluß versäumt hat, zur Wiedereinsetzung zuzulassen. Die Präklusivfrist von 5 Jahren, die der § 37 Abs. 3 für den Antrag auf Nichtigkeitserklärung vorsieht, verfolgt den Zweck, den Patentinhaber nach Ablauf dieser Frist unter allen Umständen vor Angriffen gegen die Patentfähigkeit des patentierten Gegenstandes zu schützen und ihm alsdann eine ungestörte Verwertung des Patents zu sichern. Dieser Zweck würde vereitelt werden, wenn der Patentinhaber auch nach Ablauf der Frist infolge der Möglichkeit einer Wiedereinsetzung des Nichtigkeitsklägers mit Angriffen gegen sein Patent rechnen müßte. Bei den Prioritätsfristen, innerhalb derer Anmeldungen unter Inanspruchnahme einer früheren Priorität zulässig sind (zu vgl. Art. 4 der Pariser Verbandsübereinkunft

— Reichsgesetzbl. 1928, II S. 175)[1]; Art. 6 des deutsch-russischen Abkommens über gewerblichen Rechtsschutz — Reichsgesetzbl. 1926, II S. 46 —[2]); Gesetz über die Prioritätsvereinbarung mit der Südafrikanischen Union — Reichsgesetzbl. 1931, II S. 207, 542 —[3]); Gesetz über den Ausstellungsschutz vom 18. März 1904 — Reichsgesetzbl. S. 141 —)[4]) erscheint es im Interesse der Rechtssicherheit für die Allgemeinheit geboten, den durch den Ablauf der Fristen herbeigeführten Rechtszustand unter allen Umständen endgültig bestehen zu lassen, eine Wiedereinsetzung in den vorigen Stand also auszuschließen. Gleiche Gründe führen dazu, auch die für die Abgabe der Prioritätserklärung neu eingeführte Frist von 2 Monaten (s. oben § 27) von der Wiedereinsetzung auszunehmen; die Zuverlässigkeit und Schnelligkeit der patentamtlichen Prüfung würde überdies erheblich gefährdet sein, wenn die Zweimonatsfrist für die Beanspruchung der Priorität durch Wiedereinsetzungsanträge ganz unübersehbar verlängert werden könnte.

Zugunsten solcher Personen, die ein erloschenes, späterhin aber durch Wiedereinsetzung in den vorigen Stand auflebendes Patent in der Zwischenzeit benutzt haben, ist im Abs. 4 ein Weiterbenutzungsrecht vorgesehen. Voraussetzung dieses Rechtes ist jedoch, daß der Zwischenbenutzer in gutem Glauben gehandelt hat. Das ist der Fall, wenn er von dem Sachverhalt, der zu der Säumnis des Patentinhabers geführt hatte, und von der Anwartschaft des Patentinhabers auf Wiederherstellung des Patents nichts gewußt hat.

§ 44 Wahrheitspflicht.

Im Verfahren vor dem Reichspatentamt und dem Reichsgericht haben die Beteiligten ihre Erklärungen über tatsächliche Umstände vollständig und der Wahrheit gemäß abzugeben.

---

1) Blatt 1928 S. 128.
2) Blatt 1926 S. 23.
3) Blatt 1931 S. 92 u. S. 215.
4) Blatt 1904 S. 181.

§ 44. Entsprechend der Vorschrift des § 138 Abs. 1 der Zivilprozeßordnung ist die Verpflichtung, Erklärungen tatsächlichen Inhalts der Wahrheit gemäß abzugeben, auch für das Verfahren in Patentsachen vor dem Reichspatentamt und dem Reichsgericht zum Grundsatz erhoben worden.

Amtssprache.

§ 45 [§ 34]

Die Sprache vor dem Reichspatentamt ist deutsch. Eingaben in anderer Sprache werden nicht berücksichtigt. Im übrigen finden die Vorschriften des Gerichtsverfassungsgesetzes über die Gerichtssprache Anwendung.

§ 45 entspricht dem § 34 des geltenden Gesetzes.

Rechtshilfe.

§ 46 [§ 32]

Die Gerichte sind verpflichtet, dem Reichspatentamt Rechtshilfe zu leisten. Strafen gegen Zeugen und Sachverständige, die nicht erscheinen oder ihre Aussage und deren Beeidigung verweigern, setzen die Gerichte auf Ersuchen des Reichspatentamts fest. Ebenso ist die Vorführung eines nicht erschienenen Zeugen anzuordnen.

§ 46 deckt sich mit dem § 32 des geltenden Gesetzes.

Vierter Abschnitt
Rechtsverletzungen

Patentverletzung.

§ 47 [§ 35]

(1) **Wer den Vorschriften der §§ 6, 7 und 8 zuwider eine Erfindung benutzt, kann vom Verletzten auf Unterlassung in Anspruch genommen werden.**

(2) Wer die Handlung **vorsätzlich oder fahrlässig** vornimmt, ist dem Verletzten zum Ersatz des daraus

entstandenen Schadens verpflichtet. Fällt dem Verletzer nur leichte Fahrlässigkeit zur Last, so kann das Gericht statt des Schadenersatzes eine Entschädigung festsetzen, die in den Grenzen zwischen dem Schaden des Verletzten und dem Vorteil bleibt, der dem Verletzer erwachsen ist.

(³) Handelt es sich um eine Erfindung, die ein Verfahren zur Herstellung eines neuen Stoffes zum Gegenstand hat, so gilt bis zum Beweise des Gegenteils jeder Stoff von gleicher Beschaffenheit als nach dem patentierten Verfahren hergestellt.

§ 47 entspricht dem § 35 des geltenden Gesetzes.

Dieser regelt von den zivilrechtlichen Folgen einer Patentverletzung nur die Schadenersatzpflicht des Verletzers und läßt sie nur eintreten, wenn der Verletzer wissentlich oder grob fahrlässig gehandelt hat. Es erschien angemessen, entsprechend dem Vorgang anderer Gesetze (zu vgl. z. B. § 16 des Gesetzes gegen den unlauteren Wettbewerb)[1] auch den Unterlassungsanspruch bei nur objektiver Rechtsverletzung im Gesetz festzulegen. Hinsichtlich des Schadenersatzanspruchs will der Entwurf den Wortlaut des Gesetzes mit der Regelung des Bürgerlichen Gesetzbuchs in Einklang bringen, wonach der Schuldner Vorsatz und Fahrlässigkeit zu vertreten hat und fahrlässig handelt, wer die im Verkehr erforderliche Sorgfalt außer acht läßt (§§ 823, 276 BGB.). Es ist jedoch Vorsorge getroffen, daß bei nur leichter Fahrlässigkeit, wenn z. B. weniger gewandte Volksgenossen unbewußt in ein fremdes Patent eingegriffen haben, die Strenge der Schadenersatzpflicht gemildert werden kann. Damit die Auferlegung des nach allgemeinen Vorschriften berechneten Schadenersatzes in solchem Falle nicht zu ungerechten Härten, etwa gar zur Vernichtung einer Existenz führt, kann das Gericht statt vollen Schadenersatzes nach seinem Ermessen eine

---

[1]) Blatt 1909 S. 174.

Entschädigung zusprechen, die nicht höher sein darf, als der entstandene Schaden, aber auch nicht niedriger sein soll, als der Vorteil, den der Verletzer erlangt hat; denn er darf durch sein schuldhaftes Verhalten jedenfalls keine Bereicherung erfahren.

Verjährung. **§ 48** [§ 39]

Die Ansprüche wegen Verletzung des Patentrechts verjähren in drei Jahren von dem Zeitpunkt an, in dem der Berechtigte von der Verletzung und der Person des Verpflichteten Kenntnis erlangt, ohne Rücksicht auf diese Kenntnis in dreißig Jahren von der Verletzung an. Hat der Verpflichtete durch die Verletzung auf Kosten des Berechtigten etwas erlangt, so ist er auch nach Vollendung der Verjährung zur Herausgabe nach den Vorschriften über die Herausgabe einer ungerechtfertigten Bereicherung verpflichtet.

§ 48. Die Vorschriften über die Verjährung der Ansprüche wegen Patentverletzung sind den allgemeinen Bestimmungen über die Verjährung der Ansprüche aus unerlaubter Handlung im § 852 BGB. angepaßt worden.

Strafverfolgung. **§ 49** [§ 36]

(1) Wer **vorsätzlich** den Bestimmungen der §§ 6, 7 und 8 zuwider eine Erfindung benutzt, wird mit Gefängnis bestraft.

(2) Die Strafverfolgung tritt nur auf Antrag ein. Der Antrag kann zurückgenommen werden.

(3) Wird auf Strafe erkannt, so ist zugleich dem Verletzten die Befugnis zuzusprechen, die Verurteilung auf Kosten des Verurteilten öffentlich be-

kanntzumachen, wenn er ein berechtigtes Interesse daran dartut. Umfang und Art der Bekanntmachung werden im Urteil bestimmt. **Die Befugnis erlischt, wenn die Entscheidung nicht binnen drei Monaten nach Eintritt der Rechtskraft bekanntgemacht wird.**

§ 49 entspricht dem § 36 des geltenden Gesetzes.

Die Ersetzung des Wortes „wissentlich" durch das Wort „vorsätzlich" im Abs. 1 entspricht dem jetzt in Strafgesetzen üblichen Sprachgebrauch. Das Wort „vorsätzlich" bringt zum Ausdruck, daß auch die Fälle des dolus eventualis durch die Strafbestimmung erfaßt werden sollen. Im übrigen ist entsprechend der besonderen Wertschätzung, die die nationalsozialistische Gemeinschaft der schöpferischen Erfindung entgegenbringt, der Rechtsschutz gegen vorsätzliche Patentverletzung durch eine Verschärfung der Strafandrohung verstärkt worden.

Die Befugnis zur Veröffentlichung des auf Strafe erkennenden Urteils soll künftig nur noch zugesprochen werden, wenn der Verletzte ein berechtigtes Interesse an dieser Maßnahme dartut. Fehlt ein solches, so würde die Veröffentlichungsbefugnis zu Schikanen mißbraucht werden können, die keine staatliche Unterstützung verdienen.

§ 50 [§ 37]

Buße.

(1) Statt jeder aus diesem Gesetz entspringenden Entschädigung kann auf Verlangen des Geschädigten neben der Strafe auf eine an ihn zu erlegende Buße erkannt werden. Für die Buße haften die dazu Verurteilten als Gesamtschuldner.

(2) Eine erkannte Buße schließt die Geltendmachung eines weiteren Entschädigungsanspruchs aus.

§ 50 deckt sich mit § 37 des geltenden Gesetzes.

Fünfter Abschnitt

Verfahren in Patentstreitsachen

Zuständigkeit der Gerichte; erstattungspflichtige Kosten.

§ 51

(1) Für alle Klagen, durch die ein Anspruch aus einem der in diesem Gesetz geregelten Rechtsverhältnisse geltend gemacht wird (Patentstreitsachen), sind die Landgerichte ohne Rücksicht auf den Streitwert ausschließlich zuständig. Eine erweiterte Zulässigkeit von Rechtsmitteln nach den Vorschriften der §§ 511 a Abs. 4, 547 Nr. 2 der Zivilprozeßordnung wird hierdurch nicht begründet.

(2) Der Reichsminister der Justiz kann die Patentstreitsachen für die Bezirke mehrerer Landgerichte einem von ihnen zuweisen.

(3) Die Parteien können sich vor dem Gericht für Patentstreitsachen auch durch Rechtsanwälte vertreten lassen, die bei dem Landgericht zugelassen sind, vor das die Klage ohne die Regelung nach Abs. 2 gehören würde. Das Entsprechende gilt für die Vertretung vor dem Berufungsgericht.

(4) Die Mehrkosten, die einer Partei dadurch erwachsen, daß sie sich gemäß Abs. 3 durch einen nicht beim Prozeßgericht zugelassenen Rechtsanwalt vertreten läßt, sind nicht zu erstatten.

(5) Von den Kosten, die durch die Mitwirkung eines Patentanwalts in dem Rechtsstreit entstehen, sind die Gebühren bis zum Betrage einer Gebühr nach § 9 der Gebührenordnung für Rechtsanwälte und außerdem die notwendigen Auslagen des Patentanwalts zu erstatten.

§ 52

Mitwirkung des Reichspatentamts im Prozeß.

(1) In Patentstreitsachen haben die Gerichte dem Präsidenten des Reichspatentamts Abschriften von allen Schriftsätzen, Protokollen, Verfügungen und Entscheidungen zu übersenden. Die Parteien haben dem Gericht die erforderlichen Abschriften ihrer Schriftsätze einzureichen.

(2) Der Präsident kann aus den Mitgliedern und Hilfsmitgliedern des Reichspatentamts, die besondere Sachkunde auf dem vom Rechtsstreit betroffenen engeren Gebiet der Technik besitzen, einen Vertreter bestellen, der befugt ist, dem Gericht schriftliche Erklärungen abzugeben, den Terminen beizuwohnen, in ihnen Ausführungen zu machen und Fragen an Parteien, Zeugen und Sachverständige zu richten. Schriftliche Erklärungen sind den Parteien durch das Gericht mitzuteilen.

(3) Das Gericht kann auf Antrag oder von Amts wegen den Präsidenten des Reichspatentamts ersuchen, einen Vertreter mit den im Abs. 2 bezeichneten Eigenschaften in die mündliche Verhandlung zu entsenden, wenn es annimmt, daß der Vertreter durch nähere Mitteilungen über den Gang des Erteilungsverfahrens zur besseren Beurteilung des technischen Sachverhalts oder zu seiner richtigen rechtlichen Würdigung beitragen kann. In dem Ersuchen sind die Punkte anzugeben, die dem Gericht aufklärungsbedürftig erscheinen. Ist der Präsident der Auffassung, daß keine der als Vertreter in Betracht kommenden Personen in der Lage ist, Mitteilungen über den Gang des Erteilungsverfahrens

aus eigener Wissenschaft zu machen, so kann er, statt einen Vertreter zu entsenden, zu dem Ersuchen schriftlich Stellung nehmen.

(4) Das Gericht kann den vom Präsidenten des Reichspatentamts bestimmten Vertreter zur Beratung zuziehen.

(5) Der Reichsminister der Justiz wird ermächtigt, im Einvernehmen mit dem Stellvertreter des Führers für den Beweis durch Sachverständige besondere Anordnungen zu treffen.

§§ 51, 52. Die Rechtsprechung in Patentverletzungsstreitigkeiten ist in den beteiligten Kreisen nach verschiedenen Richtungen der Kritik unterzogen worden. Einmal wird darüber Klage geführt, daß Gerichte, die nur selten mit derartigen Prozessen befaßt sind, sich infolge der geringen Berührung mit dem besonders schwierigem Gebiet des Patentrechts und mit Fragen der Technik verschiedentlich nicht in der Lage gezeigt hätten, die Verfahren mit der gebotenen Beschleunigung zu fördern und die Entscheidungen mit der nötigen Sachkunde zu treffen. Zum anderen wird geltend gemacht, daß die Gerichte gelegentlich den Schutzumfang der Patente in einer Weise auslegten, die für den Verkehr nicht voraussehbar sei, weil dabei der Zusammenhang mit der Auffassung über den Gegenstand des Patents, die das Reichspatentamt im Erteilungsverfahren zum Ausdruck gebracht habe, nicht genügend gewahrt werde. Dadurch werde der Rechtssicherheit Abbruch getan.

Beiden Gesichtspunkten will der Entwurf Rechnung tragen. Im § 51 ist daher eine Zusammenfassung der Prozesse in Patentsachen, im § 52 eine Mitwirkung des Reichspatentamts bei der Rechtsprechung vorgesehen.

In Zukunft sollen für alle Patentstreitigkeiten die Landgerichte ausschließlich zuständig sein. Damit diese Regelung nicht zu einer Erweiterung der Berufungs- und Revisionsmöglichkeit führt, war insoweit die Anwendung der §§ 511a Abs. 4, 547 Nr. 2 der Zivilprozeßordnung auszuschließen.

Aber auch von den Landgerichten sollen nur einige mit den Patentstreitsachen befaßt werden. Deshalb erhält der Reichsminister der Justiz die Ermächtigung, diese Prozesse für die Bezirke mehrerer Landgerichte einem von ihnen zuzuweisen. Durch diese Zusammenfassung soll erreicht werden, daß die beteiligten Richter aus dem bei ihnen zusammenkommenden Prozeßstoff eines größeren Bezirks die wünschenswerten Sonderkenntnisse und Erfahrungen unter günstigeren Bedingungen gewinnen können als bisher. Im Hinblick auf diesen Vorteil für die Güte der Rechtsprechung muß dabei allerdings in Kauf genommen werden, daß in vielen Fällen künftig das zuständige Gericht für die eine oder andere Partei oder vielleicht auch für beide entfernter liegen wird als bei dem bestehenden Zustand. Um diesen Nachteil zu mildern und um die Rechtsanwälte, die nicht bei den auszuwählenden Landgerichten zugelassen sind, von den Patentprozessen nicht auszuschließen, ist bestimmt, daß die Vertretung vor den Gerichten für Patentstreitsachen auch von den Rechtsanwälten ausgeführt werden kann, die bei den Landgerichten zugelassen sind, welche ohne die getroffene Ausnahmeregelung für den Prozeß zuständig wären.

Für den Fall, daß sich eine Partei im Patentprozeß der Hilfe eines Patentanwalts bedient, fehlt bisher eine gesetzliche Regelung der Frage, inwieweit die dadurch entstehenden Kosten von dem unterliegenden Gegner zu erstatten sind. Um hierüber Klarheit zu schaffen und zugleich zu verhindern, daß übermäßige Erstattungspflichten das Prozeßwagnis unangemessen vergrößern, wird bestimmt, daß die Gebühren des Patentanwalts bis zur Höhe einer Rechtsanwaltsgebühr und außerdem seine notwendigen Auslagen zu erstatten sind. Bis zu dieser Grenze sind die Kosten also erstattungsfähig, ohne daß im einzelnen Falle noch zu prüfen wäre, ob und in welchem Umfang die Inanspruchnahme eines Patentanwalts zur zweckentsprechenden Rechtsverfolgung notwendig war. Andererseits sind höhere Kosten von der Erstattung schlechthin ausgenommen. Die Beschränkung der den Prozeßgegner treffenden Erstattungspflicht berührt selbstverständlich nicht die Frage, welche Gebühren die erstattungsberechtigte Partei an den von ihr in Anspruch genommenen Patentanwalt zu zahlen hat. Daher darf der Beschränkung auch nicht die Bedeutung einer Bewertung der Tätigkeit des Patentanwalts im Vergleich zu der des Rechtsanwalts beigelegt werden. Im Hinblick auf die einheitliche Zulassung aller Patentanwälte im Reich muß die Partei die freie Wahl zwischen ihnen haben. Die Reiseauslagen eines auswärtigen Patentanwalts sind daher nicht etwa schon deshalb unnötig, weil die Partei einen am Sitz des Prozeßgerichts ansässigen Patentanwalt hätte beauftragen können.

Die Zusammenfassung der Rechtsprechung bei einigen Landgerichten erleichtert auch die in § 52 vorgesehene Mitwirkung des Reichspatentamts. Dieses wird über sämtliche Patentstreitigkeiten durch Mitteilung des vollständigen Prozeßstoffs unterrichtet. Der Präsident des Reichspatentamts kann sich nach seinem Ermessen an allen derartigen Prozessen durch Entsendung eines Vertreters beteiligen, der unter den Mitgliedern des Amts ausgewählt werden soll, die mit dem betroffenen engeren Fachgebiet besonders vertraut sind. Der Vertreter, der befugt ist, den Terminen beizuwohnen, kann schriftliche und mündliche Erklärungen abgeben. Er kann dabei insbesondere die Auffassung über den Inhalt des Patents zur Geltung bringen, von der das Reichspatentamt bei der Erteilung ausgegangen ist. Er wird aber auch vermöge seiner besonderen Sachkunde auf dem in Betracht kommenden Spezialgebiet in geeigneten Fällen in der Lage sein, das Gericht allgemein bei der Aufklärung des technischen Sachverhalts zu unterstützen, wobei ihm die Befugnis zur Fragestellung an Parteien, Zeugen und Sachverständige dienlich sein soll. Soweit sich dadurch die Heranziehung eines gerichtlichen Sachverständigen erübrigt, wird auch eine Verbilligung des Rechtsstreits eintreten. Jedoch ist es nicht etwa allgemein als Aufgabe des Vertreters des Reichspatentamts gedacht, den nach den

Vorschriften der Zivilprozeßordnung bestellten Sachverständigen zu ersetzen.

Auch wenn der Präsident des Reichspatentamts nach Lage der Sache keine Veranlassung findet, von sich aus einen Vertreter in den Prozeß abzuordnen, kann es dem Gericht zur treffenden Würdigung des Patents erwünscht sein, nähere Kenntnis über den Gang des Erteilungsverfahrens zu erhalten. Daher wird ihm die Möglichkeit gegeben, den Präsidenten des Reichspatentamts um Entsendung eines Vertreters zu ersuchen, von dem Aufklärungen nach dieser Richtung erwartet werden können. In dem Ersuchen sollen die aufklärungsbedürftigen Punkte angegeben werden, damit der Präsident beurteilen kann, ob ein Beamter mit entsprechenden Kenntnissen zur Verfügung steht. Kommt er zu dem Ergebnis, daß dies nicht der Fall ist, so kann er zu dem Ersuchen schriftlich Stellung nehmen.

Grundsätzlich soll der Vertreter, den der Präsident des Reichspatentamts aus eigener Entschließung oder auf Ersuchen des Gerichts bestimmt hat, seine Ausführungen vor Gericht in Gegenwart aller Prozeßbeteiligten machen, damit diese dazu Stellung nehmen können. Auf diese Weise wird am besten eine erschöpfende Klarstellung des Streitstoffes erreicht werden. Um die Zusammenarbeit zwischen dem Gericht und dem Reichspatentamt als der Erteilungsbehörde möglichst fruchtbringend werden zu lassen, ist aber vorgesehen worden, daß das Gericht den Gedankenaustausch mit dem Vertreter des Präsidenten erwünschtenfalls auch im Beratungszimmer fortsetzen kann.

§ 53 Streitwertfestsetzung.

(1) Macht in einer Patentstreitsache eine Partei glaubhaft, daß die Belastung mit den Prozeßkosten nach dem vollen Streitwert ihre wirtschaftliche Lage erheblich gefährden würde, so kann das Gericht auf ihren Antrag anordnen, daß die Verpflichtung dieser Partei zur Zahlung von Gerichtskosten sich nach einem ihrer Wirtschaftslage angepaßten Teil

des Streitwerts bemißt. Die Anordnung hat zur Folge, daß die begünstigte Partei die Gebühren ihres Rechtsanwalts ebenfalls nur nach diesem Teil des Streitwerts zu entrichten hat. Soweit ihr Kosten des Rechtsstreits auferlegt werden oder soweit sie diese übernimmt, hat sie die von dem Gegner entrichteten Gerichtsgebühren und die Gebühren seines Rechtsanwalts nur nach dem Teil des Streitwerts zu erstatten. Soweit die außergerichtlichen Kosten dem Gegner auferlegt oder von ihm übernommen werden, kann der Rechtsanwalt der begünstigten Partei seine Gebühren von dem Gegner nach dem für diesen geltenden Streitwert beitreiben.

(2) Der Antrag nach Abs. 1 kann vor der Geschäftsstelle des Gerichts zur Niederschrift erklärt werden. Er ist vor der Verhandlung zur Hauptsache anzubringen. Danach ist er nur zulässig, wenn der angenommene oder festgesetzte Streitwert später durch das Gericht heraufgesetzt wird. Vor der Entscheidung über den Antrag ist der Gegner zu hören.

Stufenklagen.

§ 54

Wer eine Klage nach § 47 erhoben hat, kann gegen den Beklagten wegen derselben oder einer gleichartigen Handlung auf Grund eines anderen Patents nur dann eine weitere Klage erheben, wenn er ohne sein Verschulden nicht in der Lage war, auch dieses Patent in dem früheren Rechtsstreit geltend zu machen.

§§ 53, 54. Die Erfahrung hat gelehrt, daß beim Streit um die Frage einer Patentverletzung nicht selten das wirtschaftliche Übergewicht der einen über die andere Partei einer gerechten Lösung hinderlich ist, weil es der weniger bemittelten Partei nicht möglich ist, das mit der Einlassung in einen Patentprozeß verbundene Kostenwagnis zu übernehmen. Sie sieht sich infolgedessen zur Preisgabe ihrer Rechte oder bestenfalls zum Eingehen eines ungünstigen Vergleichs genötigt. Mit den Mitteln des Armenrechts kann in diesen Fällen nicht geholfen werden, da die Voraussetzungen für seine Gewährung in der Regel nicht erfüllt sind und auch geschäftliche Rücksichten von seiner Inanspruchnahme abhalten würden. Die vom sozialen Standpunkt unerquicklichen Erscheinungen haben ihren Grund in der außergewöhnlichen Höhe der Kosten gerade der Patentprozesse, die durch die Größe der Streitwerte die meist gegebene Notwendigkeit der Heranziehung kostspieliger Sachverständigengutachten bedingt ist. Die Besonderheit der Umstände erfordert außerordentliche Maßnahmen zur Abhilfe. Deshalb ist im § 53 die Möglichkeit geschaffen worden, die eine Partei treffenden gerichtlichen und außergerichtlichen Prozeßkosten nach einem Teil des vollen Streitwerts zu bemessen, wenn dies zur Vermeidung einer erheblichen Gefährdung ihrer wirtschaftlichen Lage gerechtfertigt erscheint. Macht das Gericht von dieser Möglichkeit Gebrauch, so erfährt die begünstigte Partei zunächst insofern eine Erleichterung, als sie die von ihr zu zahlenden Vorschüsse und Gebühren des Gerichts und ihres Rechtsanwalts nur nach dem niedrigeren Streitwert zu entrichten hat. Sie erlangt aber außerdem die Gewißheit, im Falle des Unterliegens auch die dem Gegner entstandenen Gerichtskosten und Anwaltsgebühren nur nach dem Bruchteil des Streitwertes erstatten zu müssen. Nach allen diesen Richtungen ist ihr Kostenwagnis mithin begrenzt, wodurch ihr die Wahrnehmung ihrer Rechte erleichtert ist. Bewußt ist davon abgesehen worden, die Anordnung des Gerichts von einer vorherigen Prüfung der Prozeßaussichten abhängig zu machen, weil die Tatsache, daß die Partei in jedem Falle ihrer Leistungsfähigkeit angemessene Prozeßkosten aufwenden muß, regelmäßig von mutwilliger und aussichtsloser Prozeßführung abhalten wird und eine besondere Prüfung der Aussichten die Erledigung des Rechtsstreits verzögern würde. Da aber die Entschließung über die Gewährung der Vergünstigung in das Ermessen des Gerichts gestellt ist, besteht die Möglichkeit, im Falle eines offenbar mißbräuchlichen Prozessierens den Antrag abzulehnen.

Eine besondere Form des Mißbrauchs wirtschaftlicher Übermacht bei der Austragung von Patentstreitigkeiten hat sich darin gezeigt, daß Inhaber von mehreren Patenten verwandten Inhalts einen angeblichen Verletzer zunächst nur auf Grund eines dieser Patente verklagen, um dann in weiteren Klagen gegen ihn wegen desselben oder eines gleichartigen Tatbestands die Verletzung der anderen Patente geltend zu machen. Dem Angegriffenen wird dadurch die Verteidigung erschwert, weil die Vielzahl der Prozesse ihm erhöhte Kosten verursacht. Um diesen Stufenklagen zu begegnen, erscheint ein Zwang zur Geltendmachung aller in Betracht kommenden Patente in einem Verfahren geboten. Nach § 54 soll es daher nur dann zulässig sein, wegen derselben oder einer gleichartigen Handlung eine weitere Klage auf Grund eines anderen Patents anzustrengen, wenn der Kläger ohne sein Verschulden nicht in der Lage war, auch dieses Patent bereits in dem früheren Rechtsstreit geltend zu machen.

Sechster Abschnitt

Patentberühmung

Auskunftspflicht.

§ 55 [§ 40]

Wer Gegenstände oder ihre Verpackung mit einer Bezeichnung versieht, die geeignet ist, den Eindruck zu erwecken, daß die Gegenstände durch ein Patent oder eine Patentanmeldung nach diesem Gesetz geschützt seien, oder wer in öffentlichen Anzeigen, auf Aushängeschildern, auf Empfehlungskarten oder in ähnlichen Kundgebungen eine Bezeichnung solcher Art verwendet, ist verpflichtet, jedem, der ein berechtigtes Interesse an der Kenntnis der Rechtslage

hat, auf Verlangen Auskunft darüber zu geben, auf welches Patent oder auf welche Patentanmeldung sich die Verwendung der Bezeichnung stützt.

§ 55. Einer besonderen Strafvorschrift wegen des Vergehens der Patentberühmung (§ 40 des geltenden Gesetzes) bedarf es gegenüber den Bestimmungen des Wettbewerbsgesetzes[1]), insbesondere des § 4 daselbst nicht, da die jetzt in § 40 unter Nr. 1 und 2 geregelten Tatbestände durch die weitergehenden Vorschriften des Wettbewerbsgesetzes gedeckt werden.

Dagegen hat sich in der Industrie in immer stärkerem Maße das Bedürfnis herausgestellt, von Personen, die sich eines Patents berühmen, auch Auskunft darüber verlangen zu können, auf welches Patent sich ihre Behauptung stützt. Erfahrungsgemäß wird einem Ersuchen um solche Auskunft häufig nicht entsprochen. Eine Unterlassungs- oder Feststellungsklage oder eine Strafverfolgung auf Grund der Vorschriften des Wettbewerbsgesetzes in derartigen Fällen einzuleiten, würde umständlich und mit dem Risiko behaftet sein, daß der Gegner dann doch in der Lage ist, sich im Prozeß auf ein bestimmtes Schutzrecht zu berufen. Es erscheint angemessen, dem, der ein berechtigtes Interesse an der Kenntnis der Rechtslage hat, einen Anspruch auf Auskunftserteilung zu gewähren. Das gleiche gilt für Fälle, in denen sich jemand des Schutzes aus einer Patentanmeldung berühmt.

Siebenter Abschnitt

Übergangsbestimmungen

§ 56

(1) Das Gesetz tritt am 1. Oktober 1936 in Kraft, soweit nicht im einzelnen Abweichendes bestimmt ist.

(2) Die Eignung zum Inlandsvertreter (§ 16

[1]) Blatt 1909 S. 174.

Abs. 1), die sich aus § 57 Abs. 5 des Patentanwaltsgesetzes vom 28. September 1933 (Reichsgesetzbl. I S. 669) ergibt, bleibt unberührt.

§ 56. Nach § 57 Abs. 5 in Verbindung mit § 56 Abs. 2 des Patentanwaltsgesetzes [1]) können außer den Patentanwälten und Rechtsanwälten auch solche Personen zu Inlandsvertretern im Sinne des § 16 Abs. 1 des Entwurfs bestellt werden, die die Voraussetzungen für die Zulassung zur außerordentlichen Patentanwaltsprüfung erfüllen. An diesem Zustand, der nur für vorübergehende Zeit bis zur Abwicklung aller in Betracht kommenden Prüfungen Bedeutung hat, soll nichts geändert werden (Abs. 2).

§ 57

(1) Die Rechtsverhältnisse der vor dem Inkrafttreten dieses Gesetzes erteilten Patente regeln sich nach den Vorschriften dieses Gesetzes, soweit im nachstehenden nicht anders bestimmt ist.

(2) Gebühren für das zweite Patentjahr, die vor dem Inkrafttreten fällig geworden sind, bleiben zu entrichten.

(3) Die Vorschriften der §§ 3, 5 und 36 gelten für die zur Zeit des Inkrafttretens bestehenden Patente nicht.

(4) Die Vorschriften im § 11 Abs. 8 sind nicht anwendbar, wenn das Patent vor Inkrafttreten des Gesetzes erteilt worden ist.

(5) Ist beim Inkrafttreten des Gesetzes ein Verfahren wegen Zurücknahme des Patents oder wegen Erteilung einer Zwangslizenz anhängig, so ist die Entscheidung nach den bisherigen Bestimmungen zu treffen. Die Vorschriften des § 41 finden mit

---

[1]) Blatt 1933 S. 248.

der Maßgabe Anwendung, daß das Reichspatentamt auch die Voraussetzungen festzustellen hat, die sonst durch eine Erklärung der Reichsregierung zu belegen sind.

§ 57. Die Übergangsbestimmungen sind von dem Grundsatz beherrscht, daß sämtliche Neuerungen des Entwurfs auch auf die vor dem Inkrafttreten erworbenen Rechte und die vor diesem Zeitpunkt begründeten Rechtsverhältnisse Anwendung zu finden haben. So soll z. B. die Gebührenerleichterung für mehrere Zusatzpatente beim Fortfall des Hauptpatents (§ 10 Abs. 2 Satz 2) auch den alten Rechten zugute kommen, desgleichen die erweiterte Zulässigkeit der Stundung und des Erlasses von Patentjahresgebühren (§ 11 Abs. 7).

Von dem Grundsatz waren jedoch einige Ausnahmen zu machen.

Ist die zweite Patentjahresgebühr, die nach den neuen Vorschriften nicht mehr erhoben wird, für ein altes Patent bereits vor dem Inkrafttreten fällig geworden, so bleibt das Patent insoweit nach wie vor gebührenpflichtig.

Aus Billigkeits- und Zweckmäßigkeitsgründen erschien es nicht angezeigt, auf alte Rechte die neuen Vorschriften anzuwenden, wonach nur der Erfinder oder sein Rechtsnachfolger Anspruch auf Erteilung des Patents hat und wonach dem Erfinder und Erfindungsbesitzer ein Anspruch auf Übertragung des Schutzrechts auch gegen den gutgläubigen Erwerber zusteht. Das gleiche gilt von den Vorschriften über die Erfindernennung.

Damit der Reichskasse keine Ausgaben für die Vergangenheit entstehen, auf deren Deckung noch nicht Bedacht genommen werden konnte, soll kein Ersatz von Auslagen für Zeichnungen, Modelle und Gutachten bei Patenten gewährt werden, die schon vor dem Inkrafttreten des Gesetzes erteilt worden sind.

Ist ein Antrag auf Zurücknahme das Patents oder auf Erteilung einer Zwangslizenz bereits vor dem Inkrafttreten des Gesetzes gestellt, so soll darüber nach den bisherigen Bestimmungen entschieden werden. Insbesondere soll also, um Verzögerungen zu vermeiden, das Vorliegen eines öffentlichen Interesses wie bisher durch das Reichspatentamt oder das Reichsgericht festgestellt und nicht erst die Einholung einer Erklärung der Reichsregierung erforderlich werden. Dagegen finden die neuen Vorschriften im § 41 über die einstweilige Verfügung und die vorläufige Vollstreckbarkeit schon auf anhängige Verfahren Anwendung. Aus Gründen der Einheitlichkeit der Entscheidung ist jedoch vorgesehen, daß es hierbei zur Glaubhaftmachung oder Darlegung des öffentlichen Interesses ebenfalls nicht der sonst erforderlichen Erklärung der Reichsregierung bedarf. An ihre Stelle tritt das Ermessen des Reichspatentamts oder des Reichsgerichts.

§ 58

(1) Ist vor Inkrafttreten des Gesetzes ein Recht zur ausschließlichen Benutzung einer durch ein Patent geschützten Erfindung eingeräumt worden, so kann der Berechtigte von dem als Inhaber des Patents Eingetragenen verlangen, daß er in die Eintragung eines Vermerks nach § 25 willigt. Die entstehenden Kosten trägt der Berechtigte.

(2) Der Anspruch kann bereits nach der Verkündung des Gesetzes geltend gemacht werden.

§ 58. Im § 25 ist die Möglichkeit vorgesehen, ausschließliche Lizenzen in die Patentrolle eintragen zu lassen. Damit auch der sich die damit verbundene Schutzwirkung sichern kann, der eine ausschließliche Lizenz vor Inkrafttreten des Gesetzes erlangt hat, erhält er das Recht, noch nachträglich vom Patentinhaber zu verlangen, daß er in die Eintragung der ausschließlichen Lizenz willigt.

§ 59

(1) Für die Weiterbehandlung der vor dem Inkrafttreten dieses Gesetzes eingegangenen Anmeldungen und die daraus hervorgehenden Patente

gelten die Vorschriften dieses Gesetzes. Ausgenommen sind die Vorschriften, die das Recht auf das Patent (§ 3), den Einspruch bei widerrechtlicher Entnahme (§ 4), den Übertragungsanspruch (§ 5), die Prioritätserklärung (§ 27) und die Erfindernennung (§ 26 Abs. 6, § 36) betreffen.

(2) Die Vorschriften über die Zahlung der Bekanntmachungsgebühr (§ 11 Abs. 1, § 31) gelten nicht, wenn der Beschluß über die Bekanntmachung der Anmeldung schon vor dem Inkrafttreten dieses Gesetzes zugestellt worden ist. In diesem Falle ist statt der Bekanntmachungsgebühr die erste Jahresgebühr nach den bisherigen Vorschriften zu entrichten.

(3) Ist eine Patentanmeldung bereits vor Inkrafttreten dieses Gesetzes bekanntgemacht, so bleiben für die Frist zur Einlegung eines Einspruchs und für seine Begründung die bisherigen Vorschriften maßgebend.

§ 59. Bei den Patenten, die durch eine vor Inkrafttreten des neuen Gesetzes bewirkte Anmeldung begründet sind, ist es zweckmäßig, dafür zu sorgen, daß die Verschiedenheit des Rechtszustandes nicht unnötig lange fortdauert. Ohnehin entspricht es allgemeiner Übung, neue Verfahrensregeln in schwebenden Verfahren alsbald anzuwenden. Dies schreibt deshalb der Entwurf vor; er unterwirft zugleich die aus den schwebenden Anmeldungen hervorgehenden Patente den neuen Bestimmungen. Ausnahmen sind lediglich für das neu eingeführte Erfinderprinzip gemacht worden, ferner für die widerrechtliche Entnahme und den Übertragungsanspruch. Es erscheint nicht angemessen, der schwebenden Anmeldung eines durch rechtswidrige Entnahme Verletzten nachträglich die günstigere Priorität (der Anmeldung des Entnehmers) zu verleihen, wie sie in § 4 Abs. 3 neu vorgesehen ist; unbillig wäre es auch, denjenigen, der im Vertrauen auf die bisherigen Rechtsvorschriften in gutem Glauben eine Anmeldung vorgenommen hat, dem neuen Übertragungsanspruch aus § 5 auszusetzen. Die weiterhin vorgesehene Ausnahme hinsichtlich der Prioritätserklärung berücksichtigt, daß es nicht angezeigt ist, die nach den bisherigen Bestimmungen infolge nicht rechtzeitiger Abgabe der Prioritätserklärung eingetretene Rechtsfolge der Verwirkung des Prioritätsrechts ungeschehen zu machen. Schließlich ist wegen der Erfindernennung vorgesehen, die neuen Vorschriften nur für solche Anmeldungen anzuwenden, die nach dem Inkrafttreten eingereicht werden; dies geschieht im Interesse der leichteren Durchführung für das Reichspatentamt. Für die schwebenden Anmeldungen soll es also insoweit bei der bisherigen, im Verwaltungswege gegebenen Regelung bleiben.

Die neuen Vorschriften im § 32, die die Anforderungen an die Begründung des Einspruchs verschärfen, sollen nicht für Anmeldungen gelten, bei denen die Einspruchsfrist bereits durch die Bekanntmachung in Lauf gesetzt worden ist. Deshalb liegt auch kein Grund vor, in diesen Fällen die Verlängerung der Einspruchsfrist um einen Monat eintreten zu lassen.

Bisherige Patentverletzungen. **§ 60**

(1) Wer vor dem Inkrafttreten dieses Gesetzes ein Patent verletzt hat, haftet nach den bisherigen Bestimmungen.

(2) Die Vorschriften im § 52 Abs. 1, 2 gelten nicht für Patentstreitsachen, die beim Inkrafttreten anhängig sind.

(3) Soweit nach § 12 Abs. 1 Satz 1 des Patentgesetzes in der Fassung vom 7. Dezember 1923 (Reichsgesetzbl. II S. 437) die Bestellung eines inländischen Vertreters zur Teilnahme an einem

Verfahren vor dem Reichspatentamt nicht erforderlich ist, verbleibt es hierbei für die Verfahren, die beim Inkrafttreten dieses Gesetzes anhängig sind.

Berlin, den 5. Mai 1936.

Der Führer und Reichskanzler
Adolf Hitler

Der Reichsminister der Justiz
Dr. Gürtner.

§ 60. Verletzungen von Patenten, zu denen es vor dem Inkrafttreten des neuen Gesetzes gekommen ist, sollen nur die Rechtsfolgen auslösen, die sich aus den bisher geltenden Vorschriften ergeben.

Bei Patentprozessen, die bereits anhängig sind, soll von einer nachträglichen Einschaltung des Reichspatentamts gemäß § 52 Abs. 1 und 2 als unzweckmäßig abgesehen werden.

Durch § 16 Abs. 1 ist das Erfordernis eines Inlandsvertreters für Ausländer auf Verfahren ausgedehnt worden, für die es nach § 12 Abs. 1 Satz 1 des geltenden Gesetzes nicht besteht, beispielsweise auf die Erhebung eines Einspruchs. Um in diesen Fällen bereits begonnene Verfahren nicht zu behindern, sollen sie zu Ende geführt werden können, ohne daß es noch der nachträglichen Bestellung eines Inlandsvertreters bedarf.

4. Gebrauchsmustergesetz.

Vom 5. Mai 1936 (RGBl. II S. 130).

Die Reichsregierung hat das folgende Gesetz beschlossen, das hiermit verkündet wird:

Schutzfähige Erfindungen; Neuheit.

§ 1 [§ 1]

(1) Arbeitsgerätschaften oder Gebrauchsgegenstände oder Teile davon werden insoweit als Gebrauchsmuster nach diesem Gesetz geschützt, als sie dem Arbeits- oder Gebrauchszweck durch eine neue Gestaltung, Anordnung oder Vorrichtung dienen sollen.

(2) Sie gelten insoweit nicht als neu, als sie zur Zeit der Anmeldung (§ 2) bereits in öffentlichen Druckschriften beschrieben oder im Inland offenkundig benutzt sind. **Eine innerhalb von sechs Monaten vor der Anmeldung erfolgte Beschreibung oder Benutzung bleibt außer Betracht, wenn sie auf der Ausarbeitung des Anmelders oder seines Rechtsvorgängers beruht.**

§ 1 entspricht dem § 1 des geltenden Gesetzes. Bei der neuen Fassung ist das Wort „Modell" als entbehrlich fortgelassen worden. Der Gedanke, daß bei Gebrauchsmustern nur die neue körperliche Formgestaltung Schutz genießt, kommt ohnehin im Gesetz deutlich zum Ausdruck, nämlich durch die Vorschrift im § 1, daß die angemeldeten Gegenstände nur insoweit schutzfähig sind, als sie dem

Arbeits- oder Gebrauchszweck durch eine neue Gestaltung, Anordnung oder Vorrichtung dienen sollen. Tatsächlich kommt dem Raumgedanken so, wie er in den Arbeitsgerätschaften oder Gebrauchsmustergegenständen selbst verkörpert ist, der gesetzliche Schutz zu, nicht den Modellen. Mit Rücksicht hierauf wird der Ausdruck „Modell" im allgemeinen besser vermieden.

Die Bestimmung des Neuheitsbegriffes in Abs. 2 ist ebenso und aus den gleichen Gründen ergänzt worden wie diejenige in § 2 des Patentgesetzes.

§ 2 [§ 2] Gebrauchsmusteranmeldung; Eventualanmeldung.

(1) Gegenstände, für die der Schutz als Gebrauchsmuster verlangt wird, sind beim Reichspatentamt schriftlich anzumelden. Die Vorschriften im § 27 des Patentgesetzes vom 5. Mai 1936 (Reichsgesetzbl. II S. 117) gelten entsprechend.

(2) Die Anmeldung muß angeben, unter welcher Bezeichnung das Gebrauchsmuster eingetragen werden und welche neue Gestaltung, Anordnung oder Vorrichtung dem Arbeits- oder Gebrauchszweck dienen soll. Am Schluß der Beschreibung ist anzugeben, was als schutzfähig unter Schutz gestellt werden soll (Schutzanspruch).

(3) Jeder Anmeldung ist eine **Zeichnung beizufügen**; statt der Zeichnung kann auch ein Modell eingereicht werden.

(4) Über die sonstigen Erfordernisse der Anmeldung trifft der Präsident des Reichspatentamts Bestimmung.

(5) Mit der Anmeldung ist für jedes angemeldete Gebrauchsmuster eine Gebühr nach dem Tarif zu

zahlen. Führt die Anmeldung nicht zur Eintragung, so wird die Hälfte der Gebühr erstattet.

(6) Wenn der Anmelder für den gleichen Gegenstand ein Patent nachsucht, kann er beantragen, daß die Eintragung in die Gebrauchsmusterrolle erst vorgenommen wird, wenn die Patentanmeldung erledigt ist. In diesem Falle ist bei der Anmeldung nur die Hälfte der Gebühr, die andere Hälfte erst vor der Eintragung zu entrichten.

§ 2 entspricht dem § 2 des geltenden Gesetzes. Die Neufassung gibt im wesentlichen den bisherigen Wortlaut wieder. Durch die Anziehung des § 27 des Patentgesetzes wird die Prioritätserklärung in derselben Weise wie bei Patenten geregelt; für ihre Abgabe soll mithin dem Anmelder eine Frist von zwei Monaten zustehen.

Um eine bessere Klarstellung des Schutzgegenstandes zu erreichen, ist im Abs. 2 die Vorschrift eingeführt worden, daß entsprechend der Patentanmeldung auch die Gebrauchsmusteranmeldung einen Schutzanspruch enthalten muß.

Die bisherige Fassung des Abs. 3, wonach jeder Anmeldung eine Nach- oder Abbildung des Modells beizufügen ist, hat dazu geführt, daß sich beim Reichspatentamt im Laufe der Zeit eine ungeheure Menge von Modellen angesammelt hat, deren Unterbringung immer größeren Schwierigkeiten begegnet. Ein Bedürfnis für die Beibringung eines Modells besteht in den seltensten Fällen, da zumeist eine Zeichnung den gleichen Dienst leistet. Mit Rücksicht hierauf ist dem Abs. 3 eine neue Fassung gegeben worden.

Eintragung des Gebrauchsmusters; Gebrauchsmusterrolle.

§ 3 [§ 3]

(1) Entspricht die Anmeldung den Anforderungen des § 2, so verfügt das Reichspatentamt die Eintragung in die Rolle für Gebrauchsmuster.

(2) Die Eintragung muß Namen und Wohnsitz des Anmelders **und seines etwa bestellten Vertreters (§ 20)** sowie die Zeit der Anmeldung angeben.

(3) Die Eintragungen sind im Patentblatt in regelmäßig erscheinenden Übersichten bekanntzumachen.

(4) Das Reichspatentamt vermerkt in der Rolle eine Änderung in der Person des Inhabers des Gebrauchsmusters **oder seines Vertreters, wenn sie ihm nachgewiesen wird. Mit dem Antrag ist eine Gebühr nach dem Tarif zu zahlen; wird sie nicht gezahlt, so gilt der Antrag als nicht gestellt. Solange die Änderung nicht eingetragen ist, bleiben der frühere Rechtsinhaber und sein früherer Vertreter nach Maßgabe dieses Gesetzes berechtigt und verpflichtet.**

(5) Die Einsicht in die Rolle sowie in die Anmeldungen, auf Grund deren die Eintragungen erfolgt sind, steht jedermann frei. **Auf Antrag unterbleiben die Offenlegung und die Bekanntmachungen im Patentblatt, wenn die Anmeldung vom Reich oder einer selbständigen Reichsverkehrsanstalt für Zwecke der Landesverteidigung vorgenommen wird.**

§ 3 entspricht dem § 3 des geltenden Gesetzes. Eine Ergänzung des Abs. 5 trägt dem Bedürfnis Rechnung, für Zwecke der Landesverteidigung in Betracht kommende Gebrauchsmuster ebenso wie entsprechende Patente (zu vgl. § 30 Abs. 5 des Patentgesetzentwurfs) von der Bekanntgabe an die Öffentlichkeit ausnehmen zu können.

§ 4

Amtsstellen und ihre Besetzung.

(1) **Für Anträge in Gebrauchsmustersachen mit Ausnahme der Löschungsanträge (§§ 7 bis 11) wird**

im Reichspatentamt eine Gebrauchsmusterstelle errichtet, die von einem vom Präsidenten des Reichspatentamts bestimmten rechtskundigen Mitglied geleitet wird.

(2) Wird der Anmelder gegen Verfügungen der Gebrauchsmusterstelle vorstellig, so befindet der Präsident des Reichspatentamts endgültig.

(3) Der Reichsminister der Justiz kann den Präsidenten des Reichspatentamts ermächtigen, mit der Wahrnehmung einzelner der Gebrauchsmusterstelle obliegenden Geschäfte auch Beamte des mittleren Dienstes zu betrauen; ausgeschlossen davon sind jedoch Zurückweisungen von Anmeldungen aus Gründen, denen der Anmelder widersprochen hat.

(4) Über Löschungsanträge (§§ 7 bis 11) beschließt eine der beim Reichspatentamt zu bildenden Abteilungen für Gebrauchsmuster, die mit drei technischen Mitgliedern und einem rechtskundigen Mitglied zu besetzen ist. Die Vorschriften im § 18 Abs. 3, 8 und 9 des Patentgesetzes gelten entsprechend.

(5) Über Beschwerden gegen die Beschlüsse der Abteilungen für Gebrauchsmuster entscheidet einer der im § 18 des Patentgesetzes bezeichneten Beschwerdesenate in der Besetzung mit drei technischen Mitgliedern und einem rechtskundigen Mitglied.

§ 4. Da der Entwurf das Verfahren zur Löschung von Gebrauchsmustern dem Reichspatentamt zuweisen will (zu vgl. §§ 8 ff.) und hierfür besondere Abteilungen für Gebrauchsmuster (neben der bisher schon bestehenden Gebrauchsmusterstelle) geschaffen werden müssen, empfiehlt es sich, in das Gebrauchsmustergesetz selbst Vorschriften über beide Geschäftsstellen aufzunehmen. Die Abs. 1 und 2 geben deshalb zunächst die Bestimmungen wieder, die sich für die Gebrauchsmusterstelle bisher in den §§ 19 und 21 der Ausführungsverordnung zum Patentgesetz vom 11. Juli 1891 (Reichsgesetzbl. S. 349)[1]) finden.

Im Abs. 3 ist für den Präsidenten des Reichspatentamts, entsprechend der im § 18 Abs. 5 des Patentgesetzentwurfs gegebenen Vorschrift, eine von dem Reichsminister der Justiz zu erteilende Ermächtigung vorgesehen, wonach Beamte des mittleren Dienstes mit der Wahrnehmung einzelner Geschäfte der Gebrauchsmusterstelle betraut werden können. Hierzu wird auf die Begründung zu § 18 des Patentgesetzentwurfs Bezug genommen.

Die Abs. 4 und 5 bestimmen die Organe, die im Löschungsverfahren tätig werden sollen.

§ 5 [§ 4]

Wirkung des Gebrauchsmusters; ältere Schutzrechte, widerrechtliche Entnahme.

(1) Die Eintragung eines Gebrauchsmusters hat die Wirkung, daß allein dem Inhaber das Recht zusteht, gewerbsmäßig das Muster nachzubilden, die durch Nachbildung hervorgebrachten Gegenstände in Verkehr zu bringen, feilzuhalten oder zu gebrauchen.

(2) Der Gebrauchsmusterschutz wird durch die Eintragung nicht begründet, soweit das Muster bereits auf Grund einer **früheren Patent-** oder Gebrauchsmusteranmeldung geschützt worden ist.

(3) Wenn der wesentliche Inhalt der Eintragung den Beschreibungen, Zeichnungen, Modellen, Gerätschaften oder Einrichtungen eines anderen ohne dessen Einwilligung entnommen ist, tritt dem Verletzten gegenüber der Schutz des Gesetzes nicht ein.

---

[1]) Patentblatt 1891 S. 371.

(4) Die Vorschriften des Patentgesetzes über das Recht auf den Schutz (§ 3), über den Anspruch auf Erteilung des Schutzrechts (§ 4 Abs. 1), über den Anspruch auf Übertragung (§ 5) und über die Einschränkungen der Wirkung (§§ 7, 8) gelten entsprechend.

§ 5 entspricht dem § 4 des geltenden Gesetzes.

So wenig eine Erfindung zweimal patentiert werden darf, ebensowenig darf der Gebrauchsmusterschutz eintreten, wenn das Muster schon früher angemeldet und eingetragen worden ist. Das geltende Gesetz (§ 4 Abs. 2) erkennt das nur in beschränktem Maße an; es gibt lediglich dem Erstberechtigten einen Untersagungsanspruch gegen den Inhaber des jüngeren Musters. Dritten gegenüber ist dieses voll wirksam. Weder der Erstberechtigte noch ein Dritter hat Anspruch auf Löschung des Musters aus dem Grunde, daß es ganz oder teilweise in den Bereich des früher angemeldeten eingreift. Dies erscheint nicht befriedigend und wird von den Beteiligten als ungenügend empfunden. Der Entwurf macht daher die Entstehung des Schutzrechts davon abhängig, daß das Muster noch nicht auf Grund einer früheren Anmeldung eingetragen ist. Ein Schutzrecht soll aber auch dann nicht entstehen, wenn das Muster bereits auf Grund einer früheren Patentanmeldung geschützt worden ist, da dieser Fall sachlich gleichbewertet werden muß. Durch die neue Vorschrift wird der Erstberechtigte auch dagegen gesichert, daß ihn nach Ablauf der Schutzfrist der Inhaber eines jüngeren, noch eingetragenen Gebrauchsmusters in der Ausführung seines erloschenen Musters hindert. Ferner wird im allgemeinen Interesse verhindert, daß der Inhaber eines eingetragenen Gebrauchsmusters, das er weder öffentlich benutzt noch durch druckschriftliche Veröffentlichung bekanntgemacht hat, sich nach Ablauf der Schutzfrist dasselbe Gebrauchsmuster nochmals eintragen läßt und sich so eine Schutzdauer über die gesetzliche Begrenzung hinaus verschafft.

Nachdem im § 3 des Patentgesetzentwurfs das Recht

auf das Patent grundsätzlich dem Urheber der Erfindung zugestanden ist, muß das gleiche beim Gebrauchsmuster für dessen Urheber gelten. Auch in bezug auf den Übertragungsanspruch (§ 5 des Patentgesetzentwurfs) sind die Verhältnisse beim Gebrauchsmuster die gleichen. Es ist deshalb geboten, die entsprechenden Vorschriften des Patentgesetzes in das Gebrauchsmustergesetz zu übernehmen. Dasselbe gilt für die Vorschriften des Patentgesetzes über das Vorbenutzungsrecht und die sonstigen Einschränkungen der Wirkung des Schutzrechts (§§ 7, 8 des Patentgesetzentwurfs). Dieselben Gründe, die diese Einschränkungen für das Patentgesetz rechtfertigen, greifen auch im Gebrauchsmusterrecht durch, wie dies bereits durch die Rechtsprechung anerkannt ist. Es ist daher zweckmäßig, dies nunmehr ausdrücklich im Gesetz klarzustellen.

Die Vorschriften des Patentgesetzentwurfs über die Nennung des Erfinders (zu vgl. §§ 26, 36) sind dagegen nicht für anwendbar erklärt, da bei der regelmäßig nur geringen technischen Bedeutung von Gebrauchsmustern hier ein ausreichendes Bedürfnis für diese Maßnahmen nicht besteht.

§ 6 [§ 5 Abs. 2]

Abhängigkeit eines Schutzrechts.

Soweit ein später angemeldetes Patent in ein nach § 5 begründetes Recht eingreift, darf das Recht aus diesem Patent ohne Erlaubnis des Inhabers des Gebrauchsmusters nicht ausgeübt werden.

§ 6 entspricht dem zweiten Absatz im § 5 des geltenden Gesetzes. Sein erster Absatz ist durch die Regelung im § 5 Abs. 2 des Entwurfs hinfällig geworden.

§ 7 [§ 6]

Anspruch auf Löschung.

(1) Liegen die Erfordernisse des § 1 nicht vor **oder ist ein Schutz zufolge § 5 Abs. 2 nicht begründet worden, so hat jedermann gegen den als** Inhaber Eingetragenen Anspruch auf Löschung des Gebrauchsmusters.

(2) Im Falle des § 5 Abs. 3 steht dem Verletzten ein Anspruch auf Löschung zu.

§ 7 entspricht dem § 6 des geltenden Gesetzes. Er berücksichtigt die neuen Vorschriften im § 5 Abs. 2.

Einleitung des Löschungsverfahrens.

§ 8

Die Löschung des Gebrauchsmusters nach § 7 ist beim Reichspatentamt schriftlich zu beantragen. Der Antrag muß die Tatsachen angeben, auf die er gestützt wird. Mit dem Antrag ist eine Gebühr nach dem Tarif zu zahlen; wird sie nicht gezahlt, so gilt der Antrag als nicht gestellt. Die Vorschriften im § 37 Abs. 5 des Patentgesetzes gelten entsprechend.

Durchführung des Löschungsverfahrens.

§ 9

(1) Das Reichspatentamt teilt dem Inhaber des Gebrauchsmusters den Antrag mit und fordert ihn auf, sich dazu innerhalb eines Monats zu erklären. Widerspricht er nicht rechtzeitig, so erfolgt die Löschung.

(2) Andernfalls teilt das Reichspatentamt den Widerspruch dem Antragsteller mit und trifft die zur Aufklärung der Sache erforderlichen Verfügungen. Es kann die Vernehmung von Zeugen und Sachverständigen anordnen. Für sie gelten die Vorschriften der Zivilprozeßordnung entsprechend. Die Beweisverhandlungen sind unter Zuziehung eines beeidigten Protokollführers aufzunehmen.

(3) Über den Antrag wird nach Ladung und Anhörung der Beteiligten beschlossen. Das Reichs-

patentamt hat nach freiem Ermessen zu bestimmen, zu welchem Anteil die Kosten des Verfahrens den Beteiligten zur Last fallen. Diese Bestimmung kann auch getroffen werden, wenn der Löschungsantrag ganz oder teilweise zurückgenommen wird. Die Kostenentscheidung ist für sich allein nicht anfechtbar, auch wenn sie den einzigen Gegenstand des Beschlusses bildet.

§ 10

Beschwerde im Löschungsverfahren.

(1) Gegen den Beschluß der Abteilung für Gebrauchsmuster ist die Beschwerde zulässig. Sie ist innerhalb eines Monats nach der Zustellung einzulegen. Mit der Beschwerde ist für die Kosten des Beschwerdeverfahrens eine Gebühr nach dem Tarif zu zahlen; wird sie nicht gezahlt, so gilt die Beschwerde als nicht erhoben.

(2) Ist die Beschwerde nicht statthaft oder ist sie verspätet eingelegt, so wird sie als unzulässig verworfen.

(3) Wird die Beschwerde für zulässig befunden, so richtet sich das weitere Verfahren nach § 9 Abs. 2. Die Vorschriften im § 34 Abs. 4, 5 und im § 43 des Patentgesetzes gelten entsprechend.

§ 11

Aussetzung des Rechtsstreites bei schwebendem Löschungsverfahren.

Ist während des Löschungsverfahrens ein Rechtsstreit anhängig, dessen Entscheidung von dem Bestehen des Gebrauchsmusterschutzes abhängt, so kann das Gericht anordnen, daß die Verhandlung bis

zur Erledigung des Löschungsverfahrens auszusetzen ist. Es hat die Aussetzung anzuordnen, wenn es die Gebrauchsmustereintragung für unwirksam hält. Ist der Löschungsantrag zurückgewiesen worden, so ist das Gericht an diese Entscheidung nur dann gebunden, wenn sie zwischen denselben Parteien ergangen ist.

§§ 8—11. Einem Verlangen der Industrie entsprechend ist in Aussicht genommen, das Löschungsverfahren in Gebrauchsmustersachen, soweit die Löschung aus einem der im § 7 angegebenen Gründe beantragt wird, von den Gerichten auf das Reichspatentamt zu übertragen. Das Verlangen entspringt der Erwartung, daß das Verfahren beim Reichspatentamt billiger und schneller vor sich gehen wird als bei den Gerichten, und daß dadurch auch der Rechtssicherheit auf dem Gebiet des Gebrauchsmusterwesens gedient wird. Im Gegensatz zu der Regelung des Patentwesens, das durch die nach einheitlichen Grundsätzen erfolgende Prüfung des Reichspatentamts den beteiligten Kreisen ein hohes Maß von Rechtssicherheit gewährt, sieht sich die Industrie bei den Gebrauchsmustern einer durchaus schwankenden und nach Ansicht weiter Kreise den Gebrauchsmusterschutz überspannenden Rechtsprechung gegenüber. Die Erwartung erscheint gerechtfertigt, daß die Handhabung des Löschungsverfahrens durch das Reichspatentamt hierin eine Besserung herbeiführen wird. Da ferner das Reichspatentamt in den meisten Fällen durch die technische Sachkunde seiner Mitglieder in den Stand gesetzt ist, über Löschungsanträge ohne Zuziehung eines technischen Sachverständigen zu entscheiden, darf angenommen werden, daß das Verfahren geringere Kosten verursachen wird und mit größerer Beschleunigung durchgeführt werden kann, als das bei den Gerichten regelmäßig der Fall ist.

Für den, der die Nichtigkeit des Schutzrechts geltend machen will, tritt keine Erschwerung der Rechtslage ein. Er soll nach der Regelung des Entwurfs nach wie vor berechtigt bleiben, gegenüber der Unterlassungs- oder

Schadenersatzklage wegen angeblicher Verletzung des Schutzrechts dessen Nichtigkeit im Wege der Einrede vor Gericht geltend zu machen; alsdann hat das Gericht über die Einrede zu befinden. Lediglich, wenn er die Löschung gemäß § 7 herbeiführen will, muß er sich an das Reichspatentamt wenden. Schwebt dort das Löschungsverfahren, so kann in dem Verletzungsstreit das Verfahren ausgesetzt werden. Es muß ausgesetzt werden, wenn das Gericht der Ansicht ist, daß das Löschungsverfahren Erfolg haben wird, da in diesem Fall weitere Erörterungen der Streitsache in dem Prozeß gegenstandslos werden würden. Dies sieht der neue § 11 vor. Keiner Erwähnung bedarf es dabei, daß eine Aussetzung des gerichtlichen Verfahrens nur insoweit ausgesprochen werden darf, als sie nach allgemeinen verfahrensrechtlichen Grundsätzen zulässig ist. Entsprechend der Auslegung, die § 148 der Zivilprozeßordnung in der Rechtsprechung gefunden hat, kann deshalb das Verfahren in der Revisionsinstanz oder nach Anberaumung eines Termins zur Verkündung der Entscheidung nicht mehr ausgesetzt werden; ebenso liegt es auf der Hand, daß in einem Verfahren, das die Anordnung einer einstweiligen Verfügung zum Gegenstand hat, eine Aussetzung unzulässig ist. Hat das Reichspatentamt den Löschungsantrag zurückgewiesen, so muß dies für das Gericht, sofern der Rechtsstreit zwischen denselben Parteien wie denen des patentamtlichen Verfahrens schwebt, bindend sein. Handelt es sich aber um verschiedene Parteien, so ist das Gericht, dem unter Umständen ein ganz anderes Material vorliegt als dem Reichspatentamt, an die den Löschungsantrag zurückweisende Entscheidung dieser Behörde nicht gebunden.

Das Verfahren wird in den §§ 8, 9 und 10 nach dem Vorbilde des Nichtigkeitsverfahrens beim Reichspatentamt (§§ 37 ff. des Patentgesetzentwurfs) geregelt. Die Gebühr für den Löschungsantrag wird im Entwurf des Gesetzes über die patentamtlichen Gebühren auf 50 *RM*, die Gebühr für die Einlegung der Beschwerde gegen den Beschluß der Abteilung für Gebrauchsmuster auf 150 *RM* festgesetzt. Gegen die Versäumung der Beschwerdefrist ist, durch Bezugnahme auf den § 43 des Patentgesetzes, die Wiedereinsetzung in den vorigen Stand gegeben.

Anwendung der Bestimmungen des PG.

§ 12

Die Vorschriften des Patentgesetzes über die Erstattung von Gutachten (§ 23), über die Wahrheitspflicht im Verfahren (§ 44), über die Amtssprache (§ 45) und über die Rechtshilfe der Gerichte (§ 46) gelten auch für Gebrauchsmustersachen.

§ 12 enthält eine Zusammenfassung verschiedener Vorschriften des Patentgesetzes, die auch für das Verfahren in Gebrauchsmustersachen Geltung haben sollen.

Übertragung des Gebrauchsmusterrechts.

§ 13 [§ 7]

Das Recht auf das Gebrauchsmuster, der Anspruch auf seine Eintragung und das durch die Eintragung begründete Recht gehen auf die Erben über. Sie können beschränkt oder unbeschränkt auf andere übertragen werden.

§ 13 entspricht dem § 7 des geltenden Gesetzes, der mit § 9 des Patentgesetzentwurfs in Übereinstimmung gebracht ist.

Dauer des Gebrauchsmusterschutzes; Verlängerungsgebühr.

§ 14 [§ 8]

(1) Der Gebrauchsmusterschutz dauert drei Jahre, die mit dem Tag beginnen, der auf die Anmeldung folgt.

(2) Gegen Zahlung einer Gebühr nach dem Tarif tritt eine Verlängerung der Schutzdauer um drei Jahre ein. Die Verlängerung wird in der Rolle vermerkt. Die Verlängerungsgebühr ist innerhalb zweier Monate nach Beendigung der ersten Schutzfrist zu entrichten. Nach Ablauf der zwei Monate

gibt das Reichspatentamt dem Eingetragenen Nachricht, daß eine Verlängerung der Schutzdauer nur eintritt, wenn die Gebühr mit dem tarifmäßigen Zuschlag für die Verspätung der Zahlung binnen einem Monat nach Zustellung der Nachricht entrichtet wird.

(3) Das Reichspatentamt kann die Absendung der Nachricht auf Antrag des Eingetragenen hinausschieben, wenn er nachweist, daß ihm die Zahlung nach Lage seiner Mittel zur Zeit nicht zuzumuten ist. Es kann die Hinausschiebung davon abhängig machen, daß innerhalb bestimmter Fristen Teilzahlungen auf die Verlängerungsgebühr geleistet werden. Erfolgt eine Teilzahlung nicht fristgemäß, so benachrichtigt das Reichspatentamt den Eingetragenen, daß eine Verlängerung der Schutzfrist nur eintritt, wenn der Restbetrag der Verlängerungsgebühr und der nach ihm berechnete tarifmäßige Zuschlag binnen einem Monat nach Zustellung gezahlt werden.

(4) Ist ein Antrag, die Absendung der Nachricht hinauszuschieben, nicht gestellt worden, so können Gebühr und Zuschlag beim Nachweis, daß die Zahlung nicht zuzumuten ist, noch nach Zustellung der Nachricht gestundet werden, wenn dies binnen vierzehn Tagen nach der Zustellung beantragt und die bisherige Säumnis genügend entschuldigt wird. Die Stundung kann auch unter Auferlegung von Teilzahlungen bewilligt werden. Wird ein gestundeter Betrag nicht rechtzeitig entrichtet, so wiederholt das Reichspatentamt die Nachricht, wobei der gesamte Restbetrag eingefordert wird. Nach Zu-

stellung der zweiten Nachricht ist eine weitere Stundung unzulässig.

(5) Die Nachricht, die auf Antrag hinausgeschoben worden ist (Abs. 3) oder die nach gewährter Stundung erneut zu ergehen hat (Abs. 4), muß spätestens ein Jahr nach Fälligkeit der Verlängerungsgebühr abgesandt werden. Geleistete Teilzahlungen werden nicht erstattet, wenn die Verlängerung der Schutzdauer wegen Nichtzahlung des Restbetrages unterbleibt.

(6) Die Vorschriften der §§ 12 und 43 des Patentgesetzes gelten entsprechend.

(7) Löschungen, die aus anderem Grunde als wegen Ablaufs der Schutzdauer vorgenommen werden, sind im Patentblatt in regelmäßig erscheinenden Übersichten bekanntzumachen.

§ 14 entspricht dem § 8 des geltenden Gesetzes. Um der neuen Bestimmung im Artikel 5 bis der Pariser Verbandsübereinkunft in der Haager Fassung zu entsprechen, ist im Abs. 2 für die Zahlung der Verlängerungsgebühr dieselbe Regelung vorgesehen wie bei den Patentjahresgebühren, so daß dem Inhaber des Schutzrechts unter allen Umständen die in der Verbandsübereinkunft vorgeschriebene Frist von drei Monaten gesichert ist (vgl. zu § 11 des Patentgesetzentwurfs). Für die Art, in der die Zahlungen geleistet werden können, für die Entscheidung über die Rechtzeitigkeit der Zahlung und für den Verzicht auf das Schutzrecht gelten die Vorschriften im § 12 des Patentgesetzentwurfs. Für den Fall schuldloser Versäumung der Zahlungsfrist muß dem Berechtigten der Rechtsbehelf der Wiedereinsetzung in den vorigen Stand zustehen; daher ist auf die entsprechenden neuen Vorschriften des Patentgesetzes Bezug genommen (vgl. zu § 43 des Patentgesetzenwurfs).

Die Vorschriften, die einen Aufschub für die Zahlung

der Verlängerungsgebühr ermöglichen, finden sich zur Zeit in der Verordnung vom 14. Juni 1932 (RGBl. I S. 285) Vierter Teil Kapitel I Artikel 3[1]) und im Gesetz vom 28. Dezember 1933 (RGBl. II S. 1075) Artikel 1[2]). Sie sind jetzt in den Entwurf des Gebrauchsmustergesetzes (§ 14 Abs. 3 bis 5) eingefügt worden.

§ 15 [§ 9]

Gebrauchsmusterverletzung; Verjährung.

(1) **Wer den Vorschriften der §§ 5 und 6 zuwider ein Gebrauchsmuster benutzt, kann von dem Verletzten auf Unterlassung in Anspruch genommen werden.**

(2) Wer die Handlung **vorsätzlich oder fahrlässig** vornimmt, ist dem Verletzten zum Ersatz des daraus entstandenen Schadens verpflichtet. **Fällt dem Verletzer nur leichte Fahrlässigkeit zur Last, so kann das Gericht statt des Schadenersatzes eine Entschädigung festsetzen, die in den Grenzen zwischen dem Schaden des Verletzten und dem Vorteil bleibt, der dem Verletzer erwachsen ist.**

(3) Die Ansprüche wegen Verletzung des Schutzrechts verjähren in drei Jahren **von dem Zeitpunkt an, in dem der Berechtigte von der Verletzung und der Person des Verpflichteten Kenntnis erlangt, ohne Rücksicht auf diese Kenntnis in dreißig Jahren von der Verletzung an. Hat der Verpflichtete durch die Verletzung auf Kosten des Berechtigten etwas erlangt, so ist er auch nach Vollendung der Verjährung zur Herausgabe nach den Vorschriften über die Herausgabe einer ungerechtfertigten Bereicherung verpflichtet.**

---

1) Blatt 1932 S. 155.
2) Blatt 1934 S. 1.

Strafverfolgung.

§ 16 [§ 10]

(1) Wer **vorsätzlich** den Bestimmungen der §§ 5 und 6 zuwider ein Gebrauchsmuster benutzt, wird mit Gefängnis bestraft.

(2) Die Strafverfolgung tritt nur auf Antrag ein. Der Antrag kann zurückgenommen werden.

(3) Wird auf Strafe erkannt, so ist zugleich dem Verletzten die Befugnis zuzusprechen, die Verurteilung auf Kosten des Verurteilten öffentlich bekanntzumachen, **wenn er ein berechtigtes Interesse daran dartut**. Umfang und Art der Bekanntmachung werden im Urteil bestimmt. **Die Befugnis erlischt, wenn die Entscheidung nicht binnen drei Monaten nach Eintritt der Rechtskraft bekanntgemacht wird.**

Buße.

§ 17 [§ 11]

(1) Statt jeder aus diesem Gesetz entspringenden Entschädigung kann auf Verlangen des Geschädigten neben der Strafe auf eine an ihn zu erlegende Buße erkannt werden. Für die Buße haften die dazu Verurteilten als Gesamtschuldner.

(2) Eine erkannte Buße schließt die Geltendmachung eines weiteren Entschädigungsanspruchs aus.

§§ 15, 16, 17. Diese Vorschriften entsprechen den §§ 9, 10 und 11 des geltenden Gesetzes. Die Folgen der Verletzung eines Gebrauchsmusterrechts waren der Natur der Sache nach in Anlehnung an die entsprechenden Vorschriften des Patentgesetzes zu regeln. Es kann deshalb auf die dort zu den §§ 47 bis 50 gegebenen Ausführungen Bezug genommen werden.

§ 18

Zuständigkeit der Gerichte.

Die bürgerlichen Rechtsstreitigkeiten, in denen durch Klage ein Anspruch aus den in diesem Gesetz geregelten Rechtsverhältnissen geltend gemacht wird, gehören vor die Zivilkammern der Landgerichte, soweit nicht die Amtsgerichte zuständig sind.

§ 18. Nach § 95 Nr. 4 c des Gerichtsverfassungsgesetzes wird zumeist angenommen, daß die Kammern für Handelssachen zur Entscheidung von Streitigkeiten in Gebrauchsmustersachen zuständig sind. Da es sich jedoch bei derartigen Sachen weniger um die Beurteilung kaufmännischer Verhältnisse als um solche technischer Art handelt, erscheint es zweckmäßig, hier die Entscheidung den Zivilkammern der Landgerichte vorzubehalten, soweit nicht die Amtsgerichte zuständig sind.

§ 19

Verweisung von Gebrauchsmusterklagen an das Gericht für Patentstreitsachen.

(1) Sind nach § 51 Abs. 2 des Patentgesetzes die Patentstreitsachen für die Bezirke mehrerer Landgerichte einem von ihnen zugewiesen worden, so können die vor ein Landgericht gehörenden Klagen, in denen ein Anspruch aus einem der in diesem Gesetz geregelten Rechtsverhältnisse geltend gemacht wird, auch bei dem Gericht für Patentstreitsachen erhoben werden.

(2) Ein bei einem anderen Landgericht anhängiger Rechtsstreit ist auf Antrag des Beklagten an das Gericht für Patentstreitsachen zu verweisen. Der Antrag ist nur vor der Verhandlung des Beklagten zur Hauptsache zulässig. Er kann auch von einem bei dem Gericht für Patentstreitsachen zugelassenen

Rechtsanwalt gestellt werden. Die Entscheidung ist unanfechtbar und für das Gericht bindend.

(3) Vor dem Gericht für Patentstreitsachen können sich die Parteien auch durch Rechtsanwälte vertreten lassen, die bei dem sonst zuständigen Landgericht zugelassen sind. Das Entsprechende gilt für die Vertretung vor dem Berufungsgericht.

(4) Die Mehrkosten, die einer Partei durch eine Verweisung nach Abs. 2 oder dadurch erwachsen, daß sie sich nach Abs. 3 durch einen nicht beim Prozeßgericht zugelassenen Rechtsanwalt vertreten läßt, sind nicht zu erstatten.

(5) Von den Kosten, die durch die Mitwirkung eines Patentanwalts in einer Gebrauchsmusterstreitsache entstehen, sind die Gebühren bis zur Höhe einer Gebühr nach § 9 der Gebührenordnung für Rechtsanwälte und außerdem die notwendigen Auslagen des Patentanwalts zu erstatten.

§ 19 enthält eine Sonderregelung der Gerichtszuständigkeit für Gebrauchsmusterstreitsachen. Sie lehnt sich an die im § 51 des Patentgesetzentwurfs getroffene Bestimmung an, weicht aber im Ergebnis davon ab. Da die Gebrauchsmusterstreitsachen regelmäßig von minderer Bedeutung und erheblich geringerer Schwierigkeit als die Patentstreitigkeiten sind, erscheint es nicht erforderlich, sie zwangsläufig bei einzelnen Gerichten zusammenzufassen. Daher soll die gewöhnliche Zuständigkeit der Gerichte sowohl in sachlicher als in örtlicher Beziehung bestehen bleiben. Ergänzend tritt jedoch für landgerichtliche Sachen die Zuständigkeit der vom Reichsminister der Justiz für Patentstreitsachen bestimmten Gerichte hinzu, um den Parteien die Möglichkeit zu geben, sich die besondere Sachkunde dieser Gerichte zunutze zu machen. Der Kläger kann die Klage dort erheben, der Beklagte durch seinen Antrag die Verweisung dorthin herbeiführen. Die Parteien haben für die Prozeßvertretung vor dem Gericht für Patentstreitsachen die Wahl zwischen den bei ihm zugelassenen Rechtsanwälten und den Anwälten, die bei dem sonst zuständigen Gericht zugelassen sind. Der Verweisungsantrag des Beklagten kann überall auch von einem beim Gericht für Patentstreitsachen zugelassenen Rechtsanwalt gestellt werden, um zu vermeiden, daß nur für die Stellung dieses Antrages zunächst einem anderen Rechtsanwalt die Vertretung übertragen werden muß. Um einem Beklagten, der die Verhandlung vor dem Gericht für Patentstreitsachen wünscht, den Antrag auf Verweisung nach dort nicht zu erschweren, ist bestimmt, daß die durch die Verweisung entstehenden Mehrkosten nicht zu erstatten sind. Auch die Mehrkosten, welche die Vertretung durch einen nicht beim Prozeßgericht zugelassenen Rechtsanwalt verursacht, sind von der Erstattung ausgenommen.

Die Erstattung der Kosten, die durch die Mitwirkung eines Patentanwalts im Gebrauchsmusterprozeß entstehen, ist ebenso geregelt wie für den Patentprozeß (vgl. zu § 51 des Patentgesetzentwurfs).

§ 20 [§ 13] Inlandvertreter.

Wer im Inland weder Wohnsitz noch Niederlassung hat, **kann an einem in diesem Gesetz geregelten Verfahren vor dem Reichspatentamt nur teilnehmen und die Rechte aus einem Gebrauchsmuster nur geltend machen, wenn er im Inland einen Patentanwalt oder einen Rechtsanwalt als Vertreter bestellt hat.** Der eingetragene Vertreter ist in Rechtsstreitigkeiten, die das Gebrauchsmuster betreffen, zur Vertretung befugt; er kann auch Strafanträge stellen. Der Ort, wo der Vertreter **seinen Geschäftsraum hat**, gilt im Sinne des § 23 der Zivilprozeßordnung als der Ort, wo sich der Vermögensgegenstand befindet; fehlt ein Geschäftsraum, so ist der Ort maßgebend, wo der Vertreter seinen Wohnsitz, und in Ermangelung eines solchen der Ort, wo das Reichspatentamt seinen Sitz hat.

§ 20 entspricht dem § 13 des geltenden Gesetzes. Die dort im Absatz 1 enthaltene Vorschrift will den Ausländern Gebrauchsmusterschutz nur gewähren, wenn die Gegenseitigkeit nach einer Bekanntmachung im Reichsgesetzblatt feststeht. Es besteht jedoch in diesem Punkte zu einer vom Patentrecht abweichenden Regelung kein Anlaß. Das deutsche Patentgesetz ist von jeher davon ausgegangen, daß der Erfindungsschutz dem Ausländer in der gleichen Weise zustehen soll wie dem Inländer. Nur so kann eine Befruchtung der inländischen Technik durch die Erfindungen des Auslandes sichergestellt werden. Dieser wirtschaftlichen Erwägung müssen auch die technischen Fortschritte unterstellt werden, die sich in den Gebrauchsmustern verkörpern. Tatsächlich hat das Reichspatentamt die Eintragung von Gebrauchsmustern für Ausländer von jeher ohne Rücksicht auf die Gegenseitigkeit vorgenommen, nur vor den Gerichten ergaben sich in diesem Punkte für den ausländischen Inhaber eines Gebrauchsmusters zuweilen Schwierigkeiten. Da im übrigen auch die Pariser Verbandsübereinkunft, der die meisten der am Erfindungswesen stärker beteiligten Staaten angehören, die Vorschrift im Absatz 1 gegenstandslos gemacht hat, erscheint es angezeigt, sie aufzuheben.

Die Bestimmungen über die Bestellung eines Inlandsvertreters entsprechen denen im § 16 des Patentgesetzentwurfs. Auf die dort gemachten Ausführungen kann daher Bezug genommen werden.

Ausführungsbestimmungen.

§ 21 [§ 14]

Die zur Ausführung dieses Gesetzes erforderlichen Bestimmungen **über die Form des Verfahrens einschließlich des Zustellungswesens**, die Einrichtung und den Geschäftsgang des Reichspatentamts **sowie über die Erhebung von Verwaltungsgebühren trifft der Reichsminister der Justiz.**

§ 21 entspricht dem § 14 des geltenden Gesetzes. Die Zuständigkeit für den Erlaß von Ausführungsbestimmungen ist den veränderten staatsrechtlichen Verhältnissen angepaßt.

§ 22 Auskunftspflicht bei Gebrauchsmusterberühmung.

Wer Gegenstände oder ihre Verpackung mit einer Bezeichnung versieht, die geeignet ist, den Eindruck zu erwecken, daß die Gegenstände als Gebrauchsmuster nach diesem Gesetz geschützt seien, oder wer in öffentlichen Anzeigen, auf Aushängeschildern, auf Empfehlungskarten oder in ähnlichen Kundgebungen eine Bezeichnung solcher Art verwendet, ist verpflichtet, jedem, der ein berechtigtes Interesse an der Kenntnis der Rechtslage hat, auf Verlangen Auskunft darüber zu geben, auf welches Gebrauchsmuster sich die Verwendung der Bezeichnung stützt.

§ 22. Die Vorschriften entsprechen dem § 55 des Patentgesetzentwurfs. Auf die dortigen Ausführungen wird Bezug genommen.

§ 23 Übergangsbestimmungen.

(1) Das Gesetz tritt am 1. Oktober 1936 in Kraft.

(2) Die Eignung zum Inlandsvertreter (§ 20), die sich aus § 57 Abs. 5 des Patentanwaltgesetzes vom 28. September 1933 (Reichsgesetzbl. I S. 669) ergibt, bleibt unberührt.

(3) Die auf § 56 Abs. 1 des Patentanwaltgesetzes gegründete Befugnis zur Ausübung der Vertretungstätigkeit vor dem Reichspatentamt erstreckt sich nicht auf das Verfahren zur Löschung von Gebrauchsmustern nach den §§ 8 bis 10 dieses Gesetzes.

Die Vorschrift im § 57 Abs. 5 des Patentanwaltsgesetzes gilt entsprechend.

§ 23 stellt das Verhältnis des Gesetzes zu einigen Vorschriften des Patentanwaltsgesetzes klar.

Nach § 57 Abs. 5 in Verbindung mit § 56 Abs. 2 des Patentanwaltsgesetzes[1]) können außer den Patentanwälten und Rechtsanwälten auch solche Personen zu Inlandsvertretern im Sinne des § 20 des Entwurfs bestellt werden, die die Voraussetzungen für die Zulassung zur außerordentlichen Patentanwaltsprüfung erfüllen. An diesem Zustand, der nur für vorübergehende Zeit bis zur Abwicklung aller in Betracht kommenden Prüfungen Bedeutung hat, soll nichts geändert werden (Abs. 2).

Die Befugnisse der nach § 56 Abs. 1 des Patentanwaltsgesetzes im Wege der Übergangsregelung zur Vertretung vor dem Reichspatentamt zugelassenen Personen erstrecken sich gemäß Abs. 2 ebenda nicht auf das Nichtigkeits-, Zwangslizenz- und Zurücknahmeverfahren in Patentsachen und auf das patentamtliche Verfahren zur Löschung von Warenzeichen. Da die für diese Regelung bestimmend gewesenen Gründe (vgl. Begründung zum Patentanwaltsgesetz, abgedruckt im Deutschen Reichsanzeiger Nr. 231 vom 3. Oktober 1933)[2]) ebenfalls für das neu eingeführte patentamtliche Verfahren zur Löschung von Gebrauchsmustern zutreffen, war auch hier die Vertretungsbefugnis auszuschließen. Ebenso wie bei den anderen genannten Verfahren kann die Vertretung jedoch von den Personen übernommen werden, die die Voraussetzungen für die Zulassung zur außerordentlichen Patentanwaltsprüfung nach § 57 des Patentanwaltsgesetzes erfüllen (Abs. 3).

§ 24

(1) Die Rechtsverhältnisse der vor dem Inkrafttreten dieses Gesetzes eingetragenen Gebrauchs-

---

[1]) Blatt 1933 S. 248.
[2]) Blatt 1933 S. 254.

muster regeln sich nach den Vorschriften dieses Gesetzes, soweit im nachstehenden nicht anders bestimmt ist.

(2) Die Vorschriften im § 5 Abs. 2 mit der zugehörigen Bestimmung im § 7 Abs. 1 und die Vorschriften im § 5 Abs. 4, die das Recht auf das Gebrauchsmuster und den Übertragungsanspruch betreffen, gelten für die zur Zeit des Inkrafttretens bestehenden Gebrauchsmuster nicht.

§ 24. Die Übergangsbestimmungen werden von dem Grundsatz beherrscht, daß sämtliche Neuerungen des Entwurfs auch auf die vor dem Inkrafttreten erworbenen Rechte und die vor diesem Zeitpunkt begründeten Rechtsverhältnisse Anwendung zu finden haben. Jedoch waren einige Ausnahmen zu machen.

Aus Billigkeits- und Zweckmäßigkeitsgründen erschien es nicht angezeigt, auf alte Rechte die neuen Vorschriften anzuwenden, wonach nur der Erfinder oder sein Rechtsnachfolger Anspruch auf Eintragung in die Gebrauchsmusterrolle hat und wonach dem Erfinder und Erfindungsbesitzer ein Anspruch auf Übertragung des Schutzrechts auch gegen den gutgläubigen Erwerber zusteht (§ 5 Abs. 4). Das gleiche gilt von den Vorschriften über die Nichtigkeit des Gebrauchsmusterschutzes für den Fall, daß das Muster bereits auf Grund einer früheren Anmeldung geschützt worden ist (§ 5 Abs. 2).

§ 25

Für die Weiterbehandlung der vor dem Inkrafttreten dieses Gesetzes eingegangenen Anmeldungen und die daraus hervorgehenden Gebrauchsmustereintragungen gelten die Vorschriften dieses Gesetzes. Ausgenommen sind die Vorschriften, die das Recht auf das Gebrauchsmuster (§ 5 Abs. 4), den Über-

tragungsanspruch (§ 5 Abs. 4) und die Prioritätserklärung (§ 2 Abs. 1 Satz 2) betreffen.

§ 25. Bei den Rechten, die durch eine vor Inkrafttreten des neuen Gesetzes bewirkte Anmeldung begründet sind, ist es zweckmäßig, dafür zu sorgen, daß die Verschiedenheit des Rechtszustandes nicht unnötig lange fortdauert. Ohnehin entspricht es allgemeiner Übung, neue Verfahrensregeln in schwebenden Verfahren alsbald anzuwenden. Dies schreibt deshalb der Entwurf vor; er unterwirft zugleich die aus den schwebenden Anmeldungen hervorgehenden Schutzrechte den neuen Bestimmungen. Ausnahmen sind lediglich für das neu eingeführte Erfinderprinzip und den Übertragungsanspruch gemacht worden. Die weiterhin vorgesehene Ausnahme hinsichtlich der Prioritätserklärung berücksichtigt, daß es nicht angezeigt ist, die nach den bisherigen Bestimmungen infolge nicht rechtzeitiger Abgabe der Prioritätserklärung eingetretene Rechtsfolge der Verwirkung des Prioritätsrechts ungeschehen zu machen.

§ 26

(1) Wer vor dem Inkrafttreten ein Gebrauchsmuster verletzt hat, haftet nach den bisherigen Vorschriften.

(2) Für das Verfahren zur Löschung von Gebrauchsmustern in Sachen, die im Zeitpunkt des Inkrafttretens des Gesetzes bei den Gerichten anhängig sind, bleiben diese bis zur rechtskräftigen Erledigung zuständig; das Verfahren bestimmt sich nach den Vorschriften über das Verfahren in bürgerlichen Rechtsstreitigkeiten.

(3) Die Vorschrift im § 20 Satz 1, wonach die Geltendmachung der Rechte aus einem Gebrauchsmuster die Bestellung eines Patentanwalts oder

eines Rechtsanwalts als Vertreter im Inland voraussetzt, gilt nicht für Rechtsstreitigkeiten, die beim Inkrafttreten dieses Gesetzes anhängig sind.

§ 26. Verletzungen von Gebrauchsmustern, zu denen es vor dem Inkrafttreten des neuen Gesetzes gekommen ist, sollen nur die Rechtsfolgen auslösen, die sich aus den bisher geltenden Vorschriften ergeben.

Verfahren zur Löschung von Gebrauchsmustern, die beim Inkrafttreten des Gesetzes bereits anhängig sind, sollen zur Vermeidung von Verzögerungen vor den Gerichten beendet werden und nicht mehr auf das nach § 8 des Entwurfs zuständig werdende Reichspatentamt übergehen.

Nach § 20 können künftig Ausländer Rechte aus einem Gebrauchsmuster nur geltend machen, wenn sie im Inlande einen Vertreter bestellt haben. Um Behinderungen anhängiger Verfahren zu vermeiden, ist bestimmt, daß sie zu Ende geführt werden können, ohne daß es noch der nachträglichen Bestellung eines Vertreters bedarf.

Berlin, den 5. Mai 1936.

Der Führer und Reichskanzler

Adolf Hitler

Der Reichsminister der Justiz

Dr. Gürtner

5. Warenzeichengesetz.

Vom 5. Mai 1936 (RGBl. II S. 134).

Die Reichsregierung hat das folgende Gesetz beschlossen, das hiermit verkündet wird:

Warenzeichen. **§ 1** [§ 1]

Wer sich in seinem Geschäftsbetrieb zur Unterscheidung seiner Waren von den Waren anderer eines Warenzeichens bedienen will, kann dieses Zeichen zur Eintragung in die Zeichenrolle anmelden.

§ 1 deckt sich mit dem § 1 des geltenden Gesetzes.

Warenzeichenrolle; Anmeldung von Warenzeichen. **§ 2** [§ 2]

(1) Die Zeichenrolle wird beim Reichspatentamt geführt. Die Anmeldung eines Warenzeichens ist dort schriftlich einzureichen. Jeder Anmeldung muß die Bezeichnung des Geschäftsbetriebs, in dem das Zeichen verwendet werden soll, ein Verzeichnis der Waren, für die es bestimmt ist, sowie eine deutliche Darstellung und, soweit erforderlich, eine Beschreibung des Zeichens beigefügt sein.

(2) Der **Präsident des Reichspatentamts** erläßt Bestimmungen über die sonstigen Erfordernisse der Anmeldung.

(3) Bei der Anmeldung jedes Zeichens ist eine Anmeldegebühr und für jede Klasse oder Unterklasse

der in der Anlage beigefügten Warenklasseneinteilung, für die der Schutz begehrt wird, eine Klassengebühr nach dem Tarif zu entrichten. Bei einer Anmeldung wird die Klassengebühr nicht für mehr als zwanzig Klassen oder Unterklassen erhoben.

(4) **Wird die Anmeldung zurückgenommen oder zurückgewiesen**, bevor die im § 5 Abs. 1 vorgesehene Mitteilung abgesandt worden ist, so wird die für mehr als eine Klasse oder Unterklasse gezahlte Gebühr erstattet.

(5) Die amtliche Festsetzung der Anzahl der durch eine Anmeldung betroffenen Klassen und Unterklassen ist unanfechtbar.

(6) **Der Reichsminister der Justiz** kann die Warenklasseneinteilung ändern.

§ 2 entspricht dem § 2 des geltenden Gesetzes. Dessen Abs. 4 sieht die Erstattung von Klassengebühren für den Fall vor, daß die Anmeldung — außerhalb des Widerspruchsverfahrens — „aus einem Grunde nicht zur Eintragung führt, der für alle angemeldeten Waren ohne Unterschied der in Anspruch genommenen Klassen zutrifft". Diese Fassung hat zu Schwierigkeiten in der Handhabung geführt. Namentlich konnten die Gebühren in solchen Fällen nicht zurückgezahlt werden, in denen die Anmeldung zurückgezogen wurde, ehe das Reichspatentamt sie überhaupt beanstandet hatte. Um Härten dieser Art zu vermeiden, macht der Entwurf die Gebührenerstattung davon abhängig, daß die Anmeldung vor dem Beginn des Widerspruchsverfahrens zurückgewiesen oder zurückgenommen wird. Damit ist für die Rückzahlung eine bestimmte Grenze gegeben und dem Umstand Rechnung getragen, daß die Hauptarbeit der Prüfungsstelle regelmäßig erst mit der Einleitung des Widerspruchsverfahrens einsetzt.

Die Vorschriften im Abs. 5 der geltenden Fassung über die bei einer Verlängerung der Schutzdauer zu entrichtenden Gebühren sind des Zusammenhangs wegen in den § 9 des Entwurfs eingefügt worden.

Im Abs. 6 ist die Zuständigkeit für die Änderung der Warenklasseneinteilung den veränderten staatsrechtlichen Verhältnissen angepaßt worden.

Inhalt der Warenzeichenrolle.

§ 3 [§ 3]

(1) Die Zeichenrolle soll enthalten

1. den Zeitpunkt der Anmeldung,
2. die nach § 2 Abs. 1 der Anmeldung beizufügenden Angaben,
3. Namen und Wohnort des Zeicheninhabers und seines etwa bestellten Vertreters (§ 35 Abs. 2) sowie Änderungen in der Person, im Namen oder im Wohnort des Inhabers oder des Vertreters,
4. Verlängerungen der Schutzdauer,
5. den Zeitpunkt der Löschung des Zeichens.

(2) Die Einsicht in die Zeichenrolle steht jedermann frei.

(3) Jede Eintragung und jede Löschung wird vom Reichspatentamt in regelmäßig erscheinenden Übersichten veröffentlicht (Warenzeichenblatt).

§ 3 deckt sich mit dem § 3 des geltenden Gesetzes.

Von der Eintragung ausgeschlossene Warenzeichen; Durchsetzung im Verkehr.

§ 4 [§ 4]

(1) Freizeichen können nicht in die Rolle eingetragen werden.

(2) Ferner sind von der Eintragung solche Zeichen ausgeschlossen,

1. **die keine Unterscheidungskraft haben** oder aus-

schließlich aus Zahlen, Buchstaben oder solchen Wörtern bestehen, die Angaben über Art, Zeit und Ort der Herstellung, über die Beschaffenheit, über die Bestimmung, über Preis-, Mengen- oder Gewichtsverhältnisse der Waren enthalten,

2. die Staatswappen, Staatsflaggen oder andere staatliche Hoheitszeichen oder Wappen eines inländischen Ortes, eines inländischen Gemeinde- oder weiteren Kommunalverbandes enthalten,

3. **die amtliche Prüf- und Gewährzeichen enthalten, die nach einer Bekanntmachung im Reichsgesetzblatt im Inland oder in einem ausländischen Staate für bestimmte Waren eingeführt sind,**

4. die ärgerniserregende Darstellungen oder solche Angaben enthalten, die ersichtlich den tatsächlichen Verhältnissen nicht entsprechen und die Gefahr einer Täuschung begründen,

5. **die nach allgemeiner Kenntnis innerhalb der beteiligten inländischen Verkehrskreise bereits von einem anderen als Warenzeichen für gleiche oder gleichartige Waren benutzt werden.**

(3) **Die Eintragung wird jedoch in den Fällen der Nr. 1 zugelassen, wenn sich das Zeichen im Verkehr als Kennzeichen der Waren des Anmelders durchgesetzt hat.**

(4) Die Vorschriften der Nrn. 2 und 3 gelten nicht für einen Anmelder, der befugt ist, in dem Warenzeichen das Hoheitszeichen **oder das Prüf- und Gewährzeichen zu führen, selbst wenn es mit**

dem eines anderen Staates im Verkehr verwechselt werden kann. Die Vorschrift der Nr. 3 gilt ferner insoweit nicht, als die Waren, für die das Zeichen angemeldet ist, weder gleich noch gleichartig mit denen sind, für die das Prüf- und Gewährzeichen eingeführt ist.

(5) **Die Vorschrift der Nr. 5 wird nicht angewendet, wenn der Anmelder von dem anderen zur Anmeldung ermächtigt worden ist.**

§ 4 entspricht dem § 4 des geltenden Gesetzes, dessen erster Absatz zur besseren Übersicht geteilt worden ist.

Zeichen, die der Unterscheidungskraft entbehren, werden nach geltendem Recht im Hinblick auf § 1 von der Eintragung ausgeschlossen, da sie nicht dem dort vorgesehenen Zwecke dienen können, die Waren eines Geschäftsbetriebes von denen eines anderen zu unterscheiden. Derartige Zeichen werden zumeist aus Angaben bestehen, wie sie im § 4 Abs. 1 Nr. 1 des geltenden Gesetzes aufgeführt sind. Es empfiehlt sich, die nicht unterscheidungskräftigen Zeichen der Vollständigkeit und Deutlichkeit wegen an der letztgenannten Stelle mitaufzuführen, zumal da die Verbandsübereinkunft im Art. 6 Abs. 2 Ziff. 2 in derselben Weise verfährt. Gleichzeitig werden die nicht unterscheidungskräftigen Zeichen mit den übrigen bisher schon im § 4 Abs. 1 Nr. 1 angegebenen ausdrücklich dem auf der Washingtoner Revisionskonferenz (1911) vereinbarten Grundsatz zu unterstellen sein, wonach bei der Würdigung der Unterscheidungskraft einer Marke alle Tatumstände zu berücksichtigen sind, insbesondere die Dauer des Gebrauchs der Marke (Art. 6 Abs. 2 Nr. 2 Abs. 2 der Verbandsübereinkunft). Das Patentamt hat diesen für Ausländer kraft Unionsrechts geltenden Grundsatz seit längerem auch zugunsten der Reichsangehörigen angewendet. Es empfiehlt sich, ihm im Gesetzestext Ausdruck zu geben. Dies ist in dem neuen Abs. 3 zu § 4 geschehen, während im Abs. 2 Nr. 1 die Zeichen ohne Unterscheidungskraft an erster Stelle mit aufgeführt sind.

Der bei der Haager Revision der Verbandsübereinkunft neu aufgenommene Art. 6 ter Abs. 1 enthält die Bestimmung, daß Wappen, Fahnen und andere Hoheitszeichen der Verbandsländer sowie die in diesen Ländern eingeführten amtlichen Prüf- und Gewährzeichen und -stempel nicht als Warenzeichen eingetragen werden dürfen oder daß solche Eintragungen für ungültig zu erklären sind. Hierzu wird auf die Begründung zum Gesetz über die Verbandsübereinkunft (Drucksache des Reichstags Nr. 4074 vom 15. März 1928 S. 36)[1]) Bezug genommen. § 4 Abs. 1 Nr. 2 in Verbindung mit § 8 Abs. 2 Nr. 2, § 20 des geltenden Gesetzes entspricht — abgesehen von den Prüf- und Gewährzeichen (einschließlich der Stempel) — bereits dieser neuen Unionsbestimmung. Um jeden Zweifel darüber auszuschließen, daß die Fahnen, die der Art. 6 ter nennt, unter die Hoheitszeichen fallen, sind im Entwurf „Staatsflaggen" ausdrücklich mit aufgeführt worden. Hinsichtlich der Prüf- und Gewährzeichen bedurfte es einer neuen innerstaatlichen Vorschrift, die im § 4 Abs. 2 als Nr. 3 eingeschoben worden ist. Da man die Kenntnis der Prüf- und Gewährzeichen nicht in gleicher Weise vermuten kann wie bei den staatlichen Hoheitszeichen, ist hier für die Versagung der Eintragung die Voraussetzung aufgestellt, daß die Prüf- und Gewährzeichen, mögen sie dem In- oder Ausland angehören, im Reichsgesetzblatt bekanntgemacht sein müssen. Das durch Vermittlung des Berner Büros zu übermittelnde Material der anderen Verbandsländer (Art. 6 ter Abs. 3, 4 und 6) wird die Grundlage für die amtlichen Veröffentlichungen der ausländischen Prüf- und Gewährzeichen bilden. Daß die Eintragung eines Prüf- und Gewährzeichens zulässig ist, wenn der Anmelder zur Führung dieses Zeichens befugt ist, entspricht der bisherigen Regelung bei den Hoheitszeichen; ein Zusatz dieses Inhalts findet sich für die Prüf- und Gewährzeichen im neuen Abs. 4 S. 1 des § 4, wobei gleichzeitig in Übereinstimmung mit Art. 6 ter Abs. 8 und als eine gewisse Ausnahme zu § 20 des bisherigen deutschen Ge-

---

[1]) Blatt 1928 S. 128.

setzes hervorgehoben ist, daß die befugte Benutzung eines Hoheits- oder eines Prüf- und Gewährzeichens nicht etwa deswegen beeinträchtigt werden darf, weil eine Ähnlichkeit mit dem entsprechenden Gebilde eines anderen Staates vorliegt.

Dem im Art. 6ter Abs. 2 ausgesprochenen zweckmäßigen Gedanken, daß sich der Schutz von Prüf- und Gewährzeichen nur auf Waren erstreckt, die den amtlich gekennzeichneten Waren gleich oder gleichartig sind, ist im § 4 Abs. 4 S. 2 Ausdruck gegeben.

Wegen der übrigen im Art. 6ter enthaltenen Bestimmungen ist folgendes zu sagen:

Im Abs. 1 des Art. 6ter wird nicht nur der Eintragung von Hoheitszeichen usw. entgegengetreten, vielmehr soll auch der bloße Gebrauch dieser Gebilde als Warenzeichen verhindert werden. Zu diesem Zwecke sieht der Entwurf im § 27 eine Strafvorschrift vor.

Wegen der im Abs. 5 des Art. 6ter vorgeschriebenen beschränkten Rückwirkung für notorisch bekannte staatliche Hoheitszeichen bedurfte es keiner innerstaatlichen Vorschrift, da § 4 Abs. 1 Nr. 2, § 8 Abs. 2 Nr. 2 in der geltenden Fassung bereits alles zur Durchführung Erforderliche enthalten.

Der im Art. 6ter Abs. 9 enthaltenen Verpflichtung, den Gebrauch von Staatswappen schlechthin im Handel (nicht nur als Warenbezeichnungen) zu verbieten, sofern eine Irreführung über den Ursprung der Waren durch den Gebrauch herbeigeführt werden kann, wird durch die §§ 3, 4 des Wettbewerbsgesetzes[1]) und durch die neue Strafvorschrift gegen falsche Warenangaben im § 26 genügt. Von den im Art. 6ter Abs. 7 und 10 gegebenen Ermächtigungen ist im deutschen Recht durch die Vorschriften des Wettbewerbsgesetzes und durch die des § 4 Abs. 2 Nr. 2 des vorliegenden Entwurfs Gebrauch gemacht; letztere schützt über den Rahmen des Art. 6ter Abs. 1 hinaus auch das dem Reiche vom Berner Büro nicht mitgeteilte Material an Hoheitszeichen usw., vor allem die deutschen Hoheitszeichen selbst.

---

[1]) Blatt 1909 S. 174.

Die Vorschrift im § 4 Abs. 2 Nr. 5 neuer Fassung dient der Durchführung des im Haag neu eingestellten Art. 6 bis der Verbandsübereinkunft (s. Begründung zum Gesetz über die Verbandsübereinkunft S. 35). Sie steht im engen Zusammenhang mit der vorangehenden, die Täuschungsgefahr im Verkehr betreffenden Vorschrift (§ 4 Abs. 2 Nr. 4 — bisherige Nr. 3—). Der Mißbrauch einer fremden, innerhalb der beteiligten deutschen Verkehrskreise allgemein bekannten Marke wird in aller Regel auf Grund des Wettbewerbsgesetzes verfolgt werden können. Sicher dient es aber der Lauterkeit im Verkehr, wenn solche mißbräuchlich zur Warenzeichenrolle angemeldeten Zeichen — mag selbst die Anmeldung gutgläubig geschehen sein — gar nicht erst zur Eintragung gelangen. Die Versagung der Eintragung bedeutet eine rasch und vorbeugend wirkende Maßnahme. Hierbei erscheint es nicht angezeigt, für das innere Recht einen Unterschied zwischen den Fällen zu machen, in denen die notorisch bekannte Marke in der Zeichenrolle bereits für den Berechtigten eingetragen steht oder nicht, und etwa den Inhaber der eingetragenen Marke lediglich auf den Weg des Widerspruchs nach § 5 zu beschränken. Es liegt kein Grund vor, den eingetragenen Inhaber einer notorisch bekannten Marke in dieser Hinsicht schlechter zu stellen als den nicht eingetragenen.

Die Vorschrift in dem neuen Abs. 5 des § 4 trägt dem Umstand Rechnung, daß ausländische Unternehmungen ihren Vertreter in Deutschland häufig ermächtigen, die notorisch bekannte Marke auf seinen Namen eintragen zu lassen.

§ 4 Abs. 3 bisheriger Fassung setzt eine Sperrfrist von zwei Jahren zugunsten gelöschter Zeichen. Die Vorschrift sollte verhindern, daß Zeichen, deren rechtzeitige Erneuerung versäumt worden ist, von Dritten in unlauterer Weise angemeldet werden. Indessen ist das Bedürfnis nach einer solchen Sperrfrist weggefallen. Gegen das Versäumen der Erneuerung bieten jetzt die reichlich bemessenen Zahlungsfristen und der Rechtsbehelf der Wiedereinsetzung in den vorigen Stand ausreichenden Schutz. Im übrigen gewähren in allen in Betracht kommenden Fällen die Vorschriften des Wettbewerbsgesetzes, wie die Rechtsprechung in immer steigendem Maße erkannt hat, volle Sicherheit gegen mißbräuchliche Anmeldungen Dritter. Andererseits hat die Vorschrift des § 4 Abs. 3 bisheriger Fassung häufig zu Unzuträglichkeiten geführt. Sie äußert ihre Wirkung selbst dann, wenn der Inhaber des gelöschten Zeichens keinerlei Interesse daran hat, daß das Zeichen dem Verkehr zwei Jahre lang vorenthalten wird, ebenso, wenn der Geschäftsbetrieb — vielleicht schon viele Jahre vor dem Ablauf der Schutzdauer — erloschen ist. Es ist auch vorgekommen, daß der Inhaber des gelöschten Zeichens, an den sich der Anmelder wegen der Erlaubnis zur Anmeldung gewandt hatte, durch die Vorschrift dazu verleitet worden ist, unberechtigte Forderungen zu stellen. Der bisherige Abs. 3 des § 4 ist deshalb in die Neufassung des § 4 nicht aufgenommen worden.

Widerspruchsverfahren.

§ 5 [§ 5]

(1) Erachtet das Reichspatentamt, daß ein zur Anmeldung gebrachtes Warenzeichen mit einem anderen für gleiche oder gleichartige Waren früher angemeldeten Zeichen übereinstimmt, so macht es dem Inhaber dieses Zeichens hievon Mitteilung. Erhebt er nicht innerhalb eines Monats nach der Zustellung Widerspruch gegen die Eintragung des neu angemeldeten Zeichens, so wird es eingetragen. Im anderen Fall entscheidet das Reichspatentamt durch Beschluß, ob die Zeichen übereinstimmen. **In dem Beschluß kann das Reichspatentamt nach freiem Ermessen bestimmen, inwieweit einem Beteiligten die durch eine Anhörung oder eine Beweisaufnahme verursachten Kosten zur Last fallen. Diese Bestimmung kann auch getroffen werden, wenn die Anmeldung oder der Widerspruch ganz oder teilweise zurückgenommen wird. Die Kosten-**

entscheidung ist für sich allein nicht anfechtbar, auch wenn sie den einzigen Gegenstand des Beschlusses bildet.

(2) Aus dem Unterbleiben der Mitteilung nach Abs. 1 erwächst kein Ersatzanspruch.

§ 5 entspricht dem § 5 des geltenden Gesetzes. Im Abs. 1 Satz 4 bis 6 ist die Anpassung an § 33 Abs. 2 des Patentgesetzentwurfs erfolgt.

§ 6 [§ 6]

Eintragung und Versagung der Eintragung; gerichtliche Klage auf Einwilligung in die Eintragung.

(1) Verneint das Reichspatentamt durch den Beschluß (§ 5 Abs. 1) die Übereinstimmung der Zeichen, so wird das neu angemeldete Zeichen eingetragen.

(2) Stellt es die Übereinstimmung der Zeichen fest, so wird die Eintragung versagt. Sofern der Anmelder geltend machen will, daß ihm trotz der Feststellung des Reichspatentamts ein Anspruch auf die Eintragung zustehe, hat er den Anspruch im Wege der Klage gegen den Widersprechenden zur Anerkennung zu bringen. Die Eintragung auf Grund einer Entscheidung, die zu seinen Gunsten ergeht, wird unter dem Zeitpunkt der ursprünglichen Anmeldung bewirkt.

§ 7 [§ 7]

Eintragungsgebühr; Druckkostenbeitrag.

Für jedes Zeichen ist vor der Eintragung eine Eintragungsgebühr nach dem Tarif und ein Druckkostenbeitrag zur Deckung der Kosten zu entrichten, die durch die vorgeschriebenen Veröffentlichungen (§ 3 Abs. 3) entstehen. Die Höhe des Beitrags wird nach Stufen berechnet, **die der Präsident des Reichspatentamts** nach dem Umfang der Veröffentlichungen allgemein festsetzt. Die Berechnung ist unanfechtbar.

§§ 6, 7. Die Vorschriften decken sich mit den §§ 6 und 6a des geltenden Gesetzes.

Übertragung des Warenzeichens.

§ 8 [§ 7]

(1) Das durch die Anmeldung oder Eintragung eines Warenzeichens begründete Recht geht auf die Erben über und kann auf andere übertragen werden. Das Recht kann jedoch nur mit dem Geschäftsbetrieb **oder dem Teil des Geschäftsbetriebs**, zu dem das Warenzeichen gehört, auf einen anderen übergehen. **Eine Vereinbarung, die eine andere Übertragung zum Gegenstand hat, ist unwirksam.** Der Übergang wird auf Antrag des Rechtsnachfolgers in der Zeichenrolle vermerkt, wenn er dem Reichspatentamt nachgewiesen wird. **Mit dem Antrag ist eine Gebühr nach dem Tarif zu zahlen; wird sie nicht gezahlt, so gilt der Antrag als nicht gestellt.**

(2) Solange der Übergang in der Zeichenrolle nicht vermerkt ist, kann der Rechtsnachfolger sein Recht aus der Eintragung des Warenzeichens nicht geltend machen.

(3) Verfügungen und Beschlüsse des Reichspatentamts, die einer Zustellung an den Inhaber des Zeichens bedürfen, sind stets an den als Inhaber Eingetragenen zu richten. Ergibt sich, daß dieser verstorben ist, so kann das Reichspatentamt nach

seinem Ermessen die Zustellung als bewirkt ansehen oder zum Zwecke der Zustellung an die Erben deren Ermittlung veranlassen.

§ 8 entspricht dem § 7 des geltenden Gesetzes. Im ersten Satz des Abs. 1 sind die Worte „durch Vertrag oder durch Verfügung von Todes wegen" als überflüssig fortgefallen. Im Satz 2 ist der Fall berücksichtigt worden, daß ein Warenzeichen nur für die Erzeugnisse eines bestimmten Teiles eines Geschäftsbetriebs in Betracht kommt. Hier genügt es für die Übertragung des Warenzeichenrechts, wenn dieser Teil des Geschäftsbetriebes auf den Erwerber übergeht. Durch einen neuen Satz 3 wird bestimmt, daß eine Vereinbarung, die eine dem Satz 2 zuwiderlaufende Übertragung zum Gegenstand hat, keine Wirkung äußert. Das Warenzeichenrecht erlischt also auch nicht, sondern verbleibt dem bisherigen Inhaber.

§ 9

Schutzdauer; Verlängerungsgebühr, Stundung.

(1) Der Schutz des eingetragenen Zeichens dauert zehn Jahre, die mit dem Tag beginnen, der auf die Anmeldung folgt.

(2) Die Schutzdauer kann um jeweils zehn Jahre verlängert werden. Die Verlängerung wird dadurch bewirkt, daß nach Ablauf von neun Jahren seit dem Tage der Anmeldung oder, bei Zeichen, deren Schutzdauer bereits verlängert worden ist, seit der letzten Verlängerung eine Verlängerungsgebühr und für jede Klasse oder Unterklasse, für die weiterhin Schutz begehrt wird, eine Klassengebühr nach dem Tarif entrichtet wird. § 2 Abs. 3 Satz 2 gilt entsprechend. Die Gebühren sind bis zum Ablauf zweier Monate nach Beendigung der Schutzdauer zu entrichten. Nach dieser Zeit gibt das Reichs-

patentamt dem Zeicheninhaber Nachricht, daß das Zeichen gelöscht wird, wenn die Gebühren mit dem tarifmäßigen Zuschlag für die Verspätung der Zahlung nicht binnen einem Monat nach Zustellung der Nachricht entrichtet werden.

(3) Das Reichspatentamt kann die Absendung der Nachricht auf Antrag des Zeicheninhabers hinausschieben, wenn er nachweist, daß ihm die Zahlung nach Lage seiner Mittel zur Zeit nicht zuzumuten ist. Es kann die Hinausschiebung davon abhängig machen, daß innerhalb bestimmter Fristen Teilzahlungen geleistet werden. Erfolgt eine Teilzahlung nicht fristgemäß, so benachrichtigt das Reichspatentamt den Zeicheninhaber, daß das Zeichen gelöscht wird, wenn der Restbetrag der Gebühren und der nach ihm berechnete tarifmäßige Zuschlag nicht binnen einem Monat nach Zustellung gezahlt werden.

(4) Ist ein Antrag, die Absendung der Nachricht hinauszuschieben, nicht gestellt worden, so können Gebühren und Zuschlag beim Nachweis, daß die Zahlung nicht zuzumuten ist, noch nach Zustellung der Nachricht gestundet werden, wenn dies binnen vierzehn Tagen nach Zustellung beantragt und die bisherige Säumnis genügend entschuldigt wird. Die Stundung kann auch unter Auferlegung von Teilzahlungen bewilligt werden. Wird ein gestundeter Betrag nicht rechtzeitig entrichtet, so wiederholt das Reichspatentamt die Nachricht, wobei der gesamte Restbetrag eingefordert wird. Nach Zustellung der zweiten Nachricht ist eine weitere Stundung unzulässig.

(5) Die Nachricht, die auf Antrag hinausgeschoben worden ist (Abs. 3) oder die nach gewährter Stundung erneut zu ergehen hat (Abs. 4), muß spätestens zwei Jahre nach Fälligkeit der Gebühren abgesandt werden. Geleistete Teilzahlungen werden nicht erstattet, wenn das Zeichen wegen Nichtzahlung des Restbetrags gelöscht wird.

§ 9 faßt die im geltenden Gesetz an mehreren Stellen verstreuten Vorschriften über die Schutzdauer und ihre Verlängerung zusammen.

Die neue Fassung soll dazu dienen, in Durchführung des Art. 5 bis Abs. 1 der im Haag revidierten Verbandsübereinkunft dem Zeicheninhaber eine Nachfrist von mindestens drei Monaten für die Zahlung der Verlängerungsgebühr zu gewähren; die Einzelheiten sind in gleicher Weise geregelt, wie bei der Patentjahresgebühr (§ 11 Abs. 3 des Patentgesetzentwurfs).

Bei der Verlängerung des Warenzeichenschutzes ist es von jeher als Härte empfunden worden, daß eine vor Ablauf der zehnjährigen Schutzdauer, also rechtzeitig eingehende Verlängerungserklärung zur Folge hat, daß der Zeicheninhaber einen Teil der Schutzfrist verliert, weil in diesem Falle die neue Schutzdauer nach geltendem Recht vom Eingang der Erklärung ab läuft. Deshalb soll künftig die Schutzfristverlängerung erst vom Ende der laufenden Schutzfrist an rechnen, so daß diese stets volle 10 Jahre beträgt. Ferner ist vorgesehen, daß die Verlängerung erst nach Beginn des letzten Jahres der Schutzdauer erklärt werden darf. Damit soll ausgeschlossen werden, daß der Zeicheninhaber sich gleich nach der Anmeldung oder bald darauf das Zeichen für eine beliebig lange Zeit sichert; um eine Verstopfung des Marktes mit überflüssigen Zeichen zu verhüten, ist es geboten, daß der Inhaber erst dicht vor Ablauf der jeweiligen Schutzperiode erneut prüft, ob er ein Interesse an der Aufrechterhaltung des Zeichens hat oder nicht.

Die Vorschriften, die einen Aufschub für die Zahlung der Verlängerungsgebühren ermöglichen, finden sich zur

Zeit in der Verordnung vom 14. Juni 1932 (Reichsgesetzblatt I S. 285) Vierter Teil Kapitel I Art. 4[1]) und im Gesetz vom 28. Dezember 1933 (Reichsgesetzbl. II S. 1075) Art. 1[2]). Sie sind jetzt in den Entwurf des Warenzeichengesetzes eingefügt worden.

Löschung des Warenzeichens durch das Reichspatentamt.

§ 10 [§ 8, Abs. 1 bis 3]

(1) Auf Antrag des Inhabers wird das Zeichen jederzeit in der Rolle gelöscht.

(2) Von Amts wegen erfolgt die Löschung,

1. wenn nach Ablauf der Schutzdauer die Verlängerung des Schutzes (§ 9) unterblieben ist,
2. wenn die Eintragung des Zeichens hätte versagt werden müssen. Wird von einem Dritten aus diesem Grund die Löschung beantragt, so ist gleichzeitig eine Gebühr nach dem Tarif zu entrichten; sie kann erstattet **oder dem Zeicheninhaber auferlegt werden**, wenn der Antrag für berechtigt befunden wird. **Bei Nichtzahlung der Gebühr gilt der Antrag als nicht gestellt.**

(3) Soll das Zeichen nach Abs. 2 Nr. 2 gelöscht werden, so gibt das Reichspatentamt dem Inhaber zuvor Nachricht. Widerspricht er innerhalb eines Monats nach der Zustellung nicht, so erfolgt die Löschung. Widerspricht er, so faßt das Reichspatentamt Beschluß. Ist die Löschung von einem Dritten beantragt, so gilt für die durch eine Anhörung oder eine Beweisaufnahme verursachten Kosten § 5 Abs. 1 Sätze 4 bis 6 entsprechend.

---

[1]) Blatt 1932 S. 155.

[2]) Blatt 1934 S. 1.

§ 10 entspricht dem § 8 Abs. 1 bis 3 des geltenden Gesetzes. Zur Vereinfachung des Verfahrens ist für den Löschungsantrag nach Abs. 2 Nr. 2 die ergänzende Bestimmung aufgenommen worden, daß er bei Nichtzahlung der Gebühr als nicht gestellt gilt.

§ 11 [§ 9] Löschung des Warenzeichens durch die Gerichte.

(1) Ein Dritter kann die Löschung eines Warenzeichens beantragen,

1. wenn das Zeichen für ihn auf Grund einer früheren Anmeldung für gleiche oder gleichartige Waren in der Zeichenrolle eingetragen steht,
2. wenn der Geschäftsbetrieb, zu dem das Warenzeichen gehört, von dem Inhaber des Zeichens nicht mehr fortgesetzt wird,
3. wenn Umstände vorliegen, aus denen sich ergibt, daß der Inhalt des Warenzeichens den tatsächlichen Verhältnissen nicht entspricht und die Gefahr einer Täuschung begründet.

(2) Der Antrag auf Löschung ist durch Klage geltend zu machen und gegen den als Inhaber des Zeichens Eingetragenen oder seine Rechtsnachfolger zu richten.

(3) Ist vor oder nach Erhebung der Klage das Warenzeichen auf einen anderen übergegangen, so ist die Entscheidung in der Sache selbst auch gegen den Rechtsnachfolger wirksam und vollstreckbar. Für die Befugnis des Rechtsnachfolgers, in den Rechtsstreit einzutreten, gelten die Bestimmungen der §§ 66 bis 69 und 76 der Zivilprozeßordnung entsprechend.

(4) In den Fällen des Absatzes 1 Nr. 2 kann der Antrag auf Löschung zunächst beim Reichspatentamt angebracht werden. Es gibt dem als Inhaber des Warenzeichens Eingetragenen davon Nachricht. Widerspricht er innerhalb eines Monats nach der Zustellung nicht, so erfolgt die Löschung. Widerspricht er, so wird dem Antragsteller anheimgegeben, den Anspruch auf Löschung durch Klage zu verfolgen.

§ 11 entspricht dem § 9 des geltenden Gesetzes.

Amtsstellen und ihre Besetzung.

§ 12 [§ 10, Abs. 1]

(1) Anmeldungen, Anträge auf Umschreibung, Widersprüche gegen die Löschung von Warenzeichen und **Anträge auf Wiedereinsetzung in den vorigen Stand** werden in dem für Patentangelegenheiten maßgebenden Verfahren erledigt. **Die Vorschriften im § 43 Abs. 4 des Patentgesetzes vom 5. Mai 1936 (Reichsgesetzbl. II S. 117) gelten für Warenzeichen nicht.**

(2) Im Reichspatentamt werden gebildet:

1. **Prüfungsstellen für die Prüfung der Warenzeichenanmeldungen und für die Beschlußfassung nach § 5 Abs. 1, § 6,**
2. **Warenzeichenabteilungen für Angelegenheiten, die nicht gesetzlich anderen Stellen zugewiesen sind, wie für Umschreibungen und Löschungen in der Zeichenrolle,**
3. **Beschwerdesenate für Warenzeichensachen.**

(3) Die Geschäfte der Prüfungsstelle nimmt ein rechtskundiges oder technisches Mitglied (Prüfer) wahr.

(4) Die Warenzeichenabteilung ist bei Mitwirkung von mindestens drei Mitgliedern beschlußfähig.

(5) Der Reichsminister der Justiz kann den Präsidenten des Reichspatentamts ermächtigen, mit der Wahrnehmung einzelner den Prüfungsstellen oder den Warenzeichenabteilungen obliegender Geschäfte, die rechtlich keine Schwierigkeiten bieten, auch Beamte des mittleren Dienstes zu betrauen; ausgeschlossen davon sind jedoch Eintragungen von Warenzeichen, Beschlüsse im Widerspruchsverfahren, Zurückweisungen aus Gründen, denen der Anmelder widersprochen hat, und Löschungen, die nicht vom Zeicheninhaber selbst beantragt sind.

(6) Der Beschwerdesenat für Warenzeichensachen beschließt in der Besetzung mit drei Mitgliedern, von denen mindestens zwei rechtskundig sein müssen.

(7) Der Große Senat (§ 19 des Patentgesetzes) kann für Fragen, die lediglich das Warenzeichenwesen betreffen, ausschließlich aus rechtskundigen Mitgliedern bestehen.

§ 12 ersetzt den § 10 Abs. 1 des geltenden Gesetzes und entspricht im wesentlichen dem bestehenden Rechtszustand, d. h. dem § 10 Abs. 1 des Warenzeichengesetzes in der Fassung vom 7. Dezember 1923 (Reichsgesetzbl. II S. 445 ff.)[1]) unter Einarbeitung der § 1 Abs. 1, 2, § 3 Abs. 1, 2 der Ausführungsverordnung zum Warenzeichengesetz vom 30. Juni 1894 (Reichsgesetzbl. S. 495)[2]), der §§ 1, 2 der Bundesratsverordnung über Vereinfachungen im Patentamt vom 9. März 1917 (Reichsgesetzbl. S. 221)[3]) und des Artikels II des Gesetzes über Ände-

[1]) Blatt 1923 S. 166.
[2]) Patentblatt 1894 S. 417.
[3]) Blatt 1917 S. 26.

rungen im patentamtlichen Verfahren vom 1. Februar 1926 (Reichsgesetzbl. II S. 127)[1]).

Im Abs. 1 der neuen Fassung ist der Rechtsbehelf der Wiedereinsetzung in den vorigen Stand ausdrücklich erwähnt worden. Es finden danach die im § 43 des Patentgesetzentwurfs vorgesehenen Vorschriften Anwendung. Dabei ist darauf hinzuweisen, daß die im § 43 Abs. 1 Satz 2 getroffene Ausnahmeregelung für die Einspruchsfrist in Patentsachen auf die Widerspruchsfrist in Warenzeichensachen nicht anzuwenden ist. Beide Verfahren, das Einspruchsverfahren in Patentsachen und das Widerspruchsverfahren in Warenzeichensachen, sind völlig verschieden geregelt, dienen ganz verschiedenen Zwecken und sind in bezug auf die Wiedereinsetzung in den vorigen Stand einander nicht gleichzustellen. Dieser Rechtsbehelf greift also bei Versäumung der Widerspruchsfrist und bei Versäumung der Beschwerdefrist gegenüber dem Beschluß, durch den der Widerspruch zurückgewiesen worden ist, Platz. Einer besonderen Vorschrift bedurfte es für das Warenzeichenwesen hinsichtlich des Zwischenbenutzungsrechts. Bei der engen Verknüpfung zwischen Warenzeichen und Geschäftsbetrieb ist es nicht angängig, das durch § 43 des Patentgesetzentwurfs im Abs. 4 gegebene Zwischenbenutzungsrecht auch für Warenzeichensachen gelten zu lassen. Das wird im letzten Satz des Abs. 1 festgestellt.

Abs. 5 der Neufassung sieht entsprechend der Regelung für Patente und Gebrauchsmuster (zu vgl. Patentgesetzentwurf § 18 Abs. 5, Gebrauchsmustergesetzentwurf § 4 Abs. 3) die Übertragung einzelner Geschäfte von geringer Bedeutung auf Beamte des mittleren Dienstes vor.

Beschwerde. **§ 13** [§ 10, Abs. 2]

Gegen den Beschluß, durch den ein Antrag zurückgewiesen wird, kann der Antragsteller, und gegen den Beschluß, durch den entgegen dem Widerspruch die Löschung angeordnet wird, der Inhaber des

[1]) Blatt 1926 S. 42.

Zeichens innerhalb eines Monats nach der Zustellung Beschwerde einlegen. **Die Vorschriften im § 34 des Patentgesetzes gelten entsprechend.**

§ 13 entspricht dem § 10 Abs. 2 des geltenden Gesetzes. Die Heranziehung des § 34 des Patentgesetzentwurfs soll klarstellen, daß die Beschwerde in Warenzeichensachen der befristeten und gebührenpflichtigen Beschwerde des Patentgesetzes, d. h. der des § 34, nicht der des § 21 des Entwurfs gleichsteht. Damit wird nur die Auslegung bestätigt, die der zur Zeit geltende Wortlaut in der Übung des Reichspatentamts gefunden hat.

§ 14 [§ 11]

Gutachten des Reichspatentamts.

(1) Das Reichspatentamt ist verpflichtet, auf Ersuchen der Gerichte **oder der Staatsanwaltschaften** über Fragen, die eingetragene Warenzeichen betreffen, Gutachten abzugeben, wenn in dem Verfahren voneinander abweichende Gutachten mehrerer Sachverständiger vorliegen.

(2) **Im übrigen ist das Reichspatentamt nicht befugt, ohne Genehmigung des Reichsministers der Justiz außerhalb seines gesetzlichen Geschäftskreises Beschlüsse zu fassen oder Gutachten abzugeben.**

§ 14 entspricht dem § 11 des geltenden Gesetzes. Die Vorschrift, daß das Reichspatentamt Gutachten in Warenzeichensachen auf Ersuchen der Staatsanwaltschaften abzugeben hat, findet sich in einem Erlaß des Reichskanzlers vom 16. September 1899 (Blatt für Patent-, Muster- und Zeichenwesen 1899 S. 235). Es empfiehlt sich, diese Regelung im Gesetz festzulegen.

§ 15 [§ 12]

Wirkung der Eintragung des Warenzeichens.

(1) Die Eintragung eines Warenzeichens hat die Wirkung, daß allein seinem Inhaber das Recht

zusteht, Waren der angemeldeten Art oder ihre Verpackung oder Umhüllung mit dem Warenzeichen zu versehen, die so bezeichneten Waren in Verkehr zu setzen sowie auf Ankündigungen, Preislisten, Geschäftsbriefen, Empfehlungen, Rechnungen oder dergleichen das Zeichen anzubringen.

(2) Wird das Zeichen gelöscht, so können Rechte aus der Eintragung für die Zeit nicht mehr geltend gemacht werden, in der bereits ein Rechtsgrund für die Löschung vorgelegen hat.

Beschränkung des Warenzeichenschutzes.

§ 16 [§ 13]

Durch die Eintragung eines Warenzeichens wird niemand gehindert, seinen Namen, seine Firma, seine Wohnung sowie Angaben über Art, Zeit und Ort der Herstellung, über die Beschaffenheit, über die Bestimmung, über Preis-, Mengen- oder Gewichtsverhältnisse von Waren, sei es auch in abgekürzter Gestalt, auf Waren, auf ihrer Verpackung oder Umhüllung anzubringen und derartige Angaben im Geschäftsverkehr zu gebrauchen, **sofern der Gebrauch nicht warenzeichenmäßig erfolgt.**

§§ 15, 16. Diese Vorschriften entsprechen den §§ 12 und 13 des geltenden Gesetzes. Die Ergänzung am Schluß des § 16 dient der Klarstellung und bezweckt keine sachliche Änderung.

Verbandszeichen.

§ 17 [§ 24a]

(1) Rechtsfähige Verbände, die gewerbliche Zwecke verfolgen, können, auch wenn sie keinen auf Herstellung oder Vertrieb von Waren gerichteten Geschäftsbetrieb haben, Warenzeichen anmelden, die

in den Geschäftsbetrieben ihrer Mitglieder zur Kennzeichnung der Waren dienen sollen (Verbandszeichen).

(2) Die juristischen Personen des öffentlichen Rechts stehen den bezeichneten Verbänden gleich.

(3) Für die Verbandszeichen gelten die Vorschriften über Warenzeichen, soweit nicht in den §§ 17 bis 23 anders bestimmt ist.

§ 18 [§ 24b]

Anmeldung des Verbandszeichens.

Der Anmeldung des Verbandszeichens muß eine Zeichensatzung beigefügt sein, die über Namen, Sitz, Zweck und Vertretung des Verbandes, über den Kreis der zur Benutzung des Zeichens Berechtigten, die Bedingungen der Benutzung und die Rechte und Pflichten der Beteiligten im Falle der Verletzung des Zeichens Auskunft gibt. Spätere Änderungen sind dem Reichspatentamt mitzuteilen. Die Einsicht in die Satzung steht jedermann frei.

§ 19 [§ 24c]

Rolle für Verbandszeichen.

Über die Einrichtung der Rolle für die Verbandszeichen bestimmt **der Präsident des Reichspatentamts.**

§ 20 [§ 24d]

Nichtübertragbarkeit des Verbandszeichens.

Das durch die Anmeldung oder Eintragung des Verbandszeichens begründete Recht kann als solches nicht auf einen anderen übertragen werden.

Löschung des Verbandszeichens.

§ 21 [§ 24e]

(1) Ein Dritter kann unbeschadet der Vorschriften im § 11 Nrn. 1 und 3 die Löschung des Verbandszeichens beantragen,

1. wenn der Verband, für den das Zeichen eingetragen ist, nicht mehr besteht,
2. wenn der Verband duldet, daß das Zeichen in einer den allgemeinen Verbandszwecken oder der Zeichensatzung widersprechenden Weise benutzt wird. Als eine solche mißbräuchliche Benutzung ist es anzusehen, wenn die Überlassung der Benutzung des Zeichens an andere zu einer Irreführung des Verkehrs Anlaß gibt.

(2) Für die Fälle der Nr. 1 gilt § 11 Abs. 4.

Schadensbemessung bei Verletzung des Verbandszeichens.

§ 22 [§ 24f]

Der Anspruch des Verbandes auf Entschädigung wegen unbefugter Benutzung des Verbandszeichens (§ 24) umfaßt auch den Schaden, der einem Mitglied erwächst.

Ausländische Verbandszeichen.

§ 23 [§ 24h]

Die Vorschriften über Verbandszeichen gelten für ausländische Zeichen nur dann, wenn nach einer Bekanntmachung im Reichsgesetzblatt die Gegenseitigkeit verbürgt ist.

§§ 17 bis 23. Diese Vorschriften decken sich mit den §§ 24a bis 24f und 24h des geltenden Gesetzes.

§ 24 [§ 14] Warenzeichenverletzung.

(1) Wer im geschäftlichen Verkehr Waren oder ihre Verpackung oder Umhüllung, oder Ankündigungen, Preislisten, Geschäftsbriefe, Empfehlungen, Rechnungen oder dergleichen mit dem Namen oder der Firma eines anderen oder mit einem nach diesem Gesetz geschützten Warenzeichen **widerrechtlich versieht, oder wer derart widerrechtlich gekennzeichnete Waren in Verkehr bringt oder feilhält, kann von dem Verletzten auf Unterlassung in Anspruch genommen werden.**

(2) Wer die Handlung **vorsätzlich oder fahrlässig** vornimmt, ist dem Verletzten zum Ersatz des daraus entstandenen Schadens verpflichtet.

(3) Ist die Handlung vorsätzlich begangen worden, so wird der Täter mit Geldstrafe oder mit Gefängnis bis zu sechs Monaten bestraft.

§ 24 entspricht dem § 14 des geltenden Gesetzes.

Die Folgen von Verletzungen der Rechte aus Warenzeichen, Namen oder Firma werden im Entwurf im wesentlichen in gleicher Weise geregelt, wie dies für Patente vorgesehen ist. Es kann insoweit auf die Ausführungen zu den §§ 47 und 49 des Patentgesetzentwurfs Bezug genommen werden. Die einzig erhebliche Änderung gegenüber dem geltenden Rechtszustand besteht darin, daß auch eine nur leicht fahrlässige Verletzung in Zukunft den Schadenersatzanspruch begründen soll. Für diese Regelung sprechen im Warenzeichenrecht dieselben Erwägungen, die für das Patentrecht entscheidend waren. Dagegen liegt kein Grund vor, die im Patentrecht bei leichter Fahrlässigkeit vorgesehene Möglichkeit, an die Stelle des vollen Schadenersatzes eine freier bemessene Entschädigung treten zu lassen, in das Warenzeichenrecht zu übernehmen. Denn hier machen weder besondere Schwierigkeiten in der Erkennung der Rechtslage noch auch die Gefahr außergewöhnlich hoher Schadensbeträge eine gleichartige Ausnahmebestimmung erforderlich.

Verletzung des Ausstattungsschutzes.

§ 25 [§ 15]

(1) Wer im geschäftlichen Verkehr Waren oder ihre Verpackung oder Umhüllung, oder Ankündigungen, Preislisten, Geschäftsbriefe, Empfehlungen, Rechnungen oder dergleichen **widerrechtlich** mit einer Ausstattung versieht, die innerhalb beteiligter Verkehrskreise als Kennzeichen gleicher oder gleichartiger Waren eines anderen gilt, oder wer derart **widerrechtlich** gekennzeichnete Waren in Verkehr bringt oder feilhält, **kann von dem anderen auf Unterlassung in Anspruch genommen werden.**

(2) **Wer die Handlung vorsätzlich oder fahrlässig vornimmt,** ist dem anderen zum Ersatz des daraus entstandenen Schadens verpflichtet.

(3) Ist die Handlung **vorsätzlich** begangen worden, so wird der Täter mit Geldstrafe oder mit Gefängnis bis zu drei Monaten bestraft.

§ 25 entspricht dem § 15 des geltenden Gesetzes.

Dieser enthält eine Regelung der bürgerlich-rechtlichen Ansprüche, die sich auf eine im Verkehr zur Anerkennung gelangte Ausstattung gründen, nur für den Fall einer zum Zwecke der Täuschung erfolgenden Nachahmung. Die Rechtsprechung ist — abgesehen von den auch hier anzuwendenden Vorschriften des § 1 des Wettbewerbsgesetzes [1]), § 826 BGB. — zu dem Ergebnis gelangt, die vom Verkehr anerkannte Ausstattung als ein Rechtsgut anzusehen, zu dessen Schutz bei objektiv widerrechtlicher Verletzung ein Unterlassungsanspruch gegeben ist. Dem schließt sich der Entwurf an und gewährt als weitere Folge dieser Be-

---

1) Blatt 1909 S. 174.

trachtungsweise einen Schadenersatzanspruch allgemein für jeden Fall schuldhafter Verletzung.

Die für Fälle vorsätzlicher Verletzung vorgesehene Strafvorschrift weicht von dem geltenden Recht insofern ab, als davon abgesehen worden ist, den Täuschungszweck als Tatbestandsmerkmal aufzustellen. Wer bewußt im geschäftlichen Verkehr sich einer fremden Ausstattung bedient und weiß, daß sie geeignet ist, einen Irrtum zu erregen, verfolgt damit in aller Regel auch den Zweck der Irrtumserregung. Jedenfalls erscheint es nicht erforderlich, um die Strafbarkeit zu begründen, daß der Nachweis jener Absicht erbracht wird, da die bewußte Irreführung des Verkehrs durch Benutzung fremder Ausstattungen genügt, um eine Bestrafung zu rechtfertigen.

§ 26 [§ 16]

Falsche geographische Herkunftsbezeichnung.

(1) Wer im geschäftlichen Verkehr **vorsätzlich oder fahrlässig** Waren oder ihre Verpackung oder Umhüllung **mit einer falschen Angabe über den Ursprung, die Beschaffenheit oder den Wert der Waren versieht**, die geeignet ist, einen Irrtum zu erregen, oder wer vorsätzlich die so bezeichneten Waren in Verkehr bringt oder feilhält **oder die irreführende Angabe auf Ankündigungen, Geschäftspapieren oder dergleichen anbringt**, wird mit Geldstrafe und Haft oder mit einer von beiden Strafen bestraft, **soweit er nicht nach anderen Bestimmungen eine schwerere Strafe verwirkt hat.**

(2) **Als falsche Angaben über den Ursprung im Sinne der vorstehenden Vorschrift sind Bezeichnungen nicht anzusehen, die zwar einen geographischen Namen enthalten oder von ihm abgeleitet sind, in Verbindung mit der Ware jedoch ihre ursprüngliche Bedeutung verloren haben und im geschäft-**

lichen Verkehr ausschließlich als Warenname oder Beschaffenheitsangabe dienen.

§ 26 entspricht dem § 16 des geltenden Gesetzes.

Da sein Tatbestand, der den Schutz geographischer Herkunftsbezeichnungen zum Gegenstand hat, bis auf geringfügige Ausnahmen durch den § 4 des Gesetzes gegen den unlauteren Wettbewerb[1]) gedeckt ist, besteht kein Bedürfnis mehr, die Vorschrift in der bisherigen Form aufrechtzuerhalten. Dagegen erscheint es wünschenswert, den Verkehr ganz allgemein gegen falsche Angaben auf Waren oder deren Verpackung zu schützen, mögen sich diese Angaben auf den Ursprung, die Beschaffenheit oder den Wert der Ware beziehen. Sind solche Angaben verkehrserheblich, d. h. geeignet, einen Irrtum im Verkehr hervorzurufen, so besteht ein öffentliches Interesse daran, diese Angaben zu unterdrücken. Die im Entwurf vorgesehene Neuregelung bedeutet ein Seitenstück zu der im Gesetz über den Beitritt des Reichs zum Madrider Abkommen über Herkunftsangaben vom 21. März 1925 (Reichsgesetzblatt II S. 115)[2]) im § 2 vorgesehenen Maßnahme an der Zollgrenze; der neue § 26 soll der Unterdrückung falscher Warenangaben auch im Innern des Reichsgebiets dienen. Dabei ist davon ausgegangen worden, daß der Geschäftsmann, der Waren mit einer verkehrserheblichen Angabe über Ursprung, Beschaffenheit oder Wert der Ware versieht, auch die Pflicht hat, zu prüfen, ob die Angaben zutreffen. Insoweit soll deshalb die Strafbarkeit nicht nur bei vorsätzlichem, sondern auch bei fahrlässigem Handeln eintreten. Das bloße Inverkehrbringen der falsch bezeichneten Waren war jedoch anders zu beurteilen. Hier erschien es zu weitgehend, den Gewerbetreibenden wegen einer nur versehentlich unbeachtet gebliebenen unrichtigen Bezeichnung auf den Waren, die in seinem Betrieb umgesetzt werden, strafrechtlich verantwortlich zu machen. Für diesen Fall ist deshalb die Strafbarkeit auf vorsätzliches Handeln beschränkt worden. Der

---

[1]) Blatt 1909 S. 174.
[2]) Blatt 1925 S. 75.

vorgesehene Strafrahmen ermöglicht es im übrigen, Fälle von geringer Bedeutung auch nur mit einer geringen Strafe zu belegen.

Der Absatz 2 der neuen Vorschrift soll in stärkerem Maße als es bisher (nach § 16 Abs. 2) möglich war, der mißbräuchlichen Umbildung einer echten Herkunftsbezeichnung in einen Warennamen oder in eine Beschaffenheitsangabe entgegenwirken. Deshalb ist darin besonders betont, daß nur solche geographischen Namen, die im geschäftlichen Verkehr ausschließlich als Warenname oder Beschaffenheitsangabe dienen, von der Strafvorschrift des Absatzes 1 ausgenommen werden.

§ 27

Unbefugte Benutzung von Wappen, Flaggen, Hoheitszeichen oder amtlichen Prüf- und Gewährzeichen.

Wer unbefugt die im § 4 Abs. 2 Nrn. 2 und 3 bezeichneten Wappen, Flaggen, Hoheitszeichen oder amtlichen Prüf- und Gewährzeichen zur Bezeichnung von Waren benutzt, wird mit Geldstrafe bis zu 150 Reichsmark oder mit Haft bestraft, soweit er nicht nach anderen Bestimmungen eine schwerere Strafe verwirkt hat.

§ 27. Wie bereits oben zu § 4 ausgeführt worden ist, verpflichtet der neue Artikel 6ter der Verbandsübereinkunft die Vertragsstaaten, auch die bloße Benutzung von Hoheitszeichen oder amtlichen Prüf- oder Gewährzeichen als Warenzeichen oder Teile davon zu verbieten. Zur Durchführung dieser Bestimmung bedarf es eines gesetzlichen Verbots, dessen Nichtbeachtung verfolgt werden kann. Der Entwurf behandelt jene Benutzung als Übertretung. Dabei ist darauf hinzuweisen, daß bereits § 360 Nr. 7 des Strafgesetzbuchs die unbefugte Benutzung von Hoheitszeichen zum Gegenstand hat; jedoch reicht diese Vorschrift nicht aus, da es sich dort nur um Hoheitszeichen des Reichs und der Länder handelt.

Rechtswidrige Warenbezeichnungen ausländischer Waren.

§ 28 [§ 17]

Ausländische Waren, die widerrechtlich mit einer deutschen Firma und Ortsbezeichnung **oder mit einer auf Grund dieses Gesetzes geschützten Warenbezeichnung versehen sind**, müssen bei ihrem Eingang in das Reichsgebiet zur Einfuhr oder Durchfuhr auf Antrag des Verletzten gegen Sicherheitsleistung beschlagnahmt und eingezogen werden. Die Beschlagnahme wird von den Zoll- und Steuerbehörden vorgenommen, die Einziehung durch Strafbescheid der Verwaltungsbehörden (§ 419 der Strafprozeßordnung) festgesetzt.

§ 28 entspricht dem § 17 des geltenden Gesetzes. Der Schutz dieser Bestimmung wird auf die Warenbezeichnungen erstreckt, die auch ohne Eintragung geschützt werden.

Buße.

§ 29 [§ 18]

(1) Statt jeder aus diesem Gesetz entspringenden Entschädigung kann auf Verlangen des Geschädigten neben der Strafe auf eine an ihn zu erlegende Buße erkannt werden. Für die Buße haften die dazu Verurteilten als Gesamtschuldner.

(2) Eine erkannte Buße schließt die Geltendmachung eines weiteren Entschädigungsanspruchs aus.

§ 29 deckt sich mit dem § 18 des geltenden Gesetzes.

Beseitigung oder Vernichtung widerrechtlich gekennzeichneter Gegenstände; Veröffentlichungsbefugnis.

§ 30 [§ 19]

(1) Bei einer Verurteilung auf Grund der §§ 24 bis 27 bestimmt das Gericht, daß die widerrecht-

liche Kennzeichnung der im Besitz des Verurteilten befindlichen Gegenstände beseitigt oder, wenn dies nicht möglich ist, die Gegenstände vernichtet werden.

(2) Bei einer Verurteilung im Strafverfahren ist in den Fällen der §§ 24 und 25 dem Verletzten die Befugnis zuzusprechen, die Verurteilung auf Kosten des Verurteilten öffentlich bekanntzumachen, **wenn er ein berechtigtes Interesse daran dartut.** Umfang und Art der Bekanntmachung werden im Urteil bestimmt. **Die Befugnis erlischt, wenn die Entscheidung nicht binnen drei Monaten nach Eintritt der Rechtskraft bekanntgemacht wird.**

§ 30 entspricht dem § 19 des geltenden Gesetzes. Dieser erwähnt im Abs. 1 unter anderen den § 18. Da § 18 jedoch ein Urteil aus §§ 14, 15 voraussetzt, diese Vorschriften aber ohnehin angezogen sind, erscheint die Anführung der entsprechenden Vorschrift des Entwurfs (§ 29) überflüssig. Dagegen ist es geboten, den durch den Entwurf neu eingestellten § 27 in diesem Zusammenhang mitzunennen.

Abs. 2 ist dem § 49 Abs. 3 des Patentgesetzentwurfs angepaßt. Auf das dort Ausgeführte kann daher Bezug genommen werden.

§ 31 [§ 20] Verwechslungsgefahr.

Die Anwendung der Bestimmungen dieses Gesetzes wird weder durch **Verschiedenheit der Zeichenform (Bild- und Wortzeichen)** noch durch sonstige Abweichungen ausgeschlossen, mit denen Zeichen, Wappen, Namen, Firmen und andere Kennzeichnungen von Waren wiedergegeben werden, sofern trotz dieser Abweichungen die Gefahr einer Verwechselung im Verkehr vorliegt.

§ 31 entspricht dem § 20 des geltenden Gesetzes. Der

im Entwurf vorgesehene Zusatz bejaht die vom Reichsgericht und vom Patentamt verschieden beantwortete Frage, ob ein Bildzeichen mit einem Wortzeichen übereinstimmen kann. Dies entspricht der überwiegenden Auffassung des Verkehrs und ist geeignet, dem unlauteren Wettbewerb entgegenzuwirken. Da das Warenzeichen nicht nur sinnlich wahrgenommen wird, sondern auch die Vorstellung des Begriffs auslöst, so prägt sich das Zeichen auch durch den Begriff ein. Wenn aber verschiedene Wortzeichen rechtlich übereinstimmen können, weil sie den gleichen Sinn haben, so bedeutet es eine nicht gerechtfertigte Einengung des Zeichenschutzes, wenn man eine Übereinstimmung zwischen einem Wort- und einem Bildzeichen, die beide den gleichen Begriff wiedergeben, grundsätzlich ausschließt. Der Entwurf schreibt indessen nicht etwa positiv vor, daß jede begriffliche Beziehung des Wortes zum Bilde genügt, um beide einander gleichzustellen, sondern er bringt zum Ausdruck, daß die Verkehrsauffassung dafür maßgebend ist, inwieweit Verwechslungen der Zeichen aus diesem Gesichtspunkt heraus zu besorgen sind.

Zuständigkeit der Gerichte; erstattungspflichtige Kosten.

§ 32

(1) Der Reichsminister der Justiz kann für die Bezirke mehrerer Landgerichte eines von ihnen als Gericht für Warenzeichenstreitsachen bezeichnen. Es ist neben den Landgerichten, deren Bezirke ihm zugeteilt werden, für alle Klagen zuständig, durch die ein Anspruch aus einem der in diesem Gesetz geregelten Rechtsverhältnisse geltend gemacht wird.

(2) Ein bei einem anderen Landgericht anhängiger Rechtsstreit ist auf Antrag des Beklagten an das Gericht für Warenzeichenstreitsachen zu verweisen. Der Antrag ist nur vor der Verhandlung des Beklagten zur Hauptsache zulässig. Er kann auch von

einem Rechtsanwalt gestellt werden, der bei dem Gericht für Warenzeichenstreitsachen zugelassen ist. Die Entscheidung ist unanfechtbar und für das Gericht bindend.

(3) Vor dem Gericht für Warenzeichenstreitsachen können sich die Parteien auch durch Rechtsanwälte vertreten lassen, die bei dem sonst zuständigen Landgericht zugelassen sind. Das Entsprechende gilt für die Vertretung vor dem Berufungsgericht.

(4) Die Mehrkosten, die einer Partei durch eine Verweisung nach Abs. 2 oder dadurch erwachsen, daß sie sich nach Abs. 3 durch einen nicht beim Prozeßgericht zugelassenen Rechtsanwalt vertreten läßt, sind nicht zu erstatten.

(5) Von den Kosten, die durch die Mitwirkung eines Patentanwalts in einer Warenzeichenstreitsache entstehen, sind die Gebühren bis zur Höhe einer Gebühr nach § 9 der Gebührenordnung für Rechtsanwälte und außerdem die notwendigen Auslagen des Patentanwalts zu erstatten.

§ 32. Ähnlich wie die Patent- und Gebrauchsmusterprozesse verursachen auch die Rechtsstreitigkeiten auf dem Gebiet des Warenzeichenwesens vielfach den seltener damit befaßten Gerichten besondere Schwierigkeiten. Wenn auch auf diesem Gebiet zur Zeit noch kein zwingendes Bedürfnis nach Zusammenfassung der Rechtsprechung festgestellt ist, so erscheint es doch angezeigt, auch hier für alle Fälle dem Reichsminister der Justiz eine Ermächtigung zu entsprechenden Maßnahmen zu erteilen.

Die Erstattung der Kosten, die durch die Mitwirkung eines Patentanwalts im Warenzeichenprozeß entstehen, ist ebenso geregelt wie für den Patentprozeß (vgl. zu § 51 des Patentgesetzentwurfs).

Gerichtsstand bei Klagen, die auf das UWG. gegründet werden.

§ 33

Ansprüche, welche die in diesem Gesetz geregelten Rechtsverhältnisse betreffen und auf die Vorschriften des Gesetzes gegen den unlauteren Wettbewerb vom 7. Juni 1909 (Reichsgesetzbl. S. 499) gegründet werden, brauchen nicht im Gerichtsstand des § 24 des Gesetzes gegen den unlauteren Wettbewerb geltend gemacht zu werden.

§ 33. Die Bestimmung des § 24 des Wettbewerbsgesetzes[1]), die für Klagen wegen unlauteren Wettbewerbs einen ausschließlichen Gerichtsstand begründet, hat bei der Austragung von Warenzeichenstreitigkeiten zu Zweifeln geführt. Bei dem engen Zusammenhang des Warenzeichenwesens mit den Vorschriften des Gesetzes gegen den unlauteren Wettbewerb gibt es fast keinen Rechtsstreit auf diesem Gebiet, in dem nicht von der einen oder anderen Seite Gesichtspunkte des Wettbewerbsgesetzes geltend gemacht werden. Sehr häufig ist die Klage gegen den eingetragenen Zeicheninhaber auf § 1 des Wettbewerbsgesetzes gestützt; in vielen Fällen werden zur Begründung des Parteivorbringens neben Vorschriften des Warenzeichengesetzes solche des Wettbewerbsgesetzes angezogen. Es ist daher notwendig, daß bei der Entscheidung von Warenzeichenstreitigkeiten auch wettbewerbsrechtliche Gesichtspunkte berücksichtigt werden. Die neue Vorschrift soll klarstellen, daß dies auch in dem Gerichtsstand geschehen kann, der durch die Zuständigkeit für Streitigkeiten aus dem Warenzeichengesetz begründet wird.

Bezeichnungszwang und Gegenseitigkeitsprinzip.

§ 34 [§ 22]

Wenn deutsche Waren im Ausland bei der Einfuhr oder Durchfuhr der Verpflichtung unterliegen,

---

[1]) Blatt 1909 S. 174.

eine Bezeichnung zu tragen, die ihre deutsche Herkunft erkennen läßt, oder wenn sie bei der Zollabfertigung in bezug auf Warenbezeichnungen ungünstiger als die Waren anderer Länder behandelt werden, **so kann der Reichsminister der Finanzen** den fremden Waren bei ihrem Eingang in das Reichsgebiet zur Einfuhr oder Durchfuhr eine entsprechende Auflage machen und anordnen, daß sie bei Zuwiderhandlung beschlagnahmt und eingezogen werden. Die Beschlagnahme wird von den Zoll- und Steuerbehörden vorgenommen, die Einziehung durch Strafbescheid der Verwaltungsbehörden (§ 419 der Strafprozeßordnung) festgesetzt.

§ 34 entspricht dem § 22 des geltenden Gesetzes mit einer Änderung der Zuständigkeit, die durch die veränderten staatsrechtlichen Verhältnisse bedingt ist.

§ 35 [§ 23]

Inlandsvertreter; Heimatschutz.

(1) Wer **weder Reichsangehöriger ist noch** im Inland eine Niederlassung besitzt, hat auf den Schutz dieses Gesetzes nur Anspruch, wenn in dem Staat, in dem sich eine Niederlassung befindet, nach einer Bekanntmachung im Reichsgesetzblatt deutsche Warenbezeichnungen in demselben Umfang wie inländische zum gesetzlichen Schutz zugelassen werden.

(2) Der Anmelder oder Zeicheninhaber, der im Inland keine Niederlassung hat, **kann den Anspruch auf Schutz eines Warenzeichens und das durch die Eintragung begründete Recht nur geltend machen, wenn er im Inland einen Patentanwalt oder einen Rechtsanwalt als Vertreter bestellt hat.** Dieser ist im patentamtlichen Verfahren und in bürgerlichen

Rechtsstreitigkeiten, die das Zeichen betreffen, zur Vertretung befugt. Für Klagen gegen den Zeicheninhaber ist das Gericht zuständig, in dessen Bezirk der Vertreter seinen **Geschäftsraum hat**; fehlt ein Geschäftsraum, so ist der Ort maßgebend, wo der Vertreter seinen Wohnsitz, und in Ermangelung eines solchen der Ort, wo das Reichspatentamt seinen Sitz hat.

(3) Wer ein ausländisches Warenzeichen anmeldet, hat damit den Nachweis zu verbinden, daß er in dem Staate, in dem sich seine Niederlassung befindet, für dieses Zeichen den Markenschutz nachgesucht und erhalten hat. **Der Nachweis ist nicht erforderlich, wenn nach einer Bekanntmachung im Reichsgesetzblatt deutsche Warenzeichen in dem anderen Staat ohne einen Nachweis dieser Art eingetragen werden.** Die Eintragung ist nur zulässig, wenn das Zeichen den Anforderungen dieses Gesetzes entspricht, soweit nicht Staatsverträge anders bestimmen.

§ 35 entspricht dem § 23 des geltenden Gesetzes.

Störend ist es häufig empfunden worden, daß der Anspruch auf Schutz eines Warenzeichens und das durch die Eintragung begründete Recht von einer im Ausland niedergelassenen Person nur durch den Inlandsvertreter geltend gemacht werden können, daß z. B. der ausländische Zeicheninhaber nicht unmittelbar einem Rechtsanwalt Auftrag zur Klageerhebung gegen Verletzer geben kann, vielmehr sich dabei der Vermittlung seines nach § 23 Abs. 2 bisheriger Fassung bestellten Vertreters bedienen muß. Diese sachlich nicht gerechtfertigte Abweichung von der entsprechenden Vorschrift des Patentgesetzes (§ 12 Absatz 1 bisheriger Fassung) will der Entwurf beseitigen. Wegen der weiteren Änderungen im

Absatz 2 wird auf das oben zu § 16 des Patentgesetzentwurfs Gesagte Bezug genommen.

Auf den Konferenzen im Haag und in London hat sich eine große Anzahl von Staaten dafür eingesetzt, daß es für den Markenschutz in einem Verbandslande nicht mehr darauf ankommen soll, ob die Marke bereits im Ursprungsland eingetragen ist (zu vgl. Begründung zum Entwurf eines Gesetzes über die Verbandsübereinkunft, zu Artikel 6 der Übereinkunft — Reichstagsdrucksache Nr. 4074 III 1924/28 vom 15. März 1928 S. 35 —)[1]. Deutschland hat auf den Konferenzen diesen Vorschlag lebhaft vertreten. Wenn er auch trotz Zustimmung von vielen Seiten keine Annahme gefunden hat, verdient die Frage doch für das deutsche Gesetz besondere Beachtung, da das Absehen von dem Nachweis des Heimatschutzes für das amtliche Verfahren und für die Interessenten eine wesentliche Vereinfachung bedeutet. Das Erfordernis des Nachweises des Heimatschutzes schlechthin aufzugeben, ist jedoch zur Zeit noch nicht zweckmäßig, da die widerstrebende Haltung der Länder, die an dem Heimatschutz festhalten, nur beeinflußt werden kann, wenn ihre Angehörigen hier der gleichen Erschwerung ausgesetzt werden, der die Deutschen durch die dortigen Gesetze unterworfen sind. Wohl aber ist es berechtigt, die Angehörigen aller der Länder von dem Nachweis zu befreien, die ihrerseits den Deutschen diese Erleichterung gewähren. Der im Entwurf vorgesehene Zusatz zum Absatz 3 bringt diesen Gedanken zum Ausdruck.

§ 36 [§ 25]

Ausführungsbestimmungen.

Die zur Ausführung dieses Gesetzes erforderlichen Bestimmungen über die **Form des Verfahrens einschließlich des Zustellungswesens**, die Einrichtung und den Geschäftsgang des Reichspatentamts sowie **über die Erhebung von Verwaltungsgebühren trifft der Reichsminister der Justiz.**

[1] Blatt 1928 S. 128.

§ 36 entspricht dem § 25 des geltenden Gesetzes. Die Zuständigkeit zum Erlaß von Ausführungsbestimmungen ist den veränderten staatsrechtlichen Verhältnissen angepaßt.

Übergangsbestimmungen.

§ 37

(1) Das Gesetz tritt am 1. Oktober 1936 in Kraft.

(2) Die Eignung zum Inlandsvertreter (§ 35 Abs. 2), die sich aus § 57 Abs. 5 des Patentanwaltsgesetzes vom 28. September 1933 (Reichsgesetzbl. I S. 669) ergibt, bleibt unberührt.

§ 37. Nach § 57 Abs. 5 in Verbindung mit § 56 Abs. 2 des Patentanwaltgesetzes[1]) können außer den Patentanwälten und Rechtsanwälten auch solche Personen zu Auslandsvertretern im Sinne des § 35 Abs. 2 des Entwurfs bestellt werden, die die Voraussetzungen für die Zulassung zur außerordentlichen Patentanwaltsprüfung erfüllen. An diesem Zustand, der nur für vorübergehende Zeit bis zur Abwicklung aller in Betracht kommenden Prüfungen Bedeutung hat, soll nichts geändert werden (Abs. 2).

§ 38

(1) Die Rechtsverhältnisse der vor dem Inkrafttreten dieses Gesetzes eingetragenen Warenzeichen regeln sich nach den Vorschriften dieses Gesetzes. Jedoch haftet, wer vor dem Inkrafttreten ein Recht verletzt hat, nach den bisherigen Vorschriften.

(2) Für die Weiterbehandlung der vor dem Inkrafttreten dieses Gesetzes eingegangenen Anmeldungen und die daraus hervorgehenden Warenzeicheneintragungen gelten die Vorschriften dieses Gesetzes mit Ausnahme der nach § 12 Abs. 1 anzu-

[1]) Blatt 1933 S. 248.

wendenden Vorschrift im § 27 des Patentgesetzes über die Frist zur Abgabe der Prioritätserklärung.

Berlin, den 5. Mai 1936.

Der Führer und Reichskanzler
Adolf Hitler

Der Reichsminister der Justiz
Dr. Gürtner.

§ 38 enthält die Übergangsbestimmungen, die von den gleichen Grundsätzen ausgehen, wie die Übergangsregelung des Patentgesetzentwurfs. Es kann daher auf die Ausführungen zu den §§ 57 und 59 daselbst Bezug genommen werden.

6. Warenklasseneinteilung.

(Anlage zum § 2 Abs. 3 des Warenzeichengesetzes).

Klasse

1. Ackerbau-, Forstwirtschafts-, Gärtnerei- und Tierzuchterzeugnisse, Ausbeute von Fischfang und Jagd.
2. Arzneimittel, chemische Erzeugnisse für Heilzwecke und Gesundheitspflege, pharmazeutische Drogen, Pflaster, Verbandstoffe, Tier- und Pflanzenvertilgungsmittel, Entkeimungs- und Entwesungsmittel (Desinfektionsmittel), Mittel zum Frischhalten und Haltbarmachen von Lebensmitteln.

3a. Kopfbedeckungen, Haarformerarbeiten, Putz, künstliche Blumen.

b. Schuhwaren.

c. Strumpfwaren, gewirkte und gestrickte Bekleidungsstücke.

d. Bekleidungsstücke, Leib-, Tisch- und Bettwäsche, Korsetts, Krawatten, Hosenträger, Handschuhe.

4. Beleuchtungs-, Heizungs-, Koch-, Kühl-, Trocken- und Lüftungsgeräte, Wasserleitungs-, Bade- und Abortanlagen.

5. Borsten, Bürstenwaren, Pinsel, Kämme, Schwämme, Geräte für Körper- und Schönheitspflege, Putzzeug, Stahlspäne.

6. Chemische Erzeugnisse für gewerbliche, wissenschaftliche und Lichtbildzwecke, Feuerlöschmittel, Härte- und Lötmittel, Abdruckmasse für zahnärztliche Zwecke, Zahnfüllmittel, mineralische Rohstoffe.

7. Dichtungen und Packungen, Wärmeschutz- und Isoliermittel, Asbesterzeugnisse.

8. Düngemittel

9a. Rohe und teilweise bearbeitete unedle Metalle.

Klasse

b. Messerschmiedwaren, Werkzeuge, Sensen, Sicheln, Hieb- und Stichwaffen.
c. Nadeln, Fischangeln.
d. Hufeisen, Hufnägel.
e. Emaillierte und verzinnte Waren.
f. Eisenbahn-Oberbauteile, Kleineisenwaren, Schlosser- und Schmiedearbeiten, Schlösser, Beschläge, Drahtwaren, Blechwaren, Anker, Ketten, Stahlkugeln, Reit- und Fahrgeschirrbeschläge, Rüstungen, Glokken, Schlittschuhe, Haken und Ösen, Geldschränke und Metallkästen, maschinenmäßig oder von Hand bearbeitete Formmetallteile, gewalzte und gegossene Bauteile, Maschinenguß.

10. Land-, Luft- und Wasserfahrzeuge, Kraftwagen, Fahrräder, Kraftwagen- und Fahrradzubehör, Fahrzeugteile.
11. Farbstoffe, Farben, Blattmetalle.
12. Felle, Häute, Därme, Leder, Pelzwaren.
13. Firnisse, Lacke, Beizen, Harze, Klebstoffe, Wichse, Mittel zum Putzen und zum Haltbarmachen von Leder, Appretur- und Gerbmittel, Bohnermasse.
14. Garne, Seilerwaren, Netze, Drahtseile.
15. Gespinstfasern, Polsterfüllstoffe, Packzeug.
16a. Bier.
b. Weine, Spirituosen.
c. Mineralwässer, alkoholfreie Getränke, Brunnen- und Badesalze.
17. Edelmetalle, Gold-, Silber-, Nickel- und Aluminiumwaren, Waren aus Neusilber und ähnlichen Metalllegierungen, echte und unechte Schmucksachen, leonische Waren, Christbaumschmuck.
18. Gummi, Gummiersatzstoffe und Waren daraus für technische Zwecke.
19. Schirme, Stöcke, Reisegeräte.
20a. Feste Brennstoffe.
b. Wachs, Leuchtstoffe, technische Öle und Fette, Schmiermittel, Benzin.
c. Kerzen, Nachtlichte, Dochte.

Klasse

21. Waren aus Holz, Knochen, Kork, Horn, Schildpatt, Fischbein, Elfenbein, Perlmutter, Bernstein, Meerschaum, Zellhorn (Zelluloid) und ähnlichen Stoffen, Drechsler-, Schnitz- und Flechtwaren, Bilderrahmen, Puppen und Büsten für Bekleidungs- und Haarformerzwecke.

22a. Ärztliche, gesundheitliche, Rettungs- und Feuerlöschgeräte und Instrumente, Binden und Bänder zu gesundheitlichen Zwecken (Bandagen), künstliche Gliedmaßen, Augen, Zähne.

b. Physikalische, chemische, optische und elektrotechnische Geräte, Vermessungs-, Schiffahrts-, Wäge-, Signal-, Meß- und Überwachungsgeräte, Lichtbild-, Film- und Rundfunkgeräte, Lautsprecher, Sprechmaschinen, Rechenmaschinen, Schreib- und Zählkassen.

23. Maschinen, Maschinenteile, Treibriemen, Schläuche, Automaten, Haus- und Küchengeräte, Stall-, Garten- und landwirtschaftliche Geräte.

24. Möbel, Spiegel, Polsterwaren, Zubehör für Tapezierarbeiten, Betten, Särge.

25. Musikinstrumente, deren Teile und Saiten.

26a. Fleisch- und Fischwaren, Fleischextrakte, Konserven, Gemüse, Obst, Fruchtsäfte, Fleisch-, Fisch-, Frucht- und Gemüsegallerten.

b. Eier, Milch, Butter, Käse, Margarine, Speiseöle und Speisefette.

c. Kaffee, Kaffee-Ersatzmittel, Tee, Zucker, Sirup. Honig, Mehl und Vorkost, Teigwaren, Gewürze, Soßen, Essig, Senf, Kochsalz.

d. Kakao, Schokolade, Zuckerwaren, Back- und Konditorwaren, Hefe, Backpulver.

e. Diätetische Nährmittel, Malz, Futtermittel, Eis.

27. Papier, Pappe, Karton, Papier- und Pappwaren, Roh- und Halbstoffe zur Papierherstellung, Tapeten.

28. Lichtbild- und Druckereierzeugnisse, Spielkarten, Schilder, Buchstaben, Druckstöcke, Kunstgegenstände.

29. Porzellan, Ton, Glas, Glimmer und Waren daraus.

Klasse
30. Posamenten, Bänder, Besatzwaren, Knöpfe, Spitzen, Stickereien.
31. Sattler-, Riemer-, Täschner- und Lederwaren.
32. Schreib-, Zeichen-, Mal- und Modellierwaren, Billard- und Signierkreide, Büro- und Kontorgeräte (ausgenommen Möbel), Lehrmittel.
33. Schußwaffen.
34. Parfümerien, Mittel zur Körper- und Schönheitspflege, ätherische Öle, Seifen, Wasch- und Bleichmittel, Stärke und Stärkeerzeugnisse, Farbzusätze zur Wäsche, Fleckenentfernungsmittel, Rostschutzmittel, Putz- und Poliermittel (ausgenommen für Leder), Schleifmittel.
35. Spielwaren, Spiel- und Turngeräte.
36. Sprengstoffe, Zündwaren, Zündhölzer, Feuerwerkskörper, Geschosse, Munition.
37. Steine, Kunststeine, Zement, Kalk, Kies, Gips, Pech, Asphalt, Teer, Mittel zum Haltbarmachen von Holz, Rohrgewebe, Dachpappen, ortsbewegliche Häuser, Schornsteine, Baustoffe.
38. Rohtabak, Tabakerzeugnisse, Zigarettenpapier.
39. Teppiche, Matten, Linoleum, Wachstuch, Decken, Vorhänge, Fahnen, Zelte, Segel, Säcke.
40. Uhren und Uhrenteile.
41. Web- und Wirkstoffe, Filz.

7. Gesetz über die patentamtlichen Gebühren.

Vom 5. Mai 1936 (RGBl. II S. 142).

Die Reichsregierung hat das folgende Gesetz beschlossen, das hiermit verkündet wird:

Artikel I

Für die patentamtlichen Gebühren gilt der nachstehende Tarif:

Gebührentarif.

Es beträgt die Gebühr:

	Reichsmark
A. Bei Patenten:	
1. für die Anmeldung (§ 26 Abs. 2 des Patentgesetzes vom 5. Mai 1936 — Reichsgesetzbl. II S. 117)	25
2. für die Bekanntmachung der Anmeldung (§ 11 Abs. 1, § 31)	30
3. a) für das 3. Patentjahr (§ 11 Abs. 1)	30
b) „ „ 4. „ „	30
c) „ „ 5. „ „	50
d) „ „ 6. „ „	75
e) „ „ 7. „ „	100
f) „ „ 8. „ „	150
g) „ „ 9. „ „	200

	Reichsmark
h) für das 10. Patentjahr (§ 11 Abs. 1)	250
i) „ „ 11. „ „	325
k) „ „ 12. „ „	400
l) „ „ 13. „ „	500
m) „ „ 14. „ „	600
n) „ „ 15. „ „	700
o) „ „ 16. „ „	800
p) „ „ 17. „ „	900
q) „ „ 18. „ „	1000
4. für den Antrag auf Festsetzung der angemessenen Vergütung für die Benutzung der Erfindung (§ 14 Abs. 4)	25
5. für den Antrag auf Änderung der festgesetzten Vergütung für die Benutzung der Erfindung (§ 14 Abs. 5)	50
6. für den Antrag auf Eintragung einer Änderung in der Person des Patentinhabers oder seines Vertreters (§ 24 Abs. 2)	10
7. für den Antrag auf Eintragung der Einräumung eines Rechts zur ausschließlichen Benutzung der Erfindung oder auf Löschung dieser Eintragung (§ 25 Abs. 4)	10
8. für die Beschwerde (§ 34 Abs. 1) . .	20
9. für den Antrag auf Erklärung der Nichtigkeit oder auf Zurücknahme oder auf Erteilung einer Zwangslizenz (§ 37 Abs. 4)	50
10. für den Antrag auf Erlaß einer einstweiligen Verfügung (§ 41 Abs. 2) . .	50

	Reichsmark
11. für die Beschwerde gegen die Entscheidung über den Antrag auf Erlaß einer einstweiligen Verfügung (§ 41 Abs. 3) . .	100
12. für die Anmeldung der Berufung (§ 42 Abs. 1)	150

B. Bei Gebrauchsmustern:

1. für die Anmeldung (§ 2 Abs. 5 des Gebrauchsmustergesetzes vom 5. Mai 1936 — Reichsgesetzbl. II S. 130)	15
2. für den Antrag auf Eintragung einer Änderung in der Person des Rechtsinhabers oder seines Vertreters (§ 3 Abs. 4) . .	5
3. für die Verlängerung der Schutzdauer (§ 14 Abs. 2)	60
4. für den Antrag auf Löschung (§ 8) . .	50
5. für die Beschwerde gegen den Beschluß der Abteilung für Gebrauchsmuster (§ 10 Abs. 1)	150

C. Bei Warenzeichen:

1. für die Anmeldung — Anmeldegebühr — (§ 2 Abs. 3 des Warenzeichengesetzes vom 5. Mai 1936 — Reichsgesetzbl. II S. 134)	15
2. für die Anmeldung — Klassengebühr — (§ 2 Abs. 3)	5
3. für den Antrag auf Eintragung eines Übergangs des Warenzeichens oder eines	

	Reichsmark
Wechsels des Vertreters des Zeicheninhabers (§ 3 Abs. 1 Nr. 3, § 8 Abs. 1) .	10
4. für die Eintragung (§ 7)	15
5. für die Verlängerung der Schutzdauer — Verlängerungsgebühr — (§ 9 Abs. 2) .	50
6. für die Verlängerung der Schutzdauer — Klassengebühr — (§ 9 Abs. 2) . . .	5
7. für die Anmeldung eines Verbandszeichens — Anmeldegebühr (§ 17 Abs. 3, § 2 Abs. 3)	100
8. für die Anmeldung eines Verbandszeichens — Klassengebühr — (§ 17 Abs. 3, § 2 Abs. 3)	15
9. für die Eintragung eines Verbandszeichens (§ 17 Abs. 3, § 7)	100
10. für die Verlängerung der Schutzdauer eines Verbandszeichens — Verlängerungsgebühr — (§ 17 Abs. 3, § 9 Abs. 2)	500
11. für die Verlängerung der Schutzdauer eines Verbandszeichens — Klassengebühr — (§ 17 Abs. 3, § 9 Abs. 2)	15
12. für die Einlegung der Beschwerde (§ 13 Abs. 1) außer dem Falle der Nr. 14 . .	20
13. für den Antrag auf Löschung (§ 10 Abs. 2 Nr. 2)	50
14. für die Einlegung der Beschwerde in Löschungssachen (§ 13 Abs. 1, § 10 Abs. 2 Nr. 2)	150

D. Sonstige Gebühren:

1. Zuschlaggebühr für die Verspätung der Zahlung
   a) der Bekanntmachungsgebühr oder einer Patentjahresgebühr (A Nr. 2, 3a bis q des Tarifs; § 31 Satz 2, § 11 Abs. 3 Satz 2 des Patentgesetzes vom 5. Mai 1936) . . . .
   b) der Gebühr für die Verlängerung der Schutzdauer eines Gebrauchsmusters (B Nr. 3 des Tarifs; § 14 Abs. 2 Satz 4 des Gebrauchsmustergesetzes v. 5. Mai 1936) . . . .
   c) der Gebühr für die Verlängerung der Schutzdauer eines Warenzeichens (C Nr. 5 und 10 des Tarifs; § 9 Abs. 2 Satz 5, § 17 Abs. 3 des Warenzeichengesetzes vom 5. Mai 1936) . . . . .

   } 10 vom Hundert der nachzuzahlenden Gebühr, jedoch mindestens 5 Reichsmark

2. Reichsgebühr für den Antrag auf internationale Markenregistrierung (§ 2 Abs. 2 des Gesetzes über den Beitritt des Reichs zu dem Madrider Abkommen über die internationale Registrierung von Fabrik- oder Handelsmarken, vom 12. Juli 1922 — Reichsgesetzbl. II S. 669, 779) . . . . 50 Reichsmark

Artikel II

(1) Das Gesetz tritt am 1. Oktober 1936 in Kraft; jedoch treten die Gebühren in Tarif A 3h bis q für das 10. bis 18. Patentjahr bereits am 1. Juli

1936 an die Stelle der entsprechenden Gebühren des Gesetzes vom 26. März 1926 (Reichsgesetzbl. II S. 181).

(2) Gebühren, die vor dem Inkrafttreten fällig geworden sind, bleiben nach den bisherigen Vorschriften zu entrichten.

(3) Die Vorschriften der Verordnung des Reichspräsidenten über Maßnahmen auf dem Gebiete der Rechtspflege und Verwaltung vom 14. Juni 1932, Vierter Teil (Gewerblicher Rechtsschutz) Kapitel I Artikel 5 und Kapitel III (Reichsgesetzbl. I S. 285, 296), wonach bis auf weiteres als Verspätungszuschlag kein Mindestbetrag erhoben wird, gelten sinngemäß weiter.

Berlin, den 5. Mai 1936.

Der Führer und Reichskanzler
Adolf Hitler

Der Reichsminister der Justiz
Dr. Gürtner.

Begründung:

Der Entwurf ersetzt das Gesetz über die patentamtlichen Gebühren vom 26. März 1926 (RGBl. II S. 181)[1]).

Im Gebührentarif für Patentsachen berücksichtigt er, daß an die Stelle der Gebühren für das 1. und 2. Patentjahr eine Bekanntmachungsgebühr treten soll (vgl. zu § 11 des Patentgesetzentwurfs). Weiter enthält er Änderungen der Gebühren für das 10. bis 18. Patent-

---

1) Blatt 1926 S. 58.

jahr. Die Gebühren für das 10. und 18. Jahr entsprechen dem Gesetz über die Ermäßigung von Patentjahresgebühren vom 24. April 1934 (RGBl. I S. 335)[1]. Die Gebühren für das 11. bis 17. Jahr sind gegenüber den Beträgen dieses Gesetzes im Durchschnitt um 15 v. H. erhöht worden. Wegen der Gründe hierfür wird auf die Ausführungen zu § 11 des Patentgesetzentwurfs Bezug genommen. Hinter dem Tarif von 1926 bleiben die Gebühren für das 11. bis 17. Jahr auch künftig noch zurück.

Die Tarife für Patent- und Gebrauchsmustersachen sind um eine Anzahl von Gebühren erweitert worden, die sich auf die Einrichtungen beziehen, welche durch die Entwürfe des Patent- und des Gebrauchsmustergesetzes neu geschaffen worden sind. Es handelt sich bei den Patentsachen um die Tarifnummern 4, 5, 7, 10 und 11 und bei den Gebrauchsmustersachen um die Tarifnummern 4 und 5.

Neu eingeführt ist auch eine Gebühr für die Eintragung von Änderungen in der Person des Rechtsinhabers oder seines Vertreters in den Rollen für Patente, Gebrauchsmuster und Warenzeichen (Tarifnummern A 6, B 2 und C 3). Sie wird durch die Mühewaltung des Reichspatentamts gerechtfertigt, die mit der Bearbeitung der Eintragungsanträge verbunden ist.

In Warenzeichensachen beträgt die Gebühr für die Einlegung der Beschwerde im patentamtlichen Verfahren bisher einheitlich 20.— *RM.* Von den übrigen Fällen hebt sich aber die Beschwerde gegen den Beschluß besonders ab, der über einen Löschungsantrag (§ 10 Abs. 2 Nr. 2 des Warenzeichengesetzentwurfs) befindet, und zwar sowohl wegen der Tragweite wie auch wegen der Schwierigkeit der Entscheidung. Diese Beschwerde kann etwa mit derjenigen im Verfahren zur Löschung von Gebrauchsmustern verglichen werden. Es ist daher angemessen, die dafür in der Tarifstelle B 5 ausgeworfene erhöhte Gebühr auch für die Beschwerde im Verfahren zur Löschung von Warenzeichen anzusetzen.

---

[1]) Blatt 1934 S. 102.

Während das Gesetz im ganzen zugleich mit den anderen Gesetzen über den gewerblichen Rechtsschutz am 1. Oktober 1936 in Kraft treten soll, ist es geboten, den Gebührentarif für das 10. bis 18. Patentjahr bereits zum 1. Juli 1936 einzuführen, weil die hierfür geltende Regelung in dem Gesetz vom 24. April 1934 (RGBl. I S. 335) am 30. Juni 1936 endet.

8. Verordnung über das Reichspatentamt.

Vom 6. Juli 1936.

Auf Grund des § 22 des Patentgesetzes, des § 21 des Gebrauchsmustergesetzes und des § 36 des Warenzeichengesetzes, sämtlich vom 5. Mai 1936 (Reichsgesetzblatt II S. 117, 130 und 134), verordne ich hiermit:

I. Patentwesen

§ 1. Die Zahl der Abteilungen und Senate beim Reichspatentamt bestimmt der Reichsminister der Justiz.

§ 2. Die einzelnen Abteilungen werden durch die Zahlen I, II usw., die Senate durch die Zahlen 1., 2. usw. unterschieden.

§ 3. (1) Der Präsident des Reichspatentamts weist den Abteilungen und Senaten bestimmte Patentklassen und Unterklassen als Geschäftskreis zu.

(2) Innerhalb seines technischen Gebietes liegt jedem Beschwerdesenat auch die Abgabe von Gutachten ob. Hierbei übernimmt, wenn die Geschäftsleitung in dem beteiligten Senat einem rechtskundigen Mitglied zusteht, statt seiner ein technisches Mitglied den Vorsitz. Zu den Beratungen über die Erstattung oder die Ablehnung des Gutachtens muß ein rechtskundiges Mitglied zugezogen werden.

(3) Für die Entscheidung über Beschwerden nach § 21 des Patentgesetzes wird ein besonderer Senat gebildet, dessen Vorsitzender ein rechtskundiges Mitglied sein muß.

§ 4. Sind mehrere Abteilungen oder Senate über die Zuständigkeit verschiedener Meinung, so entscheidet der Präsident; bei Meinungsverschiedenheiten mehrerer Prüfungsstellen entscheidet der Vorsitzende der Patentabteilung.

§ 5. (1) Die Geschäftsleitung in den Patentabteilungen steht den zu Vorsitzenden ernannten Mitgliedern zu, in den Beschwerde- und Nichtigkeitssenaten den Senatspräsidenten und im Großen Senat dem Präsidenten.

(2) Im Bedarfsfall können für eine bestimmte Zeit auch andere Mitglieder mit der Geschäftsleitung in einer Patentabteilung oder in einem Beschwerde- oder Nichtigkeitssenat betraut werden, im Senat jedoch nur ein Mitglied der Beschwerde- oder Nichtigkeitssenate oder ein Vorsitzender der Patent- oder Warenzeichenabteilungen. Die Anordnung trifft der Reichsminister der Justiz.

(3) Für jeden Vorsitzenden bestimmt der Präsident am Beginn des Kalenderjahres für dessen Dauer den Stellvertreter; dieser ist bei einem Senat aus der Zahl der Mitglieder der Beschwerde- oder Nichtigkeitssenate oder der Vorsitzenden der Patent- oder Warenzeichenabteilungen zu entnehmen.

(4) Der Präsident kann in jedem Beschwerde- oder Nichtigkeitssenat den Vorsitz übernehmen.

§ 6. (1) Die Zuweisung der Mitglieder an die Prüfungsstellen, Abteilungen und Senate liegt dem Präsidenten ob.

(2) Die Vertretung der Mitglieder wird innerhalb der Abteilungen und Senate durch die Vorsitzenden, im übrigen durch den Präsidenten geregelt.

(3) Die Beisitzer im Großen Senat und ihre Stellvertreter bestimmt der Reichsminister der Justiz für je ein Kalenderjahr im voraus. Bei einer Verhinderung von Beisitzern treten die Stellvertreter in der Reihenfolge ihrer Bezeichnung ein.

§ 7. (1) In den Prüfungsstellen trifft der Prüfer, in den Abteilungen und Senaten der Vorsitzende die für den Fortgang der Sachen erforderlichen Verfügungen.

(2) In der Patentabteilung übernimmt, soweit der Vorsitzende nicht anders bestimmt, der Prüfer die Berichterstattung.

(3) In den Beschwerde- und den Nichtigkeitssenaten bezeichnet der Präsident für jede Klasse im voraus zwei Berichterstatter.

(4) Die Berichterstatter halten den mündlichen Vortrag

in der Sitzung und entwerfen alle Beschlüsse und Entscheidungen. Der Vorsitzende prüft die Entwürfe und stellt sie fest. Über sachliche Meinungsverschiedenheiten beschließt die Abteilung oder der Senat.

(5) Bei Anrufung des Großen Senats hat der Beschwerdesenat die Entscheidung, von der er abweichen will, zu bezeichnen und seine eigene Rechtsauffassung zu begründen. Er ist befugt, zur Vertretung seiner Auffassung eines seiner Mitglieder zu den Beratungen des Großen Senats zu entsenden.

§ 8. Der Beratung und Abstimmung in einer Sitzung bedarf es

1. in der Patentabteilung für Beschlüsse, durch die Patente erteilt oder versagt werden,
2. im Nichtigkeitssenat für Entscheidungen nach den §§ 38, 39 des Patentgesetzes und für Beschlußfassungen, durch die ein nach § 41 Abs. 2 des Patentgesetzes gestellter Antrag erledigt wird,
3. im Beschwerdesenat für Entscheidungen nach den §§ 21, 34 des Patentgesetzes.

§ 9. Bei den Abstimmungen entscheidet die Mehrheit der Stimmen, bei Stimmengleichheit die Stimme des Vorsitzenden. Ist eine Anhörung der Beteiligten (§ 33 Abs. 1, § 34 Abs. 3, § 39 Abs. 2, § 41 Abs. 2 des Patentgesetzes) vorhergegangen, so kann ein Mitglied, das dabei nicht zugegen war, bei der Beschlußfassung nicht mitwirken.

§ 10. Dem Präsidenten liegt es ob, auf eine gleichmäßige Behandlung der Geschäfte und auf die Beobachtung gleicher Grundsätze hinzuwirken. Zu diesem Zwecke ist er befugt, den Beratungen aller Abteilungen und Senate beizuwohnen, auch sämtliche Mitglieder zu Vollversammlungen und zur Beratung über die von ihm vorgelegten Fragen zu vereinigen.

§ 11. Die Sitzungen der Abteilungen und Senate finden der Regel nach an bestimmten Tagen und zu bestimmten Stunden statt. Die Verfügung darüber steht dem Präsidenten zu.

§ 12. Die Ausfertigungen der Beschlüsse und Entscheidungen erhalten die Kopfschrift

„Reichspatentamt"
und am Schluß die vorschriftsmäßige Bezeichnung der Prüfungsstelle, der Abteilung oder des Senats.

§ 13. Für das Zustellungswesen gilt folgendes:

1. Zustellungen, die
   a) die Frist des § 34 Abs. 1 des Patentgesetzes in Lauf setzen,
   b) im Verfahren nach § 14 Abs. 4 und 5 des Patentgesetzes und im Verfahren vor dem Nichtigkeitssenat vorzunehmen sind,
   c) im Verfahren vor dem Beschwerdesenat eine Ladung mitteilen,
   d) Kostenfestsetzungsbeschlüsse betreffen,

   werden durch die Post bewirkt. Hierfür gelten die Vorschriften der Zivilprozeßordnung, jedoch mit folgenden Einschränkungen:

   Der vom Präsidenten bestimmte Beamte hat die Zustellung zu veranlassen und die zu übergebenden Abschriften zu beglaubigen. Er übergibt die Schriftstücke in einem verschlossenen Briefumschlag der Post zur Zustellung. Der Briefumschlag soll die Anschrift der Person, an die zuzustellen ist (Empfänger), und die Geschäftsnummer angeben und mit dem Vermerk „Vereinfachte Zustellung" versehen sein. Eine Bescheinigung der Übergabe an die Post (§§ 194, 196 der Zivilprozeßordnung) ist nicht erforderlich.

   Die von dem Postbediensteten aufzunehmende Zustellungsurkunde muß die Anschrift und die Geschäftsnummer des Briefes, den Ort und die Zeit der Zustellung und die Person, der zugestellt ist, angeben; wird dem Empfänger nicht persönlich zugestellt, so ist der Grund hierfür mitzuteilen. Die Urkunde ist von dem Postbediensteten zu unterschreiben. Abschrift der Zustellungsurkunde wird nicht übergeben. Den Tag der Zustellung vermerkt der Postbedienstete auf den Briefumschlag.

   Bei Zustellungen an einen Patent- oder Rechtsanwalt genügt zum Nachweis der Zustellung das mit Datum und Unterschrift versehene schriftliche Empfangsbekenntnis des Anwalts.

2. Zustellungen, die sonstige Fristen in Lauf setzen oder eine sonstige Ladung mitteilen, werden durch eingeschriebenen Brief oder gegen schriftliche, mit Datum und Unterschrift versehene Empfangsbescheinigung des Empfängers bewirkt. Wird die Annahme eines eingeschriebenen Briefs verweigert, so gilt die Zustellung gleichwohl als bewirkt.
3. Ist in den Fällen der Nrn. 1 und 2 eine Zustellung im Inland nicht möglich, so wird sie durch Aufgabe zur Post nach den §§ 175, 213 der Zivilprozeßordnung bewirkt.

§ 14. Zeugen und Sachverständige erhalten Gebühren nach der Gebührenordnung, die für die ordentlichen Gerichte gilt.

§ 15. Zu den Kosten des Verfahrens, über die nach den §§ 33 Abs. 2, 34 Abs. 5, 40 und 41 Abs. 2 des Patentgesetzes zu bestimmen ist, gehören außer den Auslagen des Reichspatentamts auch die den Beteiligten erwachsenen Kosten, soweit sie nach freiem Ermessen des Reichspatentamts zur zweckentsprechenden Wahrung der Ansprüche und Rechte notwendig waren.

§ 16. Der Präsident verfügt im Einvernehmen mit der zuständigen Abteilung über Modelle und Proben, für die sechs Monate nach endgültiger Zurückweisung der Anmeldung oder nach der Bekanntmachung über das erteilte Patent (§ 35 Abs. 1 des Patentgesetzes) kein Antrag auf Rückgabe vorliegt.

II. Gebrauchsmusterwesen

§ 17. Bei Verhinderung des Leiters der Gebrauchsmusterstelle kann der Präsident einem anderen rechtskundigen Mitglied die Vertretung übertragen.

§ 18. Für die Einrichtung, den Geschäftskreis, den Geschäftsgang und das Verfahren der Abteilungen für Gebrauchsmuster gelten die §§ 1, 2, 3 Abs. 1 und 2, §§ 4 bis 7, 9 bis 12 und 14 dieser Verordnung entsprechend.

§ 19. Für das Zustellungswesen gilt § 13 Nrn. 2 und 3 dieser Verordnung, für Zustellungen im Löschungsverfahren jedoch § 13 Nrn. 1 und 3.

§ 20. Zu den Kosten des Verfahrens, über die nach den §§ 9 und 10 des Gebrauchsmustergesetzes zu bestimmen ist, gehören die im § 15 dieser Verordnung genannten Auslagen und Kosten.

§ 21. Über die Eintragung des Gebrauchsmusters in die Rolle erhält der Inhaber eine Urkunde.

§ 22. Der Präsident verfügt über Modelle, deren Rückgabe zehn Jahre nach Ablauf der Schutzdauer nicht beantragt ist.

III. Warenzeichenwesen

§ 23. Die Vorsitzenden der Warenzeichenabteilungen und der Beschwerdesenate für Warenzeichensachen müssen rechtskundige Mitglieder sein.

§ 24. Der Beratung und Abstimmung in einer Sitzung bedarf es

a) in der Warenzeichenabteilung für Beschlüsse, die in den Fällen des § 10 des Warenzeichengesetzes die Löschung von Warenzeichen gegen den Widerspruch des Inhabers anordnen oder den Löschungsantrag eines Dritten zurückweisen;

b) im Beschwerdesenat für die Entscheidungen über Beschwerden.

§ 25. Über die Eintragung eines Warenzeichens in die Zeichenrolle erhält der Inhaber eine Urkunde.

§ 26. Der Präsident verfügt im Einvernehmen mit der zuständigen Warenzeichenabteilung über Modelle, Probestücke und sonstige Unterlagen einer Anmeldung, deren Aufbewahrung nicht mehr für erforderlich erachtet wird.

§ 27. Im übrigen gelten für die Einrichtung, den Geschäftskreis, den Geschäftsgang und das Verfahren in Warenzeichensachen die §§ 1, 2, 3 Abs. 1 und 2, §§ 4 bis 7, 9 bis 12 und 14 dieser Verordnung entsprechend.

§ 28. Für das Zustellungswesen gilt § 13 dieser Verordnung entsprechend.

§ 29. Zu den Kosten des Verfahrens, über die nach § 5 Abs. 1, § 10 Abs. 3 und § 13 des Warenzeichengesetzes zu bestimmen ist, gehören die im § 15 dieser Verordnung genannten Auslagen und Kosten.

IV. Allgemeines

§ 30. Die Einrichtung der Geschäftsstellen, der Bücherei und der Sammlungen wird durch den Präsidenten geordnet. Er erläßt die erforderlichen Geschäftsanweisungen.

§ 31. Die Leitung und Beaufsichtigung des gesamten Geschäftsbetriebes steht dem Präsidenten zu. Er verfügt in allen Verwaltungsangelegenheiten.

§ 32. (1) Sämtliche eingehenden Geschäftssachen, für die der Zeitpunkt ihres Eingangs von Bedeutung sein kann, werden, ohne Rücksicht auf ihren verschiedenen Inhalt, nach der Zeit ihres Eingangs mit einer laufenden Nummer und mit dem Datum bezeichnet.

(2) Geschäftssachen, die während der Dienststunden eingehen, sind alsbald, andere Geschäftssachen beim Wiederbeginn der Dienststunden von dem dazu bestimmten Beamten nach Abs. 1 zu bezeichnen. Wenn die Reihe des Eingangs nicht feststeht, sind sie in der Reihenfolge, wie sie vom Beamten übernommen werden, mit der Bezeichnung zu versehen.

(3) Von zwei Geschäftssachen, die nach dem Eingangsstempel am gleichen Tage eingegangen sind, gilt die Sache mit der höheren Nummer als später eingegangen, soweit nicht der Einsender selbst die Reihenfolge der von ihm gleichzeitig eingereichten Schriftstücke abweichend bestimmt.

§ 33. (1) Vertreter und Zustellungsbevollmächtigte in Patent-, Gebrauchsmuster- und Warenzeichensachen haben dem Reichspatentamt ihre Bevollmächtigung durch eine Vollmacht nachzuweisen.

(2) Die Vollmachten müssen, soweit sie nicht nur zum Empfang von Zustellungen ermächtigen, auf prozeßfähige, mit ihrem bürgerlichen Namen bezeichnete Personen lauten.

(3) Sind mehrere Personen bevollmächtigt, so gelten sie für befugt, sowohl gemeinschaftlich als auch einzeln die Vertretung wahrzunehmen. Eine abweichende Bestimmung dürfen die Vollmachten nicht enthalten.

§ 34. (1) Das Reichspatentamt kann nach seinem Ermessen jedem in Eingaben und Verhandlungen Einsicht gewähren, soweit diese gesetzlich nicht beschränkt ist.

(2) Die Akteneinsicht und die Erteilung von Auskünften, Abschriften und Auszügen können davon abhängig gemacht werden, daß vorher die entstehenden Kosten erstattet werden.

(3) Für Anträge auf Einsicht in Anmeldungs- und Erteilungsakten von Patenten und für Anträge auf Abschriften und Auszüge daraus ist eine Verwaltungsgebühr von 5 RM zu zahlen. Gebührenfrei sind jedoch:

a) Anträge, die das eigene Schutzrecht betreffen;

b) Anträge auf Einsicht in die Auslegestücke einer Anmeldung, solange das Patent noch nicht erteilt, und in die Unterlagen der Patentschrift, solange der Druck ausgesetzt ist.

(4) Auch in anderen Fällen kann die über den Antrag entscheidende Stelle aus Billigkeitsgründen von der Erhebung der Gebühr absehen oder ihre Rückzahlung anordnen.

(5) Die Gebührenentscheidung ist für sich allein nicht anfechtbar, auch wenn sie den einzigen Gegenstand des Beschlusses bildet.

(6) Für Anträge auf Mitteilung der öffentlichen Druckschriften, die dem Anmelder im Prüfungsverfahren entgegengehalten wurden, ist eine Verwaltungsgebühr von 3 RM zu zahlen.

§ 35. (1) Die Verordnung tritt am 1. Oktober 1936 in Kraft.

(2) Für Anträge nach § 34 dieser Verordnung, die vor diesem Tage beim Reichspatentamt eingegangen sind, ist eine Verwaltungsgebühr nicht zu zahlen.

Berlin, den 6. Juli 1936.

Der Reichsminister der Justiz
In Vertretung
Dr. Schlegelberger.

Reichsgesetzbl. II Nr. 24 S. 219.

9. Anmeldebestimmungen für Patente[1]).

Vom 11. Juli 1936.

Auf Grund des § 26 Abs. 3 des Patentgesetzes vom 5. Mai 1936 (Reichsgesetzbl. II S. 117) bestimme ich folgendes:

§ 1. Wer für eine Erfindung ein Patent erhalten will, hat sie schriftlich beim Reichspatentamt anzumelden. Die Anmeldung besteht nach § 26 Abs. 1 des Patentgesetzes aus dem Antrag (§ 2), der Beschreibung nebst Patentanspruch (§ 3) und den etwa erforderlichen Zeichnungen (§ 4), bildlichen Darstellungen, Modellen und Probestücken (§ 5).

§ 2. Der Antrag auf Patenterteilung ist auf besonderem Blatt — in zwei Stücken — einzureichen. Er muß enthalten:

a) den bürgerlichen Namen oder die Firma des Anmelders, den Wohnort oder Sitz und die Wohnung (Straße und Hausnummer). Zum Namen gehört die Angabe von Vor- und Zunamen, bei Frauen auch die des Familienstandes und des Geburtsnamens. Bei ausländischen Orten sind auch Staat und Bezirk anzugeben.

Es muß klar ersichtlich sein, ob das Patent von einzelnen Personen oder von einer Gesellschaft, von dem Inhaber einer Firma auf seinen bürgerlichen Namen oder von einer Firma nachgesucht wird.

Änderungen des Namens, der Firma, des Wohnortes usw. sind dem Amte unverzüglich mitzuteilen;

---

[1]) Der Erfinder kann schon bei der Anmeldung der Erfindung benannt werden (vgl. hierzu die Bestimmungen des Präsidenten des RPA. über die Nennung des Erfinders vom 11. Juli 1936 und Merkblatt für Patentanmelder Ziff. 6.

b) eine für die Veröffentlichung (§ 30 Abs. 2 des Patentgesetzes) geeignete technische Bezeichnung der Erfindung;

c) die Erklärung, daß für die Erfindung die Erteilung eines Patents beantragt wird. Falls ein Zusatzpatent beantragt wird, ist die Nummer des Hauptpatents oder das Aktenzeichen der Hauptanmeldung anzugeben;

d) falls ein Vertreter bestellt ist, dessen Namen, Beruf und Wohnort. Die Vollmacht ist als Anlage dem Antrag beizufügen; nur auf besonderes Erfordern ist die Unterschrift zu beglaubigen;

e) falls mehrere Personen ohne gemeinsamen Vertreter anmelden, die Angabe, wer zum Empfang amtlicher Bescheide befugt ist (Zustellungsbevollmächtigter);

f) die Unterschrift des Anmelders, der Anmelder oder des Vertreters;

g) falls der Anmelder minderjährig oder sonst in seiner Geschäftsfähigkeit beschränkt ist (§ 114 des Bürgerlichen Gesetzbuches), das schriftliche Einverständnis des gesetzlichen Vertreters.

§ 3. a) Die Beschreibung sowie der Patentanspruch (§ 26 Abs. 1, Satz 4, 5 des Patentgesetzes) sind in je zwei übereinstimmenden Stücken einzureichen. Wird für den Fall, daß die Patentanmeldung nicht zur Patenterteilung führt, die Eintragung in die Rolle für Gebrauchsmuster beantragt (Gebrauchsmuster-Hilfsanmeldung,) so ist je ein drittes Stück der Beschreibung und des Patentanspruchs einzureichen. Auch sonst kann das Reichspatentamt dritte Stücke nachfordern.

b) In der Beschreibung ist die Erfindung klarzustellen. Alles, was nicht der Beschreibung der Erfindung dient, gehört nicht in die Beschreibung. Soweit das Reichspatentamt es zum Beschreiben der Erfindung für erforderlich hält, hat der Anmelder auf Verlangen des Reichspatentamts den im Prüfungsverfahren festgestellten Stand der Technik in die Beschreibung aufzunehmen.

c) Maße, Gewichte, sowie elektrische Einheiten müssen

nach den gesetzlichen[1]) Vorschriften, Temperaturen nach Celsius angegeben werden.

Bei chemischen Formeln sind die allgemein üblichen chemischen Zeichen der Elemente, deren Atomgewichte und Molekularformeln anzuwenden.

d) Bildliche Darstellungen darf die Beschreibung nicht enthalten.

Die Beschreibung darf nicht ganz oder teilweise durch Einreichen von Modellen oder Proben ersetzt werden.

e) Im Patentanspruch sind, soweit dies zur Klarstellung der Erfindung erforderlich ist, in Klammern Bezugszeichen anzugeben, die auf die Abbildungen hinweisen (zu vgl. § 4 d). Allgemeine Hinweise auf die Beschreibung oder die Zeichnung (z. B. „wie gezeichnet" oder „wie beschrieben") sind in den Patentanspruch nicht aufzunehmen.

Mehrere Patentansprüche sind fortlaufend mit arabischen Ziffern zu bezeichnen.

§ 4. a) Die Zeichnungen (§ 26 Abs. 1 Satz 6 des Patentgesetzes) sind in zwei übereinstimmenden Stücken einzureichen (Druckzeichnung und Aktenzeichnung).

b) Die Höhe des einzelnen Blattes darf 33 cm nicht überschreiten, die Breite muß 21 cm oder, wenn besondere Umstände dazu nötigen, 42 cm betragen. Oben, unten und seitwärts muß ein Rand von mindestens 2 cm frei bleiben.

c) Die Zeichnungen sind nur in Linien auszuführen; Querschnitte sind durch Schraffieren kenntlich zu machen. Alle Linien und Striche müssen tiefschwarz, scharf begrenzt und unveränderlich sein.

Die einzelnen Abbildungen sind mit laufenden Nummern zu versehen.

Die Zeichnung muß sich zur Wiedergabe im Lichtdruckverfahren auch im verkleinerten Maßstab eignen.

d) Alle auf den Zeichnungen angebrachten Schriftzeichen müssen einfach und deutlich sein.

Für die einzelnen Teile der Abbildungen sind Bezugs-

---

[1]) Vgl. Gesetz vom 1. Juni 1898, betr. die elektrischen Maßeinheiten (Reichsgesetzbl. S. 905) und Maß- und Gewichtsgesetz vom 13. Dezember 1935 (Reichsgesetzbl. Teil I S. 1499).

zeichen (Buchstaben oder Ziffern ohne zusätzliche Unterscheidungsmerkmale) nur soweit zu verwenden, als ein Hinweis auf die Darstellung des betreffenden Teils in der Beschreibung zum Verständnis der Erfindung erforderlich ist.

Gleiche Teile müssen in allen Abbildungen gleiche Bezugszeichen erhalten, die mit den Bezugszeichen der Beschreibung genau übereinstimmen müssen. Für verschiedene Teile dürfen keine gleichen Bezugszeichen verwendet werden, auch wenn die Abbildungen auf verschiedenen Blättern stehen.

e) Erläuterungen sind in die Zeichnung nicht aufzunehmen; ausgenommen sind kurze Angaben wie „Wasser", „Dampf", „Schnitt nach A—B (Abb. 3)" sowie Inschriften, die auf den dargestellten Gegenständen angebracht werden sollen, z. B. „Offen", „Zu".

Alle wörtlichen Angaben sind in deutscher Sprache zu machen.

f) Der Zugehörigkeitsvermerk (§ 6 a) ist am Rande anzubringen.

g) Die Druckzeichnung ist auf weißem, starkem, glattem, nicht glänzendem Papier anzufertigen und ungefaltet und ungerollt einzureichen.

Die Aktenzeichnung ist auf Zeichenleinwand oder dauerhaftem Pauspapier zu fertigen und muß der Druckzeichnung genau entsprechen. Die Aktenzeichnung kann hierbei entweder durchgezeichnet oder, sofern die Druckzeichnung mittels eines Druckverfahrens hergestellt wurde, unter Benutzung derselben Druckform gedruckt werden. Lichtpausen sind unzulässig.

§ 5. a) Die für die Veranschaulichung der Erfindung bestimmten Modelle und Probestücke brauchen nur in einer Ausführung eingereicht zu werden.

b) Proben sind zu allen Anmeldungen einzureichen, welche die Herstellung neuer chemischer Stoffe betreffen. Ausgenommen sind leicht entzündliche Stoffe und solche mit Sprengwirkung; ihre Einsendung ist nur auf amtliche Aufforderung zulässig.

Bildet ein chemisches Verfahren von allgemeiner Anwendbarkeit, nach dem ganze Gruppen von Stoffen hergestellt werden können, den Gegenstand der Anmeldung, so sind Proben der Vertreter der Gruppen einzureichen. Werden jedoch besondere Ausführungsformen eines chemischen Verfahrens unter Aufzählung der einzelnen nach ihnen entstehenden Stoffe beansprucht, so sind die Stoffe sämtlich mit Proben zu belegen. Bei Farbstoffen sind außerdem Ausfärbungen auf Wolle, Seide oder Baumwolle in je einer Ausführung, bei Gerbstoffen Lederproben beizufügen.

c) Modelle und Probestücke, die leicht beschädigt werden können, sind unter Hinweis hierauf in festen Hüllen einzureichen. Gegenstände von kleinem Umfange sind auf steifem Papier zu befestigen.

d) Proben von giftigen, ätzenden oder leicht entzündlichen Stoffen, besonders von Sprengstoffen, sind auf der Umhüllung und, soweit möglich, auf dem Gegenstande selbst durch eine deutliche Aufschrift als solche zu kennzeichnen.

e) Proben chemischer Stoffe sind in genormten, 25 ccm Inhalt fassenden Glasflaschen ohne vorspringenden Fuß einzureichen; die Flaschen sind mit einem haltbaren Siegel zu verschließen und mit einer dauerhaft befestigten Inhaltsangabe zu versehen. Den Proben ist ein nach der Beschreibung oder dem Patentanspruche geordnetes Verzeichnis beizulegen.

f) Ausfärbungen und Lederproben müssen möglichst flach auf steifem Papier dauerhaft befestigt und mit genauen, den Angaben der Beschreibung entsprechenden Aufschriften versehen sein. Die Unterlage darf hierbei eine Höhe von 34 cm und Breite von 22 cm nicht überschreiten. Den Ausfärbungen und Lederproben ist eine Beschreibung des angewendeten Färbe- und Gerbeverfahrens beizulegen mit genauen Mitteilungen über den Gehalt der Flotte an Farbstoff, die etwa gebrauchten Beizen, die Temperatur usw., sowie auch darüber, ob die gebrauchte Flotte erschöpft war oder erhebliche Mengen von Farbstoff zurückgehalten hat.

§ 6. a) Die Anlagen des Antrags müssen deutlich erkennen lassen, zu welcher Anmeldung sie gehören. Gleiches gilt für Modelle und Probestücke. Im Lauf des Verfahrens eingereichte Stücke und deren sämtliche Anlagen müssen das dem Anmelder mitgeteilte Aktenzeichen der Anmeldung enthalten.

b) Schriftstücke, die anderen Personen mitzuteilen sind oder die mehrere Anmeldungen betreffen, sind in der entsprechenden Stückzahl einzureichen.

c) Zu allen Schriftstücken ist dauerhaftes, nicht durchscheinendes weißes Papier zu verwenden. Für die Schriftstücke, die den Patenterteilungsantrag enthalten oder zur Beschreibung der Erfindung gehören, darf die Höhe der Seite nur 29 bis 34 cm und die Breite nur 20 bis 22 cm betragen. Die Blätter dieser Schriftstücke dürfen nur einseitig beschrieben werden.

d) Die Schrift muß leicht lesbar, in dunkler Farbe ausgeführt, unverwischbar und unveränderlich sein. Zwischen den einzelnen Wörtern und Zeilen muß ein angemessener Zwischenraum bleiben.

An der linken Seite des Blattes ist ein Heftrand von mindestens 4 cm frei zu lassen. Die einzelnen Blätter der Schriftstücke sind mit fortlaufenden Nummern zu versehen.

§ 7. Sind Schriftstücke nicht in deutscher Sprache abgefaßt, so ist ihnen eine deutsche Übersetzung beizufügen, die von einem öffentlich bestellten Sprachkundigen angefertigt ist. Die Unterschrift des Übersetzers ist auf Verlangen öffentlich zu beglaubigen (§ 129 des Bürgerlichen Gesetzbuches), ebenso die Tatsache, daß der Übersetzer für derartige Zwecke öffentlich bestellt ist. Dies gilt nicht für Prioritätsbelege, die gemäß der revidierten Pariser Verbandsübereinkunft zum Schutze des gewerblichen Eigentums in der Haager Fassung vom 6. November 1925 [1]) oder in der Londoner Fassung vom 2. Juni 1934 [2]) eingereicht werden. Ob für solche Belege eine Übersetzung beizubringen ist, bestimmt im Einzelfall die für die Prüfung der Anmeldung zuständige Stelle.

Berlin, den 11. Juli 1936.

Der Präsident des Reichspatentamts
Klauer.

---

1) Blatt 1926 S. 190.
2) Blatt 1934 S. 198.

10. Merkblatt für Patentanmelder.

1. Bei der Anmeldung müssen außer den Vorschriften des § 26 des Patentgesetzes vom 5. Mai 1936 (Reichsgesetzbl. II S. 117) auch die im Anschluß hieran erlassenen Anmeldebestimmungen für Patente vom 11. Juli 1936 (Anmeldebestimmungen) und die Bestimmungen über die Nennung des Erfinders vom 11. Juli 1936 eingehalten werden.

2. Wird neben der Erteilung eines Patents noch die Eintragung in die Rolle für Gebrauchsmuster gewünscht, so bedarf es einer besonderen an das „Reichspatentamt, Gebrauchsmusterstelle", zu richtenden Anmeldung. Wird aber bei der Anmeldung des Gebrauchsmusters beantragt, daß die Eintragung in die Gebrauchsmusterrolle erst vorgenommen wird, wenn die Patentanmeldung erledigt ist (Gebrauchsmuster-Hilfsanmeldung), so ist der Patentanmeldung ein entsprechender Antrag beizufügen. Es ist dann für das Gebrauchsmuster zunächst nur die Hälfte der Anmeldegebühr zu entrichten (§ 2 Abs. 6 des Gebrauchsmustergesetzes).

3. Die nach § 26 Abs. 1 Satz 3 des Patentgesetzes und § 2b der Anmeldebest. erforderliche Bezeichnung der Erfindung darf keine Phantasiebezeichnung sein, sondern muß den Gegenstand, den die Erfindung betrifft, möglichst genau nach seiner technischen Eigenart bezeichnen. Dadurch wird auch die Ermittlung der zur Bearbeitung zuständigen Patentklasse erleichtert.

Falls sich der Anmelder zur Unterscheidung seiner Ware von den Waren anderer eines Warenzeichens bedienen will, muß er dieses Zeichen zur Eintragung in die Zeichenrolle besonders anmelden (§ 1 des Warenzeichengesetzes und Anmeldebestimmungen dazu).

4. a) Hat der Anmelder denselben Gegenstand bereits im Ausland angemeldet und will er das in einem Staats-

vertrag vorgesehene Prioritätsrecht geltend machen, so muß er die Prioritätserklärung über Zeit und Land der Voranmeldung binnen einer Frist von zwei Monaten seit dem Tage der Anmeldung abgeben; andernfalls wird der Prioritätsanspruch für diese Anmeldung verwirkt (§ 27 des Patentgesetzes).

b) Führt bei widerrechtlicher Entnahme der Einspruch zur Zurücknahme oder Zurückweisung der Anmeldung und meldet der Einsprechende innerhalb eines Monats seit der amtlichen Mitteilung hiervon die Erfindung seinerseits an, so kann er verlangen, daß als Tag seiner Anmeldung der Tag der früheren Anmeldung festgesetzt wird (§ 4 Abs. 3 des Patentgesetzes).

c) Eine Ausstellungspriorität kann auf Grund des Gesetzes vom 18. März 1904 (Reichsgesetzbl. S. 141)[1]) für eine innerhalb der dort vorgesehenen Sechsmonatsfrist angemeldete Erfindung jederzeit in Anspruch genommen werden.

In anderen Fällen kann eine Priorität, d. h. der Rang einer Anmeldung im zeitlichen Verhältnis zu anderen Anmeldungen, nicht beansprucht werden. Vielmehr richtet sich der Rang im einzelnen Falle nach dem Zeitpunkt der Anmeldung.

5. Die Bestimmung des § 30 Abs. 4 des Patentgesetzes, nach der die Bekanntmachung auf Antrag des Anmelders auf 3 Monate ausgesetzt werden muß, bezweckt, dem Anmelder Zeit zu geben, bei Geheimhaltung der Erfindung Vorbereitungen für ihre wirtschaftliche Ausnutzung zu treffen, insbesondere ihm aber die Anmeldung im Auslande zu ermöglichen, ohne ihn der Gefahr auszusetzen, daß ihm dort die in Deutschland erfolgte Bekanntmachung als neuheitsschädlich entgegengehalten wird.

Sofern diese Voraussetzungen nicht vorliegen, wird durch einen Antrag auf Aussetzung der Bekanntmachung die Bearbeitung der Anmeldung nur unnötig verzögert. Falls der Anmelder aber von der nach § 30 Abs. 4 des Patentgesetzes zulässigen Aussetzung der Bekanntmachung Gebrauch machen will, empfiehlt es sich, den

[1]) Blatt 1904 S. 181.

Antrag hierauf zugleich mit der Anmeldung zu stellen und äußerlich hervorzuheben. Dies geschieht zweckmäßig dadurch, daß der Antrag entweder in einem besonderen Schriftstück eingereicht oder augenfällig gemacht wird, z. B. durch Unterstreichen oder Verwenden von Rotschrift. Ein Antrag auf längere Aussetzung als auf 3 Monate ist zu begründen.

6. Wird der Erfinder schon bei der Anmeldung benannt, so ist die Benennung der Anmeldung als Anlage beizufügen.

7. Will der Erfinder nach außen nicht als solcher bekannt gegeben werden (§ 36 Abs. 1 Satz 3 des Patentgesetzes), so empfiehlt es sich, daß sein Antrag darauf möglichst bald eingereicht wird, etwa als Anlage zu der Angabe des Erfinders (Benennung), die dem Anmelder dem Reichspatentamt gegenüber obliegt; sonst läuft der Erfinder Gefahr, daß sein Antrag nicht mehr berücksichtigt werden kann. Jedenfalls muß die Mitteilung, daß ein solcher Antrag des Erfinders zu erwarten ist, dem Reichspatentamt rechtzeitig, d. h. noch vor der Bekanntmachung der Anmeldung zugehen.

8. Will der Anmelder schon bei der Anmeldung die Lizenzbereitschaft (§ 14 Abs. 1 des Patentgesetzes) erklären und sich dadurch den Vorteil ermäßigter Jahresgebühren sichern, so empfiehlt es sich, die Erklärung auf besonderem Blatt einzureichen, das der Anmeldung als Anlage beizufügen ist, oder die Erklärung augenfällig zu machen, z. B. durch Unterstreichen oder Verwenden von Rotschrift.

9. Der Anmelder kann zu seinem Vertreter nur eine prozeßfähige, mit ihrem bürgerlichen Namen bezeichnete Person bestellen, nicht aber z. B. eine Firma oder eine Gesellschaft. Die Bestellung mehrerer Vertreter ist zulässig. Diese gelten für befugt, sowohl gemeinschaftlich als auch einzeln die Vertretung wahrzunehmen. Eine abweichende Bestimmung dürfen die Vollmachten nicht enthalten (§ 33 der Verordnung über das Reichspatentamt).

Zum Empfang amtlicher Bescheide (Zustellungsbevollmächtigter) kann auch eine Firma oder Handelsgesellschaft ermächtigt werden (vgl. Anmeldebest. § 2e).

10. Ein Anmelder, der im Inland weder Wohnsitz noch Niederlassung hat, kann ein Patent nur erwirken und die Rechte aus einem Patent nur geltend machen, wenn er im Inland einen Patentanwalt oder Rechtsanwalt als Vertreter bestellt hat (§ 16 des Patentgesetzes).

11. Die Unterschrift des Anmelders, der Anmelder oder des Vertreters ist mit dem bürgerlichen Namen handschriftlich (nicht mittels Faksimilestempels) zu vollziehen.

12. Der Anmelder muß sich beim Abfassen der Beschreibung und beim Anfertigen der Zeichnung, falls eine solche erforderlich ist, stets vor Augen halten, daß nur der darin offenbarte Inhalt die Grundlage für das Erteilungsverfahren bilden kann.

In der Beschreibung ist daher die Erfindung von vornherein klar und vollständig zu offenbaren. Die Beschreibung beginnt am besten mit der Bezeichnung des mit der Erfindung verfolgten Zweckes unter vollständiger und wahrheitsgemäßer Angabe des Standes der Technik, soweit er dem Anmelder bekannt ist. Im Anschluß hieran ist die technische Aufgabe anzugeben, die durch die Erfindung gelöst werden soll. Die Lösung der Aufgabe ist dann im einzelnen, soweit erforderlich, an Hand von Zeichnungen, zu erläutern, wobei so viel wie möglich auf die zusammenhängende Darlegung des Arbeitsganges oder der Wirkungsweise Bedacht zu nehmen ist. Soweit hierbei an sich bekannte Einzelheiten Verwendung finden, ist deren Bekanntsein ausdrücklich zu erwähnen. Endlich wird unter Angabe des gewerblichen Anwendungsgebiets der Erfindung auszuführen sein, worin der mit der Erfindung erzielbare, die Patentfähigkeit begründende wesentliche Fortschritt gegenüber dem Bekannten liegen soll.

Fremdwörter sind tunlichst zu vermeiden.

13. Für einen technischen Begriff soll in der Beschreibung durchgehend derselbe Ausdruck gebraucht werden. Wenn z. B. ein „Hebel" einmal „Hebel" genannt ist, darf er an anderer Stelle nicht als „Arm" bezeichnet werden. Die der Erläuterung der Zeichnung dienenden Bezugszeichen sind uneingeklammert in den Wortlaut der Beschreibung aufzunehmen.

14. Für den Regelfall ist anzuraten, Modelle und Proben nur dann einzureichen, wenn dies vom Reichspatentamt gefordert wird. Bei Anmeldung von chemischen Verfahren ist aber die Sondervorschrift im § 5b der Anmeldebest. zu beachten.

15. Die nach § 26 Abs. 5 des Patentgesetzes bis zum Bekanntmachungsbeschluß zulässigen Abänderungen der ursprünglichen Angaben dürfen das Wesen der angemeldeten Erfindung nicht verändern. Ein aus unzulässigen Abänderungen hervorgehendes Patentbegehren kann nur in einer besonderen, neuen und für sich kostenpflichtigen Anmeldung weiter verfolgt werden.

Vorläufige Anmeldungen kennt das Patentgesetz nicht.

16. Eine von den meisten Anmeldern benutzte Fassung des Patentanspruchs ist die, daß zuerst das Bekannte, woran die Erfindung anknüpft, genannt wird, und daß hierauf, anschließend mit den Worten: „dadurch gekennzeichnet, daß" oder „gekennzeichnet durch" die besonderen neuen Merkmale der Erfindung angegeben werden.

Soweit es zum Klarstellen der Erfindung erforderlich ist, sind nach § 3e der Anmeldebest. im Patentanspruch auf die Zeichnung verweisende, in Klammern zu setzende Bezugszeichen zu benutzen. Im Oberbegriff des Anspruchs sind Bezugszeichen wegzulassen.

Reicht zur Kennzeichnung der Erfindung ein Anspruch allein nicht aus, so können mehrere Ansprüche aufgestellt werden, die nach § 3e der Anmeldebest. fortlaufend mit arabischen Ziffern zu bezeichnen sind.

17. Für die Zeichnung ist besonders zu beachten, daß sie nach § 4c der Anmeldebest. nur in Linien, und zwar tief schwarzen, scharf begrenzten und unveränderlichen Linien auszuführen ist. Austuschungen und Verwendung bunter Farben sind daher ebenso wie photographische Bilder des Gegenstandes der Anmeldung ausgeschlossen.

Soll zum Kenntlichmachen gewölbter Flächen ausnahmsweise eine Schattengebung verwendet werden, so darf auch sie nur durch Linien dargestellt werden.

18. Der Anmelder muß beachten, daß in der Zeich-

nung nur das Wesen der Erfindung darzustellen, nicht aber eine Werkstattszeichnung zu liefern ist. Maßangaben gehören nicht in die Zeichnung, sind vielmehr, wenn sie für die Erfindung wesentlich sein sollten, nur in die Beschreibung aufzunehmen.

Ist ausnahmsweise eine genau maßstäblich gehaltene Wiedergabe des Gegenstandes der Anmeldung erforderlich, so ist der Maßstab besonders einzuzeichnen. Da der Anmelder in der Regel freie Wahl hat, welchen Maßstab er für die einzelnen Teile verwenden will, wird er gut daran tun, ihn so zu wählen, daß die Darstellung möglichst klar wird. Die Bezugszeichen (Buchstaben oder Ziffern ohne zusätzliche Unterscheidungsmerkmale) sollten zur Erleichterung des Verständnisses fortlaufend nach dem Gange der Beschreibung gewählt werden. Kleine lateinische Buchstaben oder arabische Ziffern sind hierfür am meisten üblich.

19. Die der Patentschrift beigegebenen Abbildungen werden im Lichtdruckverfahren hergestellt und sind im allgemeinen auf wenigstens 2:3 verkleinerte Wiedergaben der Druckzeichnung. Da sie auch in dieser Form noch leicht lesbar sein müssen (§ 4c, d der Anmeldebest.), sind die gesamte Darstellung und die Größe der Schriftzeichen, besonders der Bezugszeichen, genügend groß zu wählen. Andererseits leidet aber die Übersichtlichkeit einer Zeichnung durch unnötige Platzverschwendung. Das Lesen einer Patentschrift wird erleichtert, wenn die Abbildungen mit ihren Nummern und Bezugszeichen so auf dem Zeichnungsblatt angeordnet sind, daß sie bei hochkant gestelltem Blatt gelesen werden können.

20. Bei Zusatzanmeldungen ist es erwünscht, wenn für diejenigen Teile, die bereits im Hauptpatent oder in der Hauptanmeldung beschrieben und zeichnerisch dargestellt sind, dieselben Bezugszeichen beibehalten werden.

21. Die nach § 26 Abs. 2 des Patentgesetzes zugleich mit der Anmeldung zu zahlende Anmeldegebühr beträgt nach dem Tarif 25 *RM*. Sie kann nicht gestundet, erlassen, zurückgezahlt oder auf eine andere Anmeldung angerechnet werden.

Die Höhe der sonstigen Gebühren ist aus dem Gebührentarif des Gesetzes über die patentamtlichen Gebühren vom 5. Mai 1936 (Reichsgesetzbl. II, S. 142) ersichtlich. Wegen der im Patentgesetz vorgesehenen Zahlungserleichterungen für mittellose Anmelder und Patentinhaber wird auf § 11 des Patentgesetzes verwiesen.

22. Die Gebühren können unmittelbar bei der Kasse des Reichspatentamts (Berlin SW 61, Gitschiner Straße 97—103) oder zur Überweisung dorthin bei einer Postanstalt im Gebiet des Deutschen Reiches eingezahlt werden. Die Barzahlung ist jedoch nicht erwünscht. Vielmehr wird zur Förderung des bargeldlosen Verkehrs von den Inhabern von Bank-, Giro- oder Postscheckkonten Zahlung durch Überweisung erbeten. Das Reichspatentamt hat Reichsbank-Girokonto, das Konto Nr. 2 beim Postscheckamt Berlin und das Konto 20073 bei der Brandenburgischen Provinzialbank und Girozentrale Berlin. Schecke sind zweckmäßig mit dem Vermerk: „Nur zur Verrechnung" zu versehen. Nichtkontoinhaber können die Gebühren auf das Postscheckkonto der Kasse mittels Zahlkarte bei jedem Postamt im Gebiete des Deutschen Reichs einzahlen.

Bei allen Zahlungen sind der Verwendungszweck des Geldes und der Name des Einzahlers sowie desjenigen anzugeben, für den der Betrag gezahlt wird. Ist dem Anmelder das Aktenzeichen bekannt, so ist es ebenfalls anzugeben. Ist das Aktenzeichen nicht bekannt, so muß bei der Zahlung der Anmeldegebühr auch die Anmeldung genau bezeichnet und der Tag angegeben werden, an dem sie eingereicht wurde. Das Beifügen baren Geldes als Anlage der Schriftstücke ist zu vermeiden.

Im übrigen wird auf die Bestimmungen über die Zahlung patentamtlicher Gebühren vom 11. Juli 1936 verwiesen.

23. Für jede Erfindung ist eine besondere Anmeldung erforderlich (§ 26 Abs. 1 Satz 2 des Patentgesetzes).

24. Alle Anmeldungsschriftstücke sollen möglichst in Maschinenschrift, ausnahmsweise in leicht lesbarer Handschrift angefertigt sein. Die Schrift muß dunkel,

unverwischbar und unveränderlich sein. Die Benutzung von Kopiertinte oder kopierfähigem Farbband ist nur dann zulässig, wenn besondere Vorsichtsmaßnahmen getroffen und die Schriftstücke nachträglich sorgfältig abkopiert werden.

25. Zur Förderung der allgemeinen, auf Normung gerichteten Bestrebungen wird für die Blätter der Schriftstücke und Zeichnungen das Din-Format A 4 (297 : 210 mm) empfohlen.

26. Es empfiehlt sich, Schriftstücke, die aus mehreren Blättern bestehen, zu heften. Die nach § 6a der Anmeldebest. erforderliche Bezeichnung der Anmeldung, zu der sie gehören, braucht dann nur auf dem ersten Blatt angebracht zu werden.

In allen Eingaben, zu denen Anlagen gehören, sind die Anlagen nach Nummer und Inhalt aufzuführen.

27. Die Sendungen an das Reichspatentamt müssen kostenfrei eingehen. Die Anschrift lautet:

„Reichspatentamt, Berlin SW 61, Gitschiner Straße 97—103."

Die Sendungen des Reichspatentamts sind gebührenpflichtige Dienstsachen; die Postgebühren werden daher beim Empfänger eingezogen.

28. Der Anmelder sollte stets von allen eingereichten Stücken Abschriften zum eigenen Gebrauch für sich zurückbehalten.

29. Schriftstücken, die im Laufe des Verfahrens eingereicht werden und den am Verfahren Beteiligten mitzuteilen sind, soll, wenn für diese ein Vertreter bestellt ist, ein weiteres Doppel für den Vertreter beigefügt werden.

30. Empfangsbescheinigungen werden erteilt über Anmeldungen (auf Wunsch des Anmelders schon bei der Annahme durch die Annahmestelle, die dann jedoch das Aktenzeichen noch nicht mitteilen kann) und über Postsendungen, außerdem über Schriftsätze, die im Laufe des Verfahrens eingereicht werden, besonders in Fällen, in denen Fristen zu wahren sind.

Die Bescheinigung wird in einer Ausfertigung ohne Unterschrift erteilt. Betrifft sie den Eingang von Anmeldungen, so wird sie mit Datum und Amtsstempel versehen, in den übrigen Fällen nur mit dem Tagesstempel. Ist über eine Anmeldung bereits eine Empfangsbescheinigung erteilt worden, jedoch ohne Angabe des Aktenzeichens, so steht es dem Anmelder frei, noch die Erteilung einer weiteren Empfangsbescheinigung mit Aktenzeichen zu beantragen.

Voraussetzung für die Erteilung ist in jedem Fall, daß der Anmelder die Bescheinigung selbst vorbereitet und beim Reichspatentamt einreicht. Wird die Empfangsbescheinigung nicht auf der Rückseite einer freigemachten Postkarte vorbereitet, so ist ein mit der Anschrift des Empfängers versehener freigemachter Briefumschlag beizufügen.

Beispiel einer vorbereiteten Empfangsbescheinigung:

„Die Patentanmeldung von .... (Name)
vom .... (Datum)
auf Meßinstrument
ist am .... hier eingegangen und unter dem Aktenzeichen .... in den Geschäftsgang gegeben worden.
Reichspatentamt.“

Die vorbereitete Empfangsbescheinigung darf nicht zugleich eine Zahlungsquittung enthalten. Quittungen über eingezahlte Gebührenbeträge werden nur auf besonderen Antrag erteilt.

31. Um Rückfragen des Reichspatentamts zu vermeiden, empfiehlt es sich, schon beim Einreichen von Modellen und Probestücken zu erklären, ob sie, wenn entbehrlich, zurückgegeben werden sollen oder vernichtet werden können. Haben sie einen besonderen Wert, so wird der Anmelder gut daran tun, im Anschreiben darauf hinzuweisen. Können sie schon durch unvorsichtiges Auspacken beschädigt oder durch das Einwirken von Licht, Feuchtigkeit u. dgl. verdorben werden, so sollte die Umhüllung mit der deutlichen Aufschrift „Ungeöffnet in den Geschäftsgang“ versehen sein.

Für die dauernde Erhaltung überreichter Gegenstände (Modelle, Probestücke u. dgl.) in unversehrtem Zustande übernimmt das Reichspatentamt keine Haftung.

32. Der Anmelder muß auf Antrag sowohl durch die

Prüfungsstelle (§ 33 Abs. 1 des Patentgesetzes) als auch durch den Beschwerdesenat (§ 34 Abs. 3 des Patentgesetzes) gehört werden. In dem vor der Patentabteilung geführten Einspruchsverfahren besteht ein solches Recht nicht, wohl aber kann die Patentabteilung nach § 33 Abs. 1 des Patentgesetzes die Beteiligten jederzeit von sich aus laden und anhören.

Will der Anmelder von dem ihm zustehenden Recht auf Anhörung Gebrauch machen, so muß er die Anhörung schriftlich beantragen.

33. Bei der Einreichung eines Einspruchs ist zu beachten, daß sämtliche zur Begründung des Einspruchs dienenden Tatsachen innerhalb der Einspruchsfrist von drei Monaten vorzubringen sind (§ 32 Abs. 1 Satz 5 des Patentgesetzes).

34. Der Anmelder, der nicht genügende Erfahrung in der Behandlung von Patentangelegenheiten hat, sollte nicht die Schwierigkeiten verkennen, die das sachgemäße Ausarbeiten einer Patentanmeldung und das weitere Verfahren mit sich bringen, und deshalb möglichst nicht versäumen, sich der Hilfe eines auf diesem Gebiet erfahrenen Beraters zu bedienen.

Anmelder, die das beabsichtigen, werden auf die Liste der deutschen Patentanwälte aufmerksam gemacht, die vom Reichspatentamt angefordert werden kann. Es wird ferner auf die nach der Übergangsvorschrift des § 56 des Patentanwaltgesetzes vom 28. September 1933[1]) zugelassenen Vertreter hingewiesen, die Vertretungen vor dem Reichspatentamt ausüben dürfen, jedoch nicht im patentamtlichen Nichtigkeits-, Zwangslizenz- und Zurücknahmeverfahren (§ 56, Abs. 2 a. a. O.), auch nicht in dem oben unter Nr. 10 (Inlandsvertreter) bezeichneten Falle. Eine Liste dieser Vertreter kann ebenfalls vom Reichspatentamt angefordert werden.

35. Bei der Anbahnung von Geschäftsverbindungen mit sogenannten Patentverwertungsgesellschaften ist größte Vorsicht geboten. Firmen oder Personen, die sich mit dem Verwerten von Erfindungen befassen,

---

[1]) Blatt 1933 S. 248.

unterstehen nicht der Aufsicht des Reichspatentamts. Das Amt ist daher nicht in der Lage, über die Vertrauenswürdigkeit derartiger Unternehmungen Auskunft zu erteilen. Falls eine solche Auskunft gewünscht werden sollte, wird anheimgestellt, sich an die örtlich zuständigen Polizeibehörden oder an die Zentralstelle zur Bekämpfung der Schwindelfirmen e. V. in Hamburg, Trostbrücke 4, oder Berlin N 65, Lindower Straße 6, zu wenden.

Über die das Verwerten von Erfindungen betreffenden Fragen gibt der von der Deutschen Arbeitsfront empfohlene Verband Deutscher Patentwirtschaftler e. V. in Berlin W 62, Budapester Straße 1, Auskunft. Auf Wunsch teilt auch das Sozialamt der Deutschen Arbeitsfront — Abteilung Erfinderschutz — in Berlin W 57, Potsdamer Str. 75, Anschriften von Herstellerfirmen mit.

36. Ist ein in Patentangelegenheiten unerfahrener Anmelder nicht in der Lage, die Hilfe eines Beraters in Anspruch zu nehmen, so sollte er wenigstens an einer der Stellen, wo deutsche Patentschriften zur Einsichtnahme ausliegen[1]) die Patentschriften durchsehen, die dem Gegenstand der Anmeldung nahekommen, namentlich die Patentschriften aus den letzten Jahren.

Sofern die Anmeldung Aussicht auf Erfolg bietet und nicht mutwillig erscheint, ordnet die Patentanwaltskammer bei Mittellosigkeit des Erfinders diesem auf Antrag einen Patentanwalt zu. Einzelheiten sind bei der Patentanwaltskammer, Berlin SW 61, Gitschiner Straße 5, zu erfragen.

Die Patentanwaltskammer unterhält auch eine Auskunftsstelle im Reichspatentamt, Erdgeschoß, Zimmer 139, in der kostenlos Auskunft erteilt wird.

37. Oberster Grundsatz im Verfahren vor dem Reichspatentamt ist die Pflicht zur Wahrheit. Die Beteiligten haben ihre Erklärungen über tatsächliche Umstände vollständig und der Wahrheit gemäß abzugeben (§ 44 des Patentgesetzes). Durch unzureichende Offenbarung der Erfindung setzt sich der Anmelder der Gefahr aus, daß sein Patent später vernichtet wird.

---

[1]) Verzeichnis wird auf Verlangen kostenlos abgegeben.

Beispiel eines Antrages auf Erteilung eines Patentes.

Dortmund, den 8. Oktober 1936.

An das

Reichspatentamt

Berlin SW 61,

Gitschiner Straße 97—103.

Hiermit melden wir, der Kaufmann Karl Müller in Dortmund, Wallstr. 3, und der Techniker Wilhelm Schmidt in Dortmund, Osterstr. 4, die in den Anlagen beschriebene Erfindung an und beantragen, uns ein Patent zu erteilen.

Die Bezeichnung lautet: „Selbsttätige Kupplung für Eisenbahnfahrzeuge." Wir beantragen, das Patent als Zusatz zu unserm Patent 600000 zu erteilen.

Der Betrag von 25 *RM* für die Kosten des Verfahrens wird gleichzeitig an die Kasse des Reichspatentamts gezahlt.

Es liegen bei:

1. Ein Doppel dieses Antrages,
2. zwei gleichlautende Beschreibungen mit je ... Patentansprüchen,
3. eine Zeichnung in zweifacher Ausfertigung (Druck- und Aktenzeichnung),
4. die Benennung des Erfinders[1]),
5. eine vorbereitete Empfangsbescheinigung auf freigemachter Postkarte — mit freigemachtem Briefumschlag.

[2]).

[1]) Siehe die „Bestimmungen über die Nennung des Erfinders" vom 11. Juli 1936.

[2]) Bemerkung: Als weitere Anlagen können gleichzeitig mit den Anmeldungsunterlagen eingereicht werden:

6. Gebrauchsmuster-Hilfsanmeldung (Merkblatt, Nr. 2),
7. ein Antrag auf Aussetzung der Bekanntmachung (Merkblatt, Nr. 5),
8. die Erklärung über Inanspruchnahme einer Priorität (Merkblatt, Nr. 4),
9. eine Erklärung gemäß § 14 des Patentgesetzes (Merkblatt, Nr. 8).

Alle für uns bestimmten Sendungen des Reichspatentamts sind an den mitunterzeichneten Techniker Wilhelm Schmidt zu richten.

Von diesem Antrag und allen Anlagen haben wir Abschriften zurückbehalten.

Unterschriften:

Wilhelm Schmidt
Karl Müller.

. . . . Beilagen

11. Bestimmungen über die Nennung des Erfinders.

Vom 11. Juli 1936.

Auf Grund des § 36 Abs. 4 des Patentgesetzes vom 5. Mai 1936 (Reichsgesetzbl. II S. 117) bestimme ich folgendes:

§ 1. Der Anmelder hat den Erfinder schriftlich dem Reichspatentamt zu benennen. Die Benennung hat auf einem besonderen Blatt zu erfolgen und darf nicht mit Erklärungen, die sich auf das Patenterteilungsverfahren beziehen, vereinigt werden.

§ 2. Die Benennung muß enthalten:

a) den Vor- und Zunamen, Beruf, Wohnort und die Wohnung des Erfinders. Bei Frauen ist außerdem der Familienstand und der Geburtsname anzugeben;

b) die Versicherung des Anmelders, daß weitere Personen seines Wissens an der Erfindung nicht beteiligt sind;

c) falls der Anmelder nicht oder nicht allein der Erfinder ist, eine Erklärung darüber, wie das Recht auf das Patent an ihn gelangt ist;

d) die Bezeichnung der Erfindung und das amtliche Aktenzeichen;

e) die eigenhändige Unterschrift des Anmelders. Ist das Patent von mehreren Personen nachgesucht, so hat jeder von ihnen eigenhändig die Benennung zu unterzeichnen.

§ 3. Wird die Benennung nicht in deutscher Sprache erklärt, so ist auf Erfordern eine von einem öffentlich bestellten Sprachkundigen angefertigte deutsche Übersetzung beizufügen; die Unterschrift des Übersetzers, sowie die Tatsache, daß dieser für derartige Zwecke öffentlich bestellt ist, bedarf auf Erfordern öffentlicher Beglaubigung (§ 129 des Bürgerlichen Gesetzbuches).

§ 4. Bei der Bekanntmachung der Anmeldung (§ 30 Abs. 2 und 3 des Patentgesetzes) ist auch die Benennung des Erfinders mit auszulegen und der Name des Erfinders im Patentblatt zu veröffentlichen.

§ 5. Der Antrag des Erfinders, ihn nach außen nicht als Erfinder bekanntzugeben, und der Widerruf solchen Antrags (§ 36 Abs. 1 Satz 3 und 4 des Patentgesetzes) sind dem Reichspatentamt schriftlich einzureichen, ebenso Anträge auf Berichtigung oder Nachholung der Nennung (§ 36 Abs. 2 des Patentgesetzes).

Die Schriftstücke müssen vom Erfinder unterzeichnet sein und die Bezeichnung der Erfindung und das amtliche Aktenzeichen enthalten. Zu den Anträgen, die Nennung zu berichtigen oder nachzuholen, hat der Patentsucher oder Patentinhaber ebenfalls schriftlich seine Zustimmung zu erteilen.

Auf Verlangen sind die Unterschriften öffentlich zu beglaubigen (§ 129 des Bürgerlichen Gesetzbuches).

§ 6. Durch die Nennung des Erfinders übernimmt das Reichspatentamt keine Gewähr für die Richtigkeit der Angabe des Anmelders (§ 26 Abs. 6 Satz 3 des Patentgesetzes).

Berlin, den 11. Juli 1936.

Der Präsident des Reichspatentamts

Klauer.

12. Anmeldebestimmungen für Gebrauchsmuster.

Vom 11. Juli 1936.

Auf Grund des § 2 Abs. 4 des Gebrauchsmustergesetzes vom 5. Mai 1936 (Reichsgesetzbl. II, S. 130) bestimme ich folgendes:

§ 1. Wer für einen Gegenstand den Schutz als Gebrauchsmuster erhalten will, hat ihn schriftlich beim Reichspatentamt anzumelden. Die Anmeldung besteht nach § 2 des Gebrauchsmustergesetzes aus dem Antrag (§ 2), der Beschreibung nebst Schutzanspruch (§ 3) und der Zeichnung (§ 5); statt der Zeichnung kann auch ein Modell (§ 6) beigefügt werden.

Für jeden Gegenstand ist eine besondere Anmeldung einzureichen.

§ 2. Der Antrag auf Gebrauchsmustereintragung ist in zwei Stücken einzureichen. Er muß enthalten:

a) den bürgerlichen Namen oder die Firma des Anmelders, den Wohnort oder Sitz und die Wohnung (Straße und Hausnummer). Zum Namen gehört die Angabe von Vor- und Zunamen, bei Frauen auch die des Familienstandes und des Geburtsnamens. Bei ausländischen Orten sind auch Staat und Bezirk anzugeben.

   Es muß klar ersichtlich sein, ob das Gebrauchsmuster von einzelnen Personen oder von einer Gesellschaft, von dem Inhaber einer Firma auf seinen bürgerlichen Namen oder von einer Firma nachgesucht wird.

   Änderungen des Namens, der Firma, des Wohnortes usw. sind dem Amte unverzüglich mitzuteilen;

b) eine für die Veröffentlichung (§ 3 Abs. 3 des Gebrauchsmustergesetzes) geeignete technische Bezeichnung des Gegenstandes;

c) die Erklärung, daß für den Gegenstand die Eintragung eines Gebrauchsmusters beantragt wird;
d) falls ein Vertreter bestellt ist, dessen Namen, Beruf und Wohnort. Die Vollmacht ist als Anlage dem Antrag beizufügen; nur auf besonderes Erfordern ist die Unterschrift zu beglaubigen;
e) falls mehrere Personen ohne gemeinsamen Vertreter anmelden, die Angabe, wer zum Empfang amtlicher Bescheide befugt ist (Zustellungsbevollmächtigter);
f) die Unterschrift des Anmelders, der Anmelder oder des Vertreters;
g) falls der Anmelder minderjährig oder sonst in seiner Geschäftsfähigkeit beschränkt ist (§ 114 des Bürgerlichen Gesetzbuches), das schriftliche Einverständnis des gesetzlichen Vertreters.

§ 3. a) Die Beschreibung des Gegenstandes sowie der Schutzanspruch (§ 2 Abs. 2 des Gebrauchsmustergesetzes) sind in zwei übereinstimmenden Stücken beizufügen oder in den Antrag (§ 2) mit aufzunehmen.

b) Alles, was nicht der Beschreibung des Gegenstandes dient, gehört nicht in die Beschreibung.

In der Beschreibung ist anzugeben, welche neue Gestaltung, Anordnung oder Vorrichtung dem Arbeits- oder Gebrauchszweck dienen soll (§ 2 Abs. 2 des Gebrauchsmustergesetzes).

c) Maße, Gewichte sowie elektrische Einheiten müssen nach den gesetzlichen Vorschriften[1]), Temperaturen nach Celsius angegeben werden.

d) Bildliche Darstellungen darf die Beschreibung nicht enthalten.

e) Am Schlusse der Beschreibung ist nach § 2 Abs. 2 des Gebrauchsmustergesetzes anzugeben, was als schutzfähig unter Schutz gestellt werden soll (Schutzanspruch).

---

[1]) Siehe Gesetz vom 1. Juni 1898, betr. die elektrischen Maßeinheiten (Reichsgesetzbl. S. 905) und Maß- und Gewichtsgesetz vom 13. Dezember 1935 (Reichsgesetzbl. I S. 1499).

Mehrere Schutzansprüche sind fortlaufend mit arabischen Ziffern zu bezeichnen.

§ 4. Jeder Anmeldung ist eine **Zeichnung** beizufügen, statt deren auch ein **Modell** eingereicht werden kann (§ 2 Abs. 3 des Gebrauchsmustergesetzes). Beides zugleich ist unzulässig.

§ 5. a) Die **Zeichnung** ist in zwei übereinstimmenden Stücken einzureichen.

b) Die Höhe des einzelnen Blattes darf 33 cm nicht überschreiten, die Breite muß 21 cm oder, wenn besondere Umstände dazu nötigen, 42 cm betragen. Oben, unten und seitwärts muß ein Rand von mindestens 2 cm freibleiben.

c) Die Zeichnungen sind nur in Linien auszuführen. Querschnitte sind durch Schraffieren kenntlich zu machen. Alle Linien müssen tiefschwarz, scharf begrenzt und unveränderlich sein.

Die einzelnen Abbildungen sind mit fortlaufenden Nummern zu versehen.

Die Zeichnung muß sich zur Wiedergabe im Lichtdruckverfahren auch in verkleinertem Maßstab eignen.

d) Alle auf den Zeichnungen angebrachten Schriftzeichen müssen einfach und deutlich sein.

Für die einzelnen Teile der Abbildungen sind Bezugszeichen (Buchstaben oder Ziffern ohne zusätzliche Unterscheidungsmerkmale) nur soweit zu verwenden, als ein Hinweis auf die Darstellung des betreffenden Teils in der Beschreibung zum Verständnis des Gegenstandes erforderlich ist.

Gleiche Teile sollen in allen Abbildungen gleiche Bezugszeichen erhalten, die mit den Bezugszeichen der Beschreibung genau übereinstimmen müssen.

e) Erläuterungen sind in die Zeichnung nicht aufzunehmen; ausgenommen sind kurze Angaben wie „Wasser", „Dampf", „Schnitt nach A—B (Abb. 3)" sowie Inschriften, die auf den dargestellten Gegenständen angebracht werden sollen, z. B. „Offen", „Zu".

Alle wörtlichen Angaben sind in deutscher Sprache zu machen.

f) Der Zugehörigkeitsvermerk (§ 7 a) ist am Rande anzubringen.

g) Die Zeichnungen sind auf weißem, starkem, glattem, nicht glänzendem Papier oder auf Zeichenleinwand anzufertigen. Negative Lichtpausen sind unzulässig.

§ 6. a) Das Modell braucht nur in einer Ausführung eingereicht zu werden.

Es muß sauber und dauerhaft sein und darf in Höhe, Breite und Tiefe 50 cm nicht überschreiten.

b) Modelle, die leicht beschädigt werden können, sind unter Hinweis hierauf in festen Hüllen einzureichen. Gegenstände von kleinem Umfang sind auf steifem Papier zu befestigen.

§ 7. a) Die Anlagen des Antrags sind so zu bezeichnen, daß deutlich erkennbar ist, zu welcher Anmeldung sie gehören. Gleiches gilt für Modelle. Im Laufe des Verfahrens eingereichte Stücke und deren sämtliche Anlagen müssen das dem Anmelder mitgeteilte Aktenzeichen der Anmeldung enthalten.

b) Schriftstücke, die mehrere Anmeldungen betreffen, sind in der entsprechenden Stückzahl einzureichen.

c) Zu allen Schriftstücken ist dauerhaftes, nicht durchscheinendes weißes Papier zu verwenden. Für die Schriftstücke, die den Eintragungsantrag enthalten oder zur Beschreibung gehören, darf die Höhe der Seite nur 29 bis 34 cm und die Breite 20 bis 22 cm betragen. Die Blätter dieser Schriftstücke dürfen nur einseitig beschrieben werden.

d) Die Schrift muß leicht lesbar, in dunkler Farbe ausgeführt, unverwischbar und unveränderlich sein. Zwischen den einzelnen Wörtern und Zeilen muß ein angemessener Zwischenraum bleiben.

An der linken Seite des Blattes ist ein Heftrand von mindestens 4 cm freizulassen. Die einzelnen Blätter der Schriftstücke sind mit fortlaufenden Ziffern zu versehen.

§ 8. Sind Schriftstücke nicht in deutscher Sprache abgefaßt, so ist ihnen eine deutsche Übersetzung beizufügen, die von einem öffentlich bestellten Sprachkundigen angefertigt ist. Die Unterschrift des Übersetzers ist auf Erfordern öffentlich zu beglaubigen (§ 129 des Bürgerlichen Gesetzbuches), ebenso die Tatsache, daß der Übersetzer für derartige Zwecke öffentlich bestellt ist. Dies gilt nicht für Prioritätsbelege, die gemäß der revidierten Pariser Verbandsübereinkunft zum Schutze des gewerblichen Eigentums in der Haager Fassung vom 6. November 1925 [1]) oder in der Londoner Fassung vom 2. Juni 1934 [2]) eingereicht werden. Ob für solche Belege eine Übersetzung beizubringen ist, bestimmt im Einzelfalle die für die Prüfung der Anmeldung zuständige Stelle.

Berlin, den 11. Juli 1936.

Der Präsident des Reichspatentamts
Klauer.

---

[1]) Blatt 1926 S. 190.
[2]) Blatt 1934 S. 198.

13. Merkblatt für Gebrauchsmuster-anmelder.

1. Bei der Anmeldung eines Gebrauchsmusters müssen außer den Vorschriften des § 2 des Gebrauchsmustergesetzes vom 5. Mai 1936 auch die im Anschluß hieran erlassenen Anmeldebestimmungen für Gebrauchsmuster vom 11. Juli 1936 (Anmeldebest.) beachtet werden.

2. Wenn der Anmelder für den gleichen Gegenstand ein Patent nachgesucht hat oder demnächst nachsuchen will, so kann er beantragen, daß die Eintragung in die Gebrauchsmusterrolle erst vorgenommen wird, wenn die Patentanmeldung erledigt ist (Gebrauchsmuster-Hilfsanmeldung). In diesem Fall ist bei der Anmeldung nur die Hälfte der Gebühr, die andere Hälfte erst vor der Eintragung zu entrichten (§ 2 Abs. 6 des Gebrauchsmustergesetzes).

Die Eintragung erfolgt auf Antrag auch vor Erledigung der Patentanmeldung, und zwar ohne Änderung des Anmeldetages. Sind seit der Anmeldung bereits drei Jahre verstrichen, so wird die Eintragung nur nach Zahlung der Verlängerungsgebühr (§ 14 des Gebrauchsmustergesetzes) vorgenommen.

3. Die nach § 2 Abs. 2 des Gebrauchsmustergesetzes und § 28 b der Anmeldebest. erforderliche Bezeichnung der Gegenstände hat die Aufgabe, dem beteiligten Kreise von der Eintragung des Gegenstandes Kenntnis zu geben. Sie darf keine Phantasiebezeichnung sein, sondern muß den Gegenstand des Gebrauchsmusters möglichst genau nach seiner technischen Eigenart bezeichnen. Angabe ohne bestimmten technischen Inhalt (Warenzeichen, Name des Erfinders, Vorzüge des Gegenstandes, z. B. die Zusätze „Neuerung", „Verbesserung" u. dgl.) sind unstatthaft.

Die beteiligten Verkehrskreise sollen aus der Bezeichnung entnehmen können, ob ein Anlaß zur Einsicht der Anmeldung (§ 3 Abs. 5 des Gebrauchsmustergesetzes) vorliegt. Es wird in der Regel genügen, wenn die Bezeichnung eine engere Gattung von Gegenständen, eine Gruppe von Vorrichtungen kennzeichnet, zu denen das Modell gehört. Es ist jedoch den Anmeldern unbenommen, nähere Merkmale anzugeben, aus denen die besondere Eigentümlichkeit des Modells hervorgeht. Stets ist eine kurze, stichwortartige Fassung zu wählen.

Falls sich der Anmelder zur Unterscheidung seiner Ware von den Waren anderer eines Warenzeichens bedienen will, muß er dieses Zeichen zur Eintragung in die Zeichenrolle besonders anmelden (§ 1 des Warenzeichengesetzes und Anmeldebest. dazu).

4. a) Hat der Anmelder denselben Gegenstand bereits im Ausland angemeldet und will er das in einem Staatsvertrag vorgesehene Prioritätsrecht geltend machen, so muß er die Prioritätserklärung über Zeit und Land der Voranmeldung binnen einer Frist von zwei Monaten seit dem Tage der Anmeldung abgeben; andernfalls wird der Prioritätsanspruch für diese Anmeldung verwirkt.

b) Eine Ausstellungspriorität auf Grund des Gesetzes vom 18. März 1904 (Reichsgesetzbl. S. 141)[1] kann für ein innerhalb der dort vorgesehenen Sechsmonatsfrist angemeldetes Gebrauchsmuster jederzeit in Anspruch genommen werden.

5. Eine Aussetzung der Eintragung und Bekanntmachung auf Antrag des Anmelders bezweckt, dem Anmelder Zeit zu geben, bei Geheimhaltung der Erfindung Vorbereitungen für ihre wirtschaftliche Ausnutzung zu treffen, insbesondere ihm aber die Anmeldung im Auslande zu ermöglichen, ohne ihn der Gefahr auszusetzen, daß ihm dort die in Deutschland erfolgte Bekanntmachung als neuheitsschädlich entgegengehalten wird. Falls der Anmelder diese Aussetzung benötigt, empfiehlt es sich, einen Antrag auf Aussetzung auf 3 Monate zugleich mit der Anmeldung zu stellen und äußerlich hervorzuheben. Dies

[1]) Blatt 1904 S. 181.

geschieht zweckmäßig dadurch, daß er entweder in einem besonderen Schriftstück eingereicht oder augenfällig gemacht wird, z. B. durch Unterstreichen oder Verwenden von Rotschrift. Die Bekanntmachung darf nicht ausgesetzt werden, wenn nicht zugleich auch die Eintragung ausgesetzt wird. Der Antrag auf längere Aussetzung als auf 3 Monate ist zu begründen.

Die Aussetzung hindert den Anmelder nicht, jederzeit die Eintragung zu beantragen.

6. Der Anmelder kann zu seinem Vertreter nur eine prozeßfähige, mit ihrem bürgerlichen Namen bezeichnete Person bestellen, nicht aber z. B. eine Firma oder eine Gesellschaft. Die Bestellung mehrerer Vertreter ist zulässig. Diese gelten für befugt, sowohl gemeinschaftlich als auch einzeln die Vertretung wahrzunehmen. Eine abweichende Bestimmung dürfen die Vollmachten nicht enthalten (§ 33 der Verordnung über das Reichspatentamt).

Zum Empfang amtlicher Bescheide (Zustellungsbevollmächtigter) kann auch eine Firma oder Handelsgesellschaft ermächtigt werden (vgl. Anmeldebest. § 2e).

7. Ein Anmelder, der im Inland weder Wohnsitz noch Niederlassung hat, kann ein Gebrauchsmuster nur erwirken und die Rechte aus dem Gebrauchsmuster nur geltend machen, wenn er im Inland einen Patentanwalt oder einen Rechtsanwalt als Vertreter bestellt hat (§ 20 des Gebrauchsmustergesetzes).

8. Die Unterschrift des Anmelders, der Anmelder oder des Vertreters ist mit dem bürgerlichen Namen handschriftlich (nicht mittels Faksimilestempels) zu vollziehen.

9. In der Beschreibung muß die Anmeldung angeben, welche neue Gestaltung, Anordnung oder Vorrichtung dem Arbeits- oder Gebrauchszweck dienen soll (vgl. § 2 Abs. 2 des Gebrauchsmustergesetzes).

Die Beschreibung muß die Erfindung von vornherein klar und vollständig offenbaren, sie soll sich auf dasjenige beschränken, was zur Erläuterung des Gegenstandes und zur Rechtfertigung des Inhalts des Schutzanspruchs unbedingt erforderlich ist. Sie beginnt am besten mit der Angabe des mit dem Gegenstand verfolgten Zweckes. Der

Gegenstand ist im einzelnen, soweit erforderlich, an Hand der Zeichnung zu erläutern. Sodann wird unter Angabe des gewerblichen Verwendungsgebiets der Erfindung auszuführen sein, worin der wesentliche Fortschritt gegenüber dem Bekannten liegen soll.

Fremdwörter sind tunlichst zu vermeiden.

Für einen technischen Begriff soll in der Beschreibung durchgehend derselbe Ausdruck gebraucht werden. Wenn z. B. ein „Hebel" einmal „Hebel" genannt ist, soll er an anderer Stelle nicht als „Arm" bezeichnet werden. Die der Erläuterung der Zeichnung dienenden Bezugszeichen sind uneingeklammert in den Wortlaut der Beschreibung aufzunehmen.

10. Die den Rechtsschutz bestimmenden Merkmale des Gegenstandes sind in einem nach Art eines Patentanspruchs zu bildenden Schutzanspruch am Schlusse der Beschreibung anzugeben.

Nach der Fassung, wie sie für einen Patentanspruch üblich ist, wird zuerst das Bekannte, woran die Erfindung anknüpft, genannt, hierauf werden, anschließend mit den Worten: „dadurch gekennzeichnet, daß" oder „gekennzeichnet durch" die besonderen neuen Merkmale der Erfindung angegeben.

Soweit es zum Klarstellen des Gegenstandes erforderlich ist, sind im Schutzanspruch Bezugszeichen in Klammern anzugeben, die auf die Zeichnung verweisen. Im Oberbegriff des Anspruchs sind Bezugszeichen wegzulassen.

Reicht zur Kennzeichnung der Erfindung ein Anspruch allein nicht aus, so können mehrere Ansprüche aufgestellt werden, die nach § 3e Abs. 2 der Anmeldebest. fortlaufend mit arabischen Ziffern zu bezeichnen sind.

11. Für die Zeichnung ist besonders zu beachten, daß sie nach § 5c der Anmeldebest. in tief schwarzen, scharf begrenzten und unveränderlichen Linien auszuführen ist. Austuschungen und Verwendung bunter Farben sind daher ebenso wie photographische Bilder des Gegenstandes der Anmeldung ausgeschlossen.

Soll zum Kenntlichmachen gewölbter Flächen ausnahmsweise eine Schattengebung verwendet werden, so darf auch sie nur durch Linien dargestellt werden.

Der Anmelder muß beachten, daß in der Zeichnung nur das Wesen des Gegenstandes darzustellen, nicht aber eine Werkstattzeichnung zu liefern ist. Maßangaben gehören regelmäßig nicht in die Zeichnung, sind vielmehr nur in die Beschreibung aufzunehmen.

12. Nach § 2 Abs. 3 des Gebrauchsmustergesetzes kann statt der Zeichnung auch ein Modell eingereicht werden.

Modelle der eingetragenen Gebrauchsmuster werden nach Ablauf des Jahres, in dem der Schutz erloschen ist, noch 10 Jahre aufbewahrt. Über Modelle, deren Rückgabe nicht vor Ablauf der Aufbewahrungsfrist beantragt wird, verfügt der Präsident. Eine besondere Mitteilung hierüber ergeht nicht. Vor Ablauf der Aufbewahrungsfrist werden Modelle nicht zurückgegeben.

Falls der Anmeldung ein Modell beigegeben worden ist, ist dem Antrag auf Beglaubigung der Unterlagen einer Gebrauchsmusteranmeldung auch ein Modell beizufügen. Die Übereinstimmung einer Zeichnung mit dem der Eintragung zugrundeliegenden Modell kann nicht bescheinigt werden.

13. Die nach § 2 Abs. 5 des Gebrauchsmustergesetzes zugleich mit der Anmeldung zu zahlende Anmeldegebühr beträgt nach dem Tarif 15 *RM*. Sie kann nicht gestundet oder erlassen werden. Führt die Anmeldung nicht zur Eintragung, so wird die Hälfte der Gebühr erstattet. Nur dieser erstattungsfähige Teil kann auf eine andere Anmeldung angerechnet werden.

Die Höhe der sonstigen Gebühren ist aus dem Gebührentarif des Gesetzes über die patentamtlichen Gebühren vom 5. Mai 1936 (Reichsgesetzbl. II S. 142) ersichtlich. Wegen der im Gebrauchsmustergesetz vorgesehenen Zahlungserleichterungen für mittellose Gebrauchsmusterinhaber wird auf § 14 Abs. 3—5 des Gebrauchsmustergesetzes verwiesen.

14. Die Gebühren können unmittelbar bei der Kasse des Reichspatentamts (Berlin SW 61, Gitschiner Straße 97—103) oder zur Überweisung dorthin bei einer Postanstalt im Gebiet des Deutschen Reichs eingezahlt werden. Die Barzahlung ist jedoch nicht erwünscht. Vielmehr wird zur Förderung des bargeldlosen Verkehrs von den In-

habern von Bank-, Giro- oder Postscheckkonten Zahlung durch Überweisung erbeten. Das Reichspatentamt hat Reichsbank-Girokonto, das Konto Nr. 2 beim Postscheckamt Berlin und das Konto 20 073 bei der „Brandenburgischen Provinzialbank und Girozentrale Berlin". Schecke sind zweckmäßig mit dem Vermerk: „Nur zur Verrechnung" zu versehen. Nichtkontoinhaber können die Gebühr auf das Postscheckkonto der Kasse mittels Zahlkarte bei jedem Postamt im Gebiet des Deutschen Reichs einzahlen.

Bei allen Zahlungen sind Verwendungszweck des Geldes und der Name des Einzahlers anzugeben, für den der Betrag gezahlt wird. Ist dem Anmelder das Aktenzeichen bekannt, so ist es ebenfalls anzugeben. Ist das Aktenzeichen nicht bekannt, so muß bei der Zahlung der Anmeldegebühr auch die Anmeldung genau bezeichnet und der Tag angegeben werden, an dem die Anmeldung eingereicht wurde.

Das Beifügen baren Geldes als Anlage der Schriftstücke ist zu vermeiden.

Im übrigen wird auf die Bestimmungen über die Zahlung patentamtlicher Gebühren vom 11. Juli 1936 verwiesen.

15. Für jeden Gegenstand ist eine besondere Anmeldung erforderlich.

16. Alle Anmeldungsschriftstücke sollen möglichst in Maschinenschrift, ausnahmsweise in leicht lesbarer Handschrift angefertigt sein. Die Schrift muß dunkel, unverwischbar und unveränderlich sein. Die Benutzung von Kopiertinte oder kopierfähigem Farbband ist nur dann zulässig, wenn besondere Vorsichtsmaßnahmen getroffen und die Schriftstücke nachträglich sorgfältig abkopiert werden.

17. Zur Förderung der allgemeinen auf Normung gerichteten Bestrebungen wird für die Blätter der Schriftstücke und Zeichnungen das Dinformat A 4 (297:210 mm) empfohlen.

18. Es empfiehlt sich, Schriftstücke, die aus mehreren Blättern bestehen, zu heften.

19. Die Sendungen an das Reichspatentamt

müssen kostenfrei eingehen. Die Anschrift lautet: „Reichspatentamt, Berlin SW 61, Gitschiner Straße 97—103".

Die Sendungen des Reichspatentamts sind gebührenpflichtige Dienstsachen; die Postgebühren werden daher beim Empfänger eingezogen.

20. Der Anmelder sollte stets von allen eingereichten Stücken übereinstimmende Abschriften zum eigenen Gebrauch für sich zurückbehalten.

21. Empfangsbescheinigungen werden erteilt über Anmeldungen (auf Wunsch des Anmelders schon bei der Annahme durch die Annahmestelle, die dann jedoch das Aktenzeichen noch nicht mitteilen kann) und über Postsendungen, außerdem über Schriftsätze, die im Laufe des Verfahrens eingereicht werden, besonders in Fällen, in denen Fristen zu wahren sind.

Die Bescheinigung wird in einer Ausfertigung ohne Unterschrift erteilt. Betrifft sie den Eingang von Anmeldungen, so wird sie mit Datum und Amtsstempel versehen, in den übrigen Fällen nur mit dem Tagesstempel. Ist über eine Anmeldung bereits eine Empfangsbescheinigung erteilt worden, jedoch ohne Angabe des Aktenzeichens, so steht es dem Anmelder frei, noch die Erteilung einer weiteren Empfangsbescheinigung mit Aktenzeichen zu beantragen.

Voraussetzung für die Erteilung ist in jedem Fall, daß der Anmelder die Bescheinigung selbst vorbereitet und beim Reichspatentamt einreicht. Wird die Empfangsbescheinigung nicht auf der Rückseite einer freigemachten Postkarte vorbereitet, so ist ein mit der Anschrift des Empfängers versehener freigemachter Briefumschlag beizufügen.

Beispiel einer vorbereiteten Empfangsbescheinigung:

„Die Gebrauchsmusteranmeldung von .... (Name)
vom ...... (Datum)
auf einen Kragenknopf
ist am ..... hier eingegangen und unter dem Aktenzeichen ..... in den Geschäftsgang gegeben worden.
Reichspatentamt."

Die vorbereitete Empfangsbescheinigung darf nicht zugleich eine Zahlungsquittung enthalten. Quittungen über gezahlte Gebührenbeträge werden nur auf besonderen Antrag erteilt.

22. Um Rückfragen des Reichspatentamts zu vermeiden, empfiehlt es sich, schon beim Einreichen von Modellen zu erklären, ob sie, wenn entbehrlich, zurückgegeben werden sollen oder vernichtet werden können. Haben sie einen besonderen Wert, so wird der Anmelder gut daran tun, im Anschreiben darauf hinzuweisen. Können sie schon durch unvorsichtiges Auspacken beschädigt oder durch das Einwirken von Licht, Feuchtigkeit u. dgl. verdorben werden, so sollte die Umhüllung mit der deutlichen Aufschrift „Ungeöffnet in den Geschäftsgang" versehen sein.

Für die dauernde Erhaltung überreichter Gegenstände (Modelle, Probestücke u. dgl.) in unversehrtem Zustande übernimmt das Reichspatentamt keine Haftung.

23. Der Anmelder, der nicht genügende Erfahrung in der Behandlung von Gebrauchsmusterangelegenheiten hat, sollte nicht die Schwierigkeiten verkennen, die das sachgemäße Ausarbeiten einer Gebrauchsmusteranmeldung und das weitere Verfahren mit sich bringen, und deshalb möglichst nicht versäumen, sich der Hilfe eines auf diesem Gebiet erfahrenen Beraters zu bedienen.

Anmelder, die das beabsichtigen, werden auf die Liste der deutschen Patentanwälte aufmerksam gemacht, die vom Reichspatentamt angefordert werden kann. Es wird ferner auf die nach der Übergangsvorschrift des § 56 des Patentanwaltsgesetzes vom 28. September 1933[1]) zugelassenen Vertreter hingewiesen, die Vertretungen vor dem Reichspatentamt ausüben dürfen, jedoch nicht im patentamtlichen Verfahren zur Löschung von Gebrauchsmustern (§ 23 Abs. 3 des Gebrauchsmustergesetzes), auch nicht in dem oben unter Nr. 7 (Inlandsvertreter) bezeichneten Falle. Eine Liste dieser Vertreter kann ebenfalls vom Reichspatentamt angefordert werden.

24. Bei der Anbahnung von Geschäftsverbindungen

[1]) Blatt 1933 S. 248.

mit sogenannten Patentverwertungsgesellschaften ist größte Vorsicht geboten. Firmen oder Personen, die sich mit dem Verwerten von Gebrauchsmustern befassen, unterstehen nicht der Aufsicht des Reichspatentamtes. Das Amt ist daher nicht in der Lage, über die Vertrauenswürdigkeit derartiger Unternehmungen Auskunft zu erteilen. Falls eine solche Auskunft gewünscht werden sollte, wird anheimgestellt, sich an die örtlich zuständigen Polizeibehörden oder an die Zentralstelle zur Bekämpfung der Schwindelfirmen e. V. in Hamburg, Trostbrücke 4, oder Berlin N 65, Lindower Straße 6, zu wenden.

Über die das Verwerten von Gebrauchsmustern betreffenden Fragen gibt der von der Deutschen Arbeitsfront empfohlene Verband Deutscher Patentwirtschaftler e. V. in Berlin W 62, Budapester Str. 1, Auskunft. Auf Wunsch teilt auch das Sozialamt der Deutschen Arbeitsfront — Abteilung Erfinderschutz — in Berlin W 57, Potsdamer Str. 75, Anschriften von Herstellerfirmen mit.

25. Ist ein in Gebrauchsmusterangelegenheiten unerfahrener Anmelder wegen Mittellosigkeit nicht in der Lage, die Hilfe eines Beraters in Anspruch zu nehmen, so besteht die Möglichkeit, daß ihm die Patentanwaltskammer in geeigneten Fällen auf Antrag einen Patentanwalt zuordnet. Einzelheiten sind bei der Patentanwaltskammer, Berlin SW 61, Gitschiner Str. 5, zu erfragen.

Die Patentanwaltskammer unterhält auch eine Auskunftsstelle im Reichspatentamt, Erdgeschoß, Zimmer 139, in der kostenlos Auskunft erteilt wird.

26. Oberster Grundsatz im Verfahren vor dem Reichspatentamt ist die Pflicht zur Wahrheit. Die Beteiligten haben ihre Erklärungen über tatsächliche Umstände vollständig und der Wahrheit gemäß abzugeben (§ 12 des Gebrauchsmustergesetzes in Verbindung mit § 44 des Patentgesetzes).

Beispiel eines Antrages auf Eintragung eines Gebrauchsmusters.

Berlin, den 8. Oktober 1936.

An das

Reichspatentamt,

Berlin SW 61,

Gitschiner Straße 97—103.

Hiermit melde ich, die Witwe Gerda Schmidt, geb. Müller, in Berlin NO 18, Landsberger Str. 98, den in den Anlagen beschriebenen Gegenstand an und beantrage dessen Eintragung in die Rolle für Gebrauchsmuster.

Die Bezeichnung lautet:

„Abfalleimer mit aufklappbarem Deckel".

Die Anmeldegebühr von 15 *RM* wird gleichzeitig an die Kasse des Reichspatentamts gezahlt.

Es liegen bei:

1. ein Doppel dieses Antrages,
2. zwei gleichlautende Beschreibungen mit je ... Schutzansprüchen,
3. eine Zeichnung in zweifacher Ausfertigung,
4. eine vorbereitete Empfangsbescheinigung auf freigemachter Postkarte — mit freigemachtem Briefumschlag.

Von diesem Antrag und allen Anlagen habe ich Abschriften zurückbehalten.

Gerda Schmidt.

14. Anmeldebestimmungen für Warenzeichen.

Vom 11. Juli 1936.

Auf Grund des § 2 Abs. 2 des Warenzeichengesetzes vom 5. Mai 1936 (Reichsgesetzbl. II S. 134) bestimme ich folgendes:

§ 1. Warenzeichen sind zur Eintragung in die Zeichenrolle schriftlich beim Reichspatentamt anzumelden. Der Anmeldung müssen nach § 2 Abs. 1 des Warenzeichengesetzes die Bezeichnung des Geschäftsbetriebes, ein Warenverzeichnis, eine deutliche Darstellung und, soweit erforderlich, eine Beschreibung des Zeichens beigefügt sein; bei Verbandszeichen überdies eine Zeichensatzung (§ 18 des Warenzeichengesetzes).

Für jedes Warenzeichen ist eine besondere Anmeldung einzureichen.

Mehrere Personen können nur dann gemeinsam anmelden, wenn sie einen gemeinsamen Geschäftsbetrieb haben.

§ 2. Der Antrag auf Eintragung eines Zeichens in die Zeichenrolle ist in zwei Stücken einzureichen. Er muß enthalten:

a) die Firma oder den bürgerlichen Namen des Anmelders, den Sitz der Niederlassung oder den Wohnort des Anmelders und die Wohnung (Straße und Hausnummer); bei Verbandszeichen den Namen und Sitz des Verbandes. Zum Namen gehört die Angabe von Vor- und Zunamen, bei Frauen auch die des Familienstandes und des Geburtsnamens. Bei ausländischen Orten sind auch Staat und Bezirk anzugeben.

Es muß klar ersichtlich sein, ob die Zeicheneintragung für eine oder mehrere einzelne Personen oder für eine Gesellschaft, für den Inhaber einer Firma auf seinen bürgerlichen Namen oder für die Firma als solche nachgesucht wird.

Änderungen des Namens, der Firma, des Wohnorts usw. sind dem Amte unverzüglich mitzuteilen;

b) die Bezeichnung des Geschäftsbetriebes, in dem das Zeichen verwendet werden soll. Bei Verbandszeichen fällt diese Angabe weg;

c) die Erklärung, daß das angemeldete Zeichen als Warenzeichen in die Zeichenrolle eingetragen werden soll. Wird farbige Eintragung gewünscht, so ist dies ausdrücklich zu beantragen;

d) falls ein Vertreter bestellt ist, dessen Namen, Beruf und Wohnort;

e) falls mehrere Personen ohne gemeinsamen Vertreter anmelden, die Angabe, wer zum Empfang amtlicher Bescheide befugt ist (Zustellungsbevollmächtigter);

f) die Unterschrift des Anmelders, der Anmelder oder des Vertreters;

g) falls der Anmelder minderjährig oder sonst in seiner Geschäftsfähigkeit beschränkt ist (§ 114 des Bürgerlichen Gesetzbuches), das schriftliche Einverständnis des gesetzlichen Vertreters.

§ 3. Dem Antrage sind beizufügen:

a) die Darstellung des Zeichens in zwölf übereinstimmenden Stücken. Von diesen ist je eines in den Antrag und in dessen Doppelstück an gut sichtbarer Stelle aufzunehmen; ist dies nicht möglich, so sind diese beiden Darstellungen auf je einem mit Heftrand versehenen halben Bogen anzubringen. Die übrigen zehn Darstellungen dürfen nicht auf einer steifen Unterlage befestigt sein[1]).

Die richtige Stellung des Zeichens ist, soweit sie sich nicht von selbst ergibt, durch Hinzufügen des Wortes „oben" zu kennzeichnen.

Die Darstellungen müssen sauber und dauerhaft sein und alle Bestandteile des Zeichens deutlich erkennen lassen; sie dürfen nur einseitig bedruckt und nicht größer als 297:210 mm (Din-Format A 4) sein.

---

[1]) Geändert gemäß Verfügung vom 13. November 1936; vgl. Blatt 1936, S. 238/39.

Darstellungen, die diese Höchstmaße überschreiten, werden als Probestücke behandelt; von ihnen sind Ausführungen in kleinerem Maßstab nachzureichen.

Soll das Zeichen farbig eingetragen werden (§ 2 c), so sind zwanzig farbige Darstellungen einzureichen. Für diese gilt das oben (Abs. 1 Satz 2 und 3, Abs. 2 und 3) Gesagte.

Bei Zeichen, die ausschließlich aus Wörtern ohne jede bildmäßig wirkende Ausgestaltung bestehen, bedarf es der Beifügung besonderer Darstellungen nicht. Die Aufnahme des Wortes in den Antrag genügt;

b) ein Verzeichnis der Waren, für die das Zeichen bestimmt ist, in zwei Stücken. Bei geringem Umfang ist das Warenverzeichnis tunlichst in den Antrag aufzunehmen;

c) eine Beschreibung des Zeichens in zwei Stücken, sofern der Anmelder sie für nötig hält. Das Reichspatentamt kann von sich aus verlangen, daß eine Beschreibung (in zwei Stücken) eingereicht wird;

d) bei Anmeldung von Verbandszeichen die Zeichensatzung in zwei Stücken. Diese muß mit Datum versehen und unterschrieben sein. Von etwaigen Nachträgen und Änderungen der Zeichensatzung sind gleichfalls je zwei Stücke einzureichen;

e) bei Vertreterbestellung (§ 2 d) eine Vollmacht, deren Unterschrift auf Verlangen zu beglaubigen ist.

§ 4. Modelle und Probestücke der mit dem Zeichen versehenen Ware sowie Nachbildungen des Zeichens in der Form, wie es im Verkehr verwendet wird, sind, sofern der Anmelder sie für nötig hält oder das Reichspatentamt sie einfordert, in je einem Stück einzureichen.

Gegenstände, die leicht beschädigt werden können, sind unter Hinweis darauf in festen Hüllen einzureichen, solche von kleinerem Umfang auf steifem Papier zu befestigen.

§ 5. a) Die Anlagen des Antrags müssen deutlich erkennen lassen, zu welcher Anmeldung sie gehören. Dasselbe gilt für Modelle, Probestücke und Zeichennachbildungen (§ 4). Im Laufe des Verfahrens eingereichte Stücke und deren Anlagen müssen das dem Anmelder mitgeteilte Aktenzeichen der Anmeldung enthalten.

b) Schriftstücke, die anderen Personen mitzuteilen sind oder die mehrere Anmeldungen betreffen, sind in der entsprechenden Stückzahl einzureichen.

c) Zu allen Schriftstücken ist dauerhaftes, nicht durchscheinendes weißes Papier von 297:210 mm (Din-Format A 4) zu verwenden. Die Blätter, die den Eintragungsantrag, das Warenverzeichnis oder die Beschreibung enthalten, dürfen nur einseitig beschrieben werden.

d) Die Schrift muß leicht lesbar, in dunkler Farbe ausgeführt, unverwischbar und unveränderlich sein. Zwischen den einzelnen Wörtern und Zeilen muß ein angemessener Zwischenraum bleiben.

An der linken Seite des Blattes ist ein Heftrand von mindestens 4 cm freizulassen. Die einzelnen Blätter der Schriftstücke sind mit fortlaufenden Nummern zu versehen.

§ 6. Sind Schriftstücke nicht in deutscher Sprache abgefaßt, so ist ihnen eine deutsche Übersetzung beizufügen, die von einem öffentlich bestellten Sprachkundigen angefertigt ist. Die Unterschrift des Übersetzers ist auf Verlangen öffentlich zu beglaubigen (§ 129 des Bürgerlichen Gesetzbuches), ebenso die Tatsache, daß der Übersetzer für derartige Zwecke öffentlich bestellt ist. Dies gilt nicht für Prioritätsbelege, die gemäß der revidierten Pariser Verbandsübereinkunft zum Schutze des gewerblichen Eigentums in der Haager Fassung vom 6. November 1925[1]) oder in der Londoner Fassung vom 2. Juni 1934[2]) eingereicht werden, ferner nicht für die Nachweise über das Bestehen des Auslandsschutzes (§ 35 Abs. 3 des Warenzeichengesetzes). Ob für solche Belege und Nachweise eine Übersetzung beizubringen ist, bestimmt im Einzelfall die für die Prüfung der Anmeldung zuständige Stelle.

§ 7. a) Auf Verlangen ist ein für die Veröffentlichung des Zeichens bestimmter Druckstock einzureichen, der das Zeichen in allen Teilen einschließlich der Inschriften deutlich und sauber wiedergibt. Zwei mittels des Druckstocks gefertigte Abdrücke des Zeichens sind beizufügen.

b) Der Druckstock darf nicht weniger als 15 mm und

---

1) Blatt 1926 S. 190.
2) Blatt 1934 S. 198.

und nicht mehr als 10 cm lang und breit sein; er muß aus einem Stück bestehen und eine Druckhöhe von 2,4 cm besitzen.

Er kann aus hartem, glattem, nicht porösem Holz (Zedernholz), Zink oder einem anderen zum Druck geeigneten Stoff angefertigt werden; zu den Metallplatten, die mit dem Holz fest verbunden sein müssen, darf kein sprödes, leicht brüchiges Metall verwendet werden. Der zum Befestigen des Metalls auf dem Holz bestimmte Rand darf nicht zu schmal und nicht zu dünn sein, so daß die zur Befestigung dienenden Nägel an beliebiger Stelle eingeschlagen werden können.

c) Soll ein Zeichen mehrfach eingetragen werden, so ist für jede Eintragung ein besonderer Druckstock einzureichen.

d) Wird ein gelöschtes Zeichen von dem früheren Zeicheninhaber oder seinem als solcher nachgewiesenen Rechtsnachfolger erneut angemeldet, so kann das Reichspatentamt auf Antrag des Anmelders oder des Rechtsnachfolgers die Verwendung des alten Druckstocks gestatten.

e) Auf Wunsch kann die Anfertigung des Druckstocks oder die Nachbildung eines schon vorhandenen Druckstocks auf Kosten des Anmelders durch das Reichspatentamt veranlaßt werden.

f) Bei Zeichen, die ausschließlich aus Wörtern ohne jede bildmäßig wirkende Ausgestaltung bestehen, bleibt es dem Anmelder überlassen, ob zur Wiedergabe des Zeichens ein Druckstock verwendet werden soll oder nicht. Im letzteren Falle wird das Zeichen durch einfache Drucklettern wiedergegeben, und zwar nach Wunsch des Anmelders in deutscher oder lateinischer Schrift. Die dem Reichspatentamt hierdurch entstehenden Barauslagen sind vom Anmelder zu tragen und im voraus zu begleichen[1]).

Berlin, den 11. Juli 1936.

Der Präsident des Reichspatentamts

Klauer.

---

[1]) Geändert gemäß Verfügung vom 13. November 1936; vgl. Blatt 1936 S. 238/39.

15. Merkblatt für Warenzeichenanmelder.

1. Bei der Anmeldung eines Warenzeichens müssen außer den Vorschriften der § 2 Abs. 1 und 3, §§ 7, 18 und 35 Abs. 2 und 3 des Warenzeichengesetzes vom 5. Mai 1936 (Reichsgesetzbl. II S. 134) auch die nach § 2 Abs. 2 des Warenzeichengesetzes erlassenen Anmeldebestimmungen für Warenzeichen vom 11. Juli 1936 (Anmeldebest.) beachtet werden.

2. Ist der Anmelder eine Handelsgesellschaft oder andere Personenvereinigung, so ist die Firma oder der Name in der registergerichtlich eingetragenen Form unter verkehrsüblicher Kennzeichnung ihrer Rechtsform anzugeben (z. B. offene Handelsgesellschaft, Aktiengesellschaft, G. m. b. H., Genossenschaft m. u. H.). Das gleiche gilt, wenn die Firma eines Einzelkaufmanns als Zeicheninhaberin eingetragen werden soll.

Für eine Zweigniederlassung kann ein Zeichen nur angemeldet werden, wenn sie selbständig im Handelsregister eingetragen ist.

3. Die Art des Geschäftsbetriebes ist mit der verkehrsüblichen Bezeichnung anzugeben (z. B. Spinnerei, Maschinenfabrik, Kolonialwarenhandlung, Herstellung und Vertrieb elektrotechnischer Apparate und Geräte). Die Bezeichnung muß den tatsächlichen Verhältnissen des Betriebes entsprechen.

4. Der Anmelder kann zu seinem Vertreter nur eine geschäftsfähige, mit ihrem bürgerlichen Namen bezeichnete Person bestellen, nicht aber z. B. eine Firma oder eine Gesellschaft. Die Bestellung mehrerer Vertreter ist zulässig. Diese gelten für befugt, sowohl gemeinschaftlich als auch einzeln die Vertretung wahrzunehmen. Eine abweichende Bestimmung darf die Vollmacht nicht enthalten (§ 33 der Verordnung über das Reichspatentamt vom 6. Juli 1936).

Die Vollmacht soll erkennen lassen, ob sie nur für eine bestimmte Anmeldung oder allgemein für Warenzeichenanmeldungen des Vollmachtgebers gelten soll. Wenn der Vertreter zur Empfangnahme von Mitteilungen im Widerspruchsverfahren (§ 5 des Warenzeichengesetzes) berechtigt sein soll, muß dies in der Vollmacht ausdrücklich angegeben sein.

Anmelder, die sich der Hilfe eines Patentanwalts bedienen wollen, werden auf die Liste der deutschen Patentanwälte aufmerksam gemacht, die vom Reichspatentamt angefordert werden kann. Es wird ferner auf die nach der Übergangsvorschrift des § 56 des Patentanwaltsgesetzes vom 28. September 1933[1]) zugelassenen Vertreter hingewiesen, die Vertretungen vor dem Reichspatentamt ausüben dürfen, jedoch nicht im patentamtlichen Verfahren auf Löschung von Warenzeichen (§ 56 Abs. 2 a. a. O.), auch nicht in dem unten unter Nr. 5 (Inlandsvertreter) bezeichneten Falle. Eine Liste dieser Vertreter kann ebenfalls vom Reichspatentamt angefordert werden.

Die Patentanwaltskammer (Anschrift: Berlin SW 61, Gitschiner Straße 5) unterhält eine Auskunftsstelle im Reichspatentamt, Erdgeschoß, Zimmer 139, in der kostenlos Auskunft erteilt wird.

5. Ein Anmelder oder Zeicheninhaber, der im Inlande keine Niederlassung hat, kann den Anspruch auf Schutz eines Warenzeichens und das durch die Eintragung begründete Recht nur geltend machen, wenn er im Inlande einen Patentanwalt oder einen Rechtsanwalt als Vertreter bestellt hat (§ 35 Abs. 2 des Warenzeichengesetzes).

6. Die Unterschrift des Anmelders, der Anmelder oder des Vertreters ist mit dem bürgerlichen Namen handschriftlich (nicht mittels Faksimilestempels (zu vollziehen.

Für Kaufleute, Gesellschaften, Genossenschaften, Vereine u. ä. gelten in bezug auf Zeichnungsbefugnis und Form der Unterschriftsleistung die Vorschriften des Bürgerlichen Rechts und des Handelsrechts.

7. Das Warenverzeichnis muß dem tatsächlichen

---

[1]) Blatt 1933 S. 248.

Umfang des Geschäftsbetriebes des Anmelders entsprechen. Waren, die der Anmelder weder führt noch demnächst führen will, dürfen nicht aufgenommen werden. Eine Ausdehnung auf weitere Waren ist im Laufe des Verfahrens unzulässig.

Es empfiehlt sich, die Waren in der Reihenfolge der amtlichen Warenklasseneinteilung aufzuführen. Die bloße Angabe der Nummern der beanspruchten Warenklassen genügt nicht.

Für die Benennung der Waren gibt die Warenklasseneinteilung nur einen Anhaltspunkt. Soweit sie Bezeichnungen allgemeiner Art enthält, wie z. B. Aluminiumwaren, Waren aus Holz, Zellhorn (Zelluloid) und ähnlichen Stoffen, Maschinen, Maschinenteile, Automaten, Konserven, Eis, sind die in Betracht kommenden Waren nach Verwendungszweck, Beschaffenheit und anderen Merkmalen genauer zu bezeichnen (z. B. Werkzeugmaschinen, Verkaufsautomaten, Fischkonserven). Unbestimmte Ausdrücke wie „Zubehör", „usw.", „und ähnliches", „wie" sind nicht statthaft.

8. Die Zeichensatzung für ein Verbandszeichen muß über Namen, Sitz, Zweck und Vertretung des Verbandes, über den Kreis der zur Benutzung des Zeichens Berechtigten, die Bedingungen der Benutzung und die Rechte und Pflichten der Beteiligten im Falle der Verletzung des Zeichens Auskunft geben (§ 18 des Warenzeichengesetzes). Sie muß mit Datum und Unterschrift versehen sein (§ 3 d der Anmeldebest.).

9. Der Anmelder hat auf Verlangen die in der Anmeldung enthaltenen Angaben (z. B. über die Firmenbezeichnung, die Vertretungsbefugnis, den Gegenstand und Umfang des Geschäftsbetriebes, die behauptete Durchsetzung des Zeichens im Verkehr) durch Vorlage von Handelsregisterauszügen, Geschäftsbüchern, Rechnungen, Preislisten und anderen Beweismitteln glaubhaft zu machen. Es können auch von Amts wegen Ermittlungen angestellt werden.

10. Um Rückfragen des Reichspatentamts zu vermeiden, empfiehlt es sich, schon beim Einreichen von Modellen, Probestücken u. ä. zu erklären, ob sie im

Falle der Entbehrlichkeit zurückgegeben werden sollen oder vernichtet werden können. Haben sie einen besonderen Wert, so wird der Anmelder gut daran tun, im Anschreiben darauf hinzuweisen. Können sie schon durch unvorsichtiges Auspacken beschädigt oder durch das Einwirken von Licht, Feuchtigkeit u. dgl. verdorben werden, so sollte die Umhüllung mit der deutlichen Aufschrift „Ungeöffnet in den Geschäftsgang" versehen werden.

Für die dauernde Erhaltung überreichter Gegenstände (Modelle, Warenproben, Druckstöcke u. dgl.) in unversehrtem Zustande übernimmt das Reichspatentamt keine Haftung.

11. Alle Anmeldungsschriftstücke sollen möglichst in Maschinenschrift, ausnahmsweise in leicht lesbarer Handschrift angefertigt sein. Die Schrift muß dunkel, unverwischbar und unveränderlich sein. Die Benutzung von Kopiertinte oder kopierfähigem Farbband ist nur dann zulässig, wenn besondere Vorsichtsmaßnahmen getroffen und die Schriftstücke nachträglich sorgfältig abkopiert werden.

12. Es empfiehlt sich, Schriftstücke, die aus mehreren Blättern bestehen, zu heften. Die nach § 5a der Anmeldebest. erforderliche Bezeichnung der Anmeldung, zu der sie gehören, braucht dann nur auf dem ersten Blatt angebracht zu werden.

In allen Eingaben, zu denen Anlagen gehören, sind die Anlagen nach Nummer und Inhalt aufzuführen.

13. Fremdwörter sind tunlichst zu vermeiden, vor allem bei denjenigen Angaben, die in die Zeichenrolle eingetragen werden (z. B. Art des Geschäftsbetriebes, Warenverzeichnis usw.).

14. Die Sendungen an das Reichspatentamt müssen kostenfrei eingehen. Die Anschrift lautet: „Reichspatentamt, Berlin SW 61, Gitschiner Straße 97—103."

Die Sendungen des Reichspatentamts sind gebührenpflichtige Dienstsachen; die Postgebühren werden daher beim Empfänger eingezogen.

15. Der Anmelder sollte stets von allen eingereichten Stücken übereinstimmende Abschriften zum eigenen Gebrauch für sich zurückbehalten.

16. Schriftstücken, die im Laufe des Verfahrens eingereicht werden und den am Verfahren Beteiligten mitzuteilen sind, soll, wenn für diese ein Vertreter bestellt ist, ein weiteres Doppel für den Vertreter beigefügt werden.

17. Empfangsbescheinigungen werden erteilt über Anmeldungen (auf Wunsch des Anmelders schon bei der Annahme durch die Annahmestelle, die dann jedoch das Aktenzeichen noch nicht mitteilen kann) und über Postsendungen, außerdem über Schriftsätze, die im Laufe des Verfahrens eingereicht werden, besonders in Fällen, in denen Fristen zu wahren sind.

Die Bescheinigung wird in einer Ausfertigung ohne Unterschrift erteilt. Betrifft sie den Eingang von Anmeldungen, so wird sie mit Datum und Amtsstempel versehen, in den übrigen Fällen nur mit dem Tagesstempel. Ist über eine Anmeldung bereits eine Empfangsbescheinigung erteilt worden, jedoch ohne Angabe des Aktenzeichens, so steht es dem Anmelder frei, noch die Erteilung einer weiteren Empfangsbescheinigung mit Aktenzeichen zu beantragen.

Voraussetzung für die Erteilung ist in jedem Fall, daß der Anmelder die Bescheinigung selbst vorbereitet und beim Reichspatentamt einreicht. Wird die Empfangsbescheinigung nicht auf der Rückseite einer freigemachten Postkarte vorbereitet, so ist ein mit der Anschrift des Empfängers versehener freigemachter Briefumschlag beizufügen.

Beispiel einer vorbereiteten Empfangsbescheinigung:

„Die Warenzeichenanmeldung de . . . .
. . . . . . (Name) . . . . . vom . . (Datum) . . . .
auf das nachstehende Zeichen: . . . .

....

....

....

(Darstellung)

....

....

ist am . . . . hier eingegangen und unter dem Aktenzeichen . . . . in den Geschäftsgang gegeben worden.

Reichspatentamt.“

Die vorbereitete Empfangsbescheinigung darf nicht zugleich eine Zahlungsquittung enthalten; Quittungen über eingezahlte Gebührenbeträge werden nur auf besonderen Antrag erteilt.

18. Soll die Herstellung des Druckstocks (Klischees) auf Wunsch des Anmelders durch das Reichspatentamt veranlaßt werden, so hat der Anmelder, wenn es sich um reine Wortzeichen handelt (§ 3a Abs. 5 der Anmeldebest.), anzugeben, ob das Zeichen in deutscher Schrift (Fraktur) oder in lateinischer Schrift (Antiqua) in die Zeichenrolle eingetragen werden soll. Das gleiche gilt, wenn von der Verwendung eines Druckstocks ganz abgesehen wird (§ 7f der Anmeldebest.). Der deutschen Schrift ist der Vorzug zu geben. Bei dieser ist aber die Verwendung von nur großen Buchstaben unzulässig.

Die Kosten der Anfertigung des Druckstocks fordert der vom Reichspatentamt beauftrage Hersteller unmittelbar beim Anmelder an.

19. Wer weder Reichsangehöriger ist, noch im Inland eine Niederlassung besitzt, hat auf den Schutz dieses Gesetzes nur Anspruch, wenn in dem Staat, in dem sich eine Niederlassung befindet, nach einer Bekanntmachung im Reichsgesetzblatt deutsche Warenbezeichnungen in demselben Umfang wie inländische zum gesetzlichen Schutz zugelassen werden (§ 35 Abs. 1 des Warenzeichengesetzes).

20. Wer ein ausländisches Warenzeichen anmeldet, hat damit den Nachweis zu verbinden, daß er in dem Staat, in dem sich seine Niederlassung befindet, für dieses Zeichen den Markenschutz nachgesucht und erhalten hat (Heimatschutz). Der Nachweis ist nicht erforderlich, wenn nach einer Bekanntmachung im Reichsgesetzblatt deutsche Warenzeichen in dem anderen Staat ohne einen Nachweis dieser Art eingetragen werden (§ 35 Abs. 3 des Warenzeichengesetzes).

21. Hat der Anmelder dasselbe Zeichen bereits im Ausland angemeldet und will er das in einem Staatsvertrag vorgesehene Prioritätsrecht geltend machen, so muß er die Prioritätserklärung über Zeit und Land der

Voranmeldung binnen einer Frist von 2 Monaten seit dem Tage der Anmeldung abgeben; andernfalls wird der Prioritätsanspruch für diese Anmeldung verwirkt (§ 12 Abs. 1 des Warenzeichengesetzes in Verbindung mit § 27 des Patentgesetzes).

Die Inanspruchnahme einer Ausstellungspriorität auf Grund des Gesetzes vom 18. März 1904 (Reichsgesetzbl. S. 141)[1]) für ein innerhalb der dort vorgesehenen Sechsmonatsfrist angemeldetes Warenzeichen ist an keine bestimmte Frist gebunden.

22. Die nach § 2 Abs. 3 des Warenzeichengesetzes bei der Anmeldung zu entrichtenden Gebühren betragen nach dem zur Zeit geltenden Tarif 15 RM Anmeldegebühr und 5 RM Klassengebühr (bei Verbandszeichen 100 RM Anmeldegebühr und 15 RM Klassengebühr). Werden in einer Anmeldung mehr als 20 Klassen oder Unterklassen beansprucht, so ist für die über 20 hinausgehende Zahl eine Klassengebühr nicht zu entrichten.

Die Eintragungsgebühr (zur Zeit 15 RM für Warenzeichen und 100 RM für Verbandszeichen) ist ebenso wie der nach § 7 des Warenzeichengesetzes zu entrichtende Druckkostenbeitrag (zur Zeit je nach der Größe des für die Veröffentlichung des Zeichens im Warenzeichenblatt in Anspruch genommenen Raumes 2 RM bis 25 RM) erst nach besonderer Aufforderung zu entrichten.

Die Anmelde-, Klassen- und Eintragungsgebühren sowie der Druckkostenbeitrag können weder gestundet noch erlassen werden.

Die Höhe der sonstigen Gebühren ist aus dem Gebührentarif des Gesetzes über die patentamtlichen Gebühren vom 5. Mai 1936 (Reichsgesetzbl. II S. 142) ersichtlich. Wegen der im Warenzeichengesetz vorgesehenen Zahlungserleichterung bei Schutzdauerverlängerung wird auf § 9 des Warenzeichengesetzes verwiesen.

23. Zahlungen können unmittelbar bei der Kasse des Reichspatentamts (Berlin SW 61, Gitschiner Str. 97 bis 103) oder zur Überweisung dorthin bei einer Postanstalt im Gebiet des Deutschen Reichs eingezahlt werden.

---

[1]) Blatt 1904 S. 181.

Die Barzahlung ist jedoch nicht erwünscht. Vielmehr wird zur Förderung des bargeldlosen Verkehrs von den Inhabern von Bank-, Giro- oder Postscheckkonten Zahlung durch Überweisung erbeten. Das Reichspatentamt hat Reichsbank-Girokonto, das Konto Nr. 2 beim Postscheckamt Berlin und das Konto 20073 bei der Brandenburgischen Provinzialbank und Girozentrale Berlin. Schecke sind zweckmäßig mit dem Vermerk: „Nur zur Verrechnung" zu versehen. Nichtkontoinhaber können die Gebühren und den Druckkostenbeitrag auf das Postscheckkonto der Kasse des Reichspatentamts mittels Zahlkarte bei jedem Postamt im Gebiet des Deutschen Reichs einzahlen.

Bei allen Zahlungen sind der Verwendungszweck des Geldes und der Name des Einzahlers sowie desjenigen anzugeben, für den der Betrag gezahlt wird. Ist dem Anmelder das Aktenzeichen bekannt, so ist es ebenfalls anzugeben. Ist das Aktenzeichen nicht bekannt, so muß bei der Zahlung der Anmeldegebühr auch die Anmeldung genau bezeichnet und der Tag angegeben werden, an dem die Anmeldung eingereicht wurde. Das Beifügen baren Geldes als Anlage der Schriftstücke ist zu vermeiden.

Im übrigen wird auf die Bestimmungen über die Zahlung patentamtlicher Gebühren vom 11. Juli 1936 verwiesen.

24. Oberster Grundsatz im Verfahren vor dem Reichspatentamt ist die Pflicht zur Wahrheit. Die Beteiligten haben ihre Erklärungen über tatsächliche Umstände vollständig und der Wahrheit gemäß abzugeben (§ 12 Abs. 1 des Warenzeichengesetzes in Verbindung mit § 44 des Patentgesetzes).

Beispiel einer Warenzeichenanmeldung.

Freienwalde a. O., den ......

An das

Reichspatentamt,

Berlin SW 61

Gitschiner Straße 97—103.

Hiermit meldet die unterzeichnete offene Handelsgesellschaft Erwin Esser & Co. in Freienwalde a. O., Hauptstraße 6, das Wort

Teutonia

(oder: das folgende Bild: ....

[Die Darstellung ist tunlichst hier anzubringen]) als Warenzeichen an und beantragt seine Eintragung in die Zeichenrolle.

Geschäftsbetrieb: Chemische Fabrik.

Das Zeichen ist für folgende Waren bestimmt:

(Kl. 2: Arzneimittel)
(Kl. 26e: Diätetische Nährmittel)

Die Anmeldegebühr von	.... RM
und die Gebühr für (2) Klassen	.... RM
zusammen	.... RM

werden gleichzeitig auf das Postscheckkonto des Reichspatentamts eingezahlt.

Es liegen bei:

1. 1 Doppel dieses Antrags,
2. (10 lose Darstellungen des Zeichens),
3. ....
4. ....
5. eine vorbereitete Empfangsbescheinigung auf freigemachter Postkarte — mit freigemachtem Briefumschlag.

Den Druckstock werden wir nach Aufforderung des Reichspatentamts einreichen. (Oder: Die Anfertigung eines Druckstocks in deutscher Schrift bitten wir auf unsere Kosten zu veranlassen. Oder: Wir bitten, das Wortzeichen ohne Verwendung eines Druckstocks in deutschen Drucklettern wiederzugeben).

Von diesem Antrag und allen Anlagen haben wir Abschriften zurückbehalten.

Erwin Esser & Co.

16. Bekanntmachung, betr. die Druckkostenbeiträge für die Veröffentlichung von Warenzeichen.

Vom 11. Juni 1936.

Auf Grund des § 7 des Warenzeichengesetzes vom 5. Mai 1936 (Reichsgesetzbl. II S. 134) setze ich hinsichtlich des Druckkostenbeitrages, der vor der Eintragung eines Warenzeichens zur Deckung der durch die vorgeschriebenen Veröffentlichungen entstehenden Kosten zu entrichten ist, folgendes fest:

1. Für die Berechnung des Beitrags ist der Umfang der Veröffentlichung maßgebend. Dieser bestimmt sich nach der Länge des Raumes, den die Veröffentlichung über die Eintragung des Zeichens in der einfachen Warenzeichenblattspalte voraussichtlich einnehmen wird.

2. Zur Berechnung der Höhe der Beiträge werden die Veröffentlichungen über die Eintragung der Zeichen in Gruppen eingeteilt. Die Zahl der Gruppen beträgt bis auf weiteres sieben. Die einzelne Veröffentlichung gehört zu

Gruppe 1 bei einer Länge (Nr. 1) bis zu 4 cm,
Gruppe 2 bei einer Länge über 4 bis 9 cm,
Gruppe 3 bei einer Länge über 9 bis 14 cm,
Gruppe 4 bei einer Länge über 14 bis 22 cm,
Gruppe 5 bei einer Länge über 22 bis 31 cm,
Gruppe 6 bei einer Länge über 31 bis 40 cm,
Gruppe 7 bei einer Länge über 40 cm.

3. Die Höhe der Beiträge wird so abgestuft, daß für jede Gruppe (Nr. 2) eine Beitragsstufe gebildet wird.

Bis auf weiteres werden erhoben:

in	Stufe	1	2	Reichsmark
„	„	2	4	„
„	„	3	6	„
„	„	4	10	„
„	„	5	15	„
„	„	6	20	„
„	„	7	25	„

Berlin, den 11. Juli 1936.

Der Präsident des Reichspatentamts
Klauer.

17. Bestimmung, betr. die Einrichtung der Rolle für die Verbandszeichen.

Auf Grund des § 19 des Warenzeichengesetzes vom 5. Mai 1936 (Reichsgesetzbl. II S. 134) bestimme ich folgendes:

1. Die Verbandszeichen sind in die bestehende Zeichenrolle einzutragen.

2. Bei der Eintragung ist unmittelbar unter die Rollennummer (Spalte 1) das Wort „Verbandszeichen" zu setzen.

3. In der Überschrift der Spalte 4 ist die Angabe „Geschäftsbetrieb" zu streichen.

4. Unter dem Warenverzeichnis (Spalte 4) ist einzutragen: „Zeichensatzung vom .....". Hierunter folgen etwaige Vermerke über Nachträge und Änderungen der Zeichensatzung.

Berlin, den 11. Juli 1936.

Der Präsident des Reichspatentamts
Klauer.

18. Bestimmungen über die Zahlung patentamtlicher Gebühren.

Vom 11. Juli 1936.

Auf Grund von § 12 des Patentgesetzes vom 5. Mai 1936 (Reichsgesetzbl. II S. 117) bestimme ich, daß bei der Zahlung einer an das Reichspatentamt zu entrichtenden Gebühr folgende Zahlungsformen der Barzahlung gleichgestellt werden:

1. Der Eingang eines Postschecks bei demjenigen Postscheckamt, bei welchem der Einzahler sein Konto hat, oder beim Reichspatentamt zur Bewirkung der Gutschrift auf das Postscheckkonto des Reichspatentamts;

2. der Eingang eines Bankschecks oder einer sonstigen Anweisung beim Reichspatentamt, sofern die Einlösung innerhalb eines Monats nach Eingang erfolgt;

3. der Eingang des Auftrags zur Gutschrift auf das Reichsbank-Girokonto der Kasse des Reichspatentamts bei der Reichshauptbank oder einer Reichsbankanstalt;

4. der Eingang des Auftrages zur Gutschrift auf das Reichsbank-Girokonto der Kasse des Reichspatentamts bei einer Bank, die dem Abrechnungsverkehr der Reichshauptbank oder einer Reichsbankanstalt angeschlossen ist;

5. der Eingang des Auftrags bei der Reichshauptkasse zu einer durch Buchausgleich gemäß § 28 der Reichskassenordnung vorzunehmenden Gutschrift für die Kasse des Reichspatentamts;

6. der Eingang eines Auftrags bei der Brandenburgischen Provinzialbank und Girozentrale in Berlin zur Gutschrift auf das Konto des Reichspatentamts;

7. der Eingang eines Überweisungsauftrags bei einer im Deutschen Reich gelegenen Sparkasse oder sonstigen

Bankanstalt, die dem kommunalen Giroverkehr (Spar-Giro) angeschlossen ist und auf diesem Girowege den Auftrag zur Gutschrift auf das bei der Brandenburgischen Provinzialbank und Girozentrale in Berlin geführte Konto des Reichspatentamts weiterleitet.

Berlin, den 11. Juli 1936.

Der Präsident des Reichspatentamts
Klauer.

19. Verordnung über das Berufungsverfahren beim Reichsgericht in Patentsachen.

Vom 30. September 1936.

Auf Grund des § 42 Abs. 5 des Patentgesetzes vom 5. Mai 1936 (Reichsgesetzbl. II S. 117) erhält die Verordnung, betreffend das Berufungsverfahren beim Reichsgericht in Patentsachen, vom 6. Dezember 1891 (Reichsgesetzbl. S. 389) folgende Fassung:

§ 1. Die nach § 42 Abs. 1 des Patentgesetzes vom 5. Mai 1936 beim Reichspatentamt einzureichende Berufungsschrift muß die Berufungsanträge und die Angabe der neuen Tatsachen und Beweismittel enthalten, die der Berufungskläger geltend machen will.

§ 2. (1) Ist die Berufungsschrift nicht rechtzeitig eingegangen oder nicht in deutscher Sprache abgefaßt oder enthält sie nicht die Berufungsanträge, so hat das Reichspatentamt die Berufung als unzulässig zu verwerfen.

(2) Der Berufungskläger kann binnen einer Woche nach Zustellung dieses Beschlusses auf die Entscheidung des Reichsgerichts antragen.

§ 3. (1) Ist die Berufung zulässig, so teilt das Reichspatentamt die Berufungsschrift dem Berufungsbeklagten mit der Aufforderung mit, seine schriftliche Erklärung innerhalb eines Monats nach der Zustellung beim Reichspatentamt einzureichen.

(2) Die Erklärung muß die Gegenanträge und die Angabe der neuen Tatsachen und Beweismittel enthalten, die der Berufungsbeklagte geltend machen will.

§ 4. Das Reichspatentamt legt die Verhandlungen mit den Akten des ersten Rechtszuges dem Reichsgericht vor und benachrichtigt hiervon die Parteien unter Mitteilung der Gegenerklärung an den Berufungskläger.

§ 5. (1) Das Reichsgericht trifft nach freiem Ermessen die zur Aufklärung der Sache erforderlichen Verfügungen.

(2) Beweise können durch Vermittlung des Reichspatentamts erhoben werden.

§ 6. (1) Das Urteil des Reichsgerichts ergeht nach Ladung und Anhörung der Parteien.

(2) Die Ladungsfrist beträgt mindestens zwei Wochen.

(3) Von Ladung und Anhörung der Parteien kann abgesehen werden, wenn eine Partei des Rechtsmittels für verlustig erklärt oder wenn nur über die Kosten entschieden werden soll.

§ 7. (1) Die Geltendmachung neuer Tatsachen und Beweismittel im Termin ist nur insoweit zulässig, als sie durch das Vorbringen des Berufungsbeklagten in der Erklärungsfrist veranlaßt wird.

(2) Das Gericht kann auch Tatsachen und Beweise berücksichtigen, mit denen die Parteien ausgeschlossen sind.

(3) Auf eine noch erforderliche Beweisaufnahme findet die Bestimmung im § 5 Anwendung.

(4) Soll das Urteil auf Umstände gegründet werden, die von den Parteien nicht erörtert worden sind, so sind diese zu veranlassen, sich dazu zu äußern.

§ 8. (1) Von einer Partei behauptete Tatsachen, über welche die Gegenpartei sich nicht erklärt hat, können für erwiesen angenommen werden.

(2) Erscheint in dem Termin keine der Parteien, so ergeht das Urteil auf Grund der Akten.

§ 9. Das Reichsgericht kann zur Beratung Sachverständige zuziehen; sie dürfen an der Abstimmung nicht teilnehmen.

§ 10. Zu den Kosten des Verfahrens, über die das Reichsgericht nach § 42 Abs. 3 des Patentgesetzes zu bestimmen hat, gehören außer den Auslagen des Reichspatentamts diejenigen den Parteien erwachsenen Auslagen, die nach freiem Ermessen des Gerichts zur zweckentsprechenden Wahrung der Ansprüche und Rechte notwendig waren.

§ 11. (1) In dem Termin ist eine Niederschrift aufzunehmen, die den Gang der Verhandlungen im allgemeinen angibt.

(2) Die Niederschrift ist von dem Vorsitzenden und dem Urkundsbeamten der Geschäftsstelle zu unterschreiben.

§ 12. (1) Das Urteil wird in dem Termin, in dem die Verhandlung geschlossen wird, oder in einem sofort anzuberaumenden Termin verkündet.

(2) Wird die Verkündung der Entscheidungsgründe für angemessen erachtet, so erfolgt sie durch Verlesung der Gründe oder durch mündliche Mitteilung des wesentlichen Inhalts.

(3) Die Ausfertigungen des mit Gründen zu versehenden Urteils werden durch Vermittlung des Reichspatentamts zugestellt.

§ 13. (1) Die bei einem deutschen Gericht zugelassenen Rechtsanwälte und die Patentanwälte sind befugt, im Berufungsverfahren in Patentsachen die Vertretung zu übernehmen.

(2) Den Parteien und ihren Vertretern ist es gestattet, mit einem technischen Beistand zu erscheinen.

§ 14. Im übrigen sind für das Berufungsverfahren in Patentsachen die den Geschäftsgang beim Reichsgericht regelnden Bestimmungen maßgebend.

§ 15. Diese Verordnung tritt mit dem Tage der Verkündung in Kraft.

Berlin, den 30. September 1936.

Der Reichsminister der Justiz
Dr. Gürtner.

20. Verordnung über die Zuweisung der Patentstreitsachen an die Landgerichte.

Vom 10. September 1936 (RGBl. II S. 299; Blatt 1936 S. 174).

§ 1. Auf Grund des § 51 Abs. 2 des Patentgesetzes vom 5. Mai 1936 (Reichsgesetzblatt II S. 117) werden die Patentstreitsachen zugewiesen:

1. dem Landgericht Berlin
   für den Kammergerichtsbezirk und die Oberlandesgerichtsbezirke Braunschweig, Breslau, Königsberg (Pr.), Marienwerder, Rostock und Stettin;
2. dem Landgericht Düsseldorf
   für die Oberlandesgerichtsbezirke Düsseldorf, Hamm, Köln und Zweibrücken;
3. dem Landgericht Frankfurt/Main
   für die Oberlandesgerichtsbezirke Darmstadt, Frankfurt (Main), Karlsruhe, Kassel und Stuttgart;
4. dem Landgericht Hamburg
   für die Oberlandesgereichtsbezirke Celle, Hamburg, Kiel und Oldenburg;
5. dem Landgericht Leipzig
   für die Oberlandesgerichtsbezirke Dresden, Jena und Naumburg (Saale);
6. dem Landgericht Nürnberg-Fürth
   für die Oberlandesgerichtsbezirke Bamberg, München und Nürnberg.

§ 2. Die Verordnung tritt mit dem 1. Oktober 1936 in Kraft.

Patentstreitsachen, die vorher anhängig geworden sind, werden durch sie nicht betroffen.

Der Reichsminister der Justiz
Dr. Gürtner.

21. Abkommen über die Gebührenteilung zwischen Rechtsanwälten und Patentanwälten.

Zwischen der Reichs-Rechtsanwaltskammer und der Patentanwaltskammer ist im Hinblick auf die Kostenbestimmungen des Patentgesetzes, des Gebrauchsmustergesetzes und des Warenzeichengesetzes vom 5. Mai 1936 folgendes vereinbart worden:

Wirkt in einer Patentstreitsache, einer Gebrauchsmusterstreitsache oder einer Warenzeichenstreitsache gemäß § 9 Absatz 3 des Patentanwaltsgesetzes[1]) neben dem Prozeßbevollmächtigten ein Patentanwalt mit, so dürfen der Rechtsanwalt und der Patentanwalt der vertretenen Partei gegenüber die gesetzlichen Gebühren dergestalt ermäßigen, daß der Rechtsanwalt und der Patentanwalt nur je die Hälfte der insgesamt erstattungsfähigen Gebühren in Rechnung stellen.

Diese Regelung tritt am 1. Oktober 1936 in Kraft.

Berlin, den 11. Juni 1936.

Der Präsident der Reichs-Rechtsanwaltskammer
i. V. Ranz.

Vorstand der Patentanwaltskammer
Dr. A. Ullrich.

---

[1]) Blatt 1933 S. 248.

Alphabetisches Sachverzeichnis.

(Es bedeuten: PG. = Patentgesetz; GMG. = Gebrauchsmustergesetz; WZG. = Warenzeichengesetz; Zahlen = die Seiten.)

N.

P.

R.

FSC
www.fsc.org
MIX
Papier | Fördert gute Waldnutzung
FSC® C083411

Kolibri 360 GmbH
Ferdinand-Jühlke-Straße 7
99095 Erfurt, Deutschland
produktsicherheit@kolibri360.de